Philipp-Christian Thomale

# Die Privilegierung der Medien im deutschen Datenschutzrecht

**DuD-Fachbeiträge**

Herausgegeben von Andreas Pfitzmann, Helmut Reimer, Karl Rihaczek und Alexander Roßnagel

Die Buchreihe ergänzt die Zeitschrift *DuD – Datenschutz und Datensicherheit* in einem aktuellen und zukunftsträchtigen Gebiet, das für Wirtschaft, öffentliche Verwaltung und Hochschulen gleichermaßen wichtig ist. Die Thematik verbindet Informatik, Rechts-, Kommunikations- und Wirtschaftswissenschaften.

Den Lesern werden nicht nur fachlich ausgewiesene Beiträge der eigenen Disziplin geboten, sondern sie erhalten auch immer wieder Gelegenheit, Blicke über den fachlichen Zaun zu werfen. So steht die Buchreihe im Dienst eines interdisziplinären Dialogs, der die Kompetenz hinsichtlich eines sicheren und verantwortungsvollen Umgangs mit der Informationstechnik fördern möge.

Die Reihe wurde 1996 im Vieweg Verlag begründet und wird seit 2003 im Deutschen Universitäts-Verlag fortgeführt. Die im Vieweg Verlag erschienenen Titel finden Sie unter www.vieweg-it.de.

Philipp-Christian Thomale

# Die Privilegierung der Medien im deutschen Datenschutzrecht

Zur Umsetzung der
EG-Datenschutzrichtlinie hinsichtlich
der journalistisch-redaktionellen
Verarbeitung personenbezogener Daten

Mit einem Geleitwort von Prof. Dr. Alexander Roßnagel

Deutscher Universitäts-Verlag

Bibliografische Information Der Deutschen Nationalbibliothek
Die Deutsche Nationalbibliothek verzeichnet diese Publikation in der Deutschen Nationalbibliografie; detaillierte bibliografische Daten sind im Internet über <http://dnb.d-nb.de> abrufbar.

Dissertation Universität Kassel, 2006
Fachbereich 7 / Wirtschaftsrecht
Datum der Disputation: 28. Juni 2006

1. Auflage November 2006



Lektorat: Brigitte Siegel / Britta Göhrisch-Radmacher

Der Deutsche Universitäts-Verlag ist ein Unternehmen von Springer Science+Business Media.
www.duv.de



Umschlaggestaltung: Regine Zimmer, Dipl.-Designerin, Frankfurt/Main
Druck und Buchbinder: Rosch-Buch, Scheßlitz
Gedruckt auf säurefreiem und chlorfrei gebleichtem Papier

ISBN 978-3-8350-0582-2

**Meinen Eltern**

## Geleitwort

Gegenstand der Arbeit ist das datenschutzrechtliche „Medienprivileg". Diese spezifische Regelung für den Datenschutz in den Medien ist durch das Aufeinandertreffen zweier Grundrechte begründet: nämlich des Grundrechts auf informationelle Selbstbestimmung und des Grundrechts auf Medienfreiheit.

Die informationelle Selbstbestimmung ist eine auf die Datenverarbeitung bezogene risikoadäquate Ausprägung der Grundrechte der Menschenwürde in Art. 1 Abs. 1 GG und der freien Entfaltung der Persönlichkeit in Art. 2 Abs. 1 GG. Sie gewährleistet zum einen dem Einzelnen die Befugnis, grundsätzlich selbst über die Preisgabe und Verwendung der ihn betreffenden Daten zu entscheiden. Diese informationelle Selbstbestimmung ist eine wesentliche Voraussetzung in einer mediengeprägten Gesellschaft, die eigene Persönlichkeit zu entwickeln, zu entfalten und zu schützen. Zum anderen ist dieses Grundrecht eine wesentliche Funktionsbedingungen einer demokratischen Gesellschaft, die auf das Engagement der Bürger im Interesse der Allgemeinheit angewiesen ist.

Die von Art. 5 Abs. 1 Satz 2 GG geschützte Medienfreiheit gewährleistet der Presse und dem Rundfunk die Funktionsbedingungen für eine freie Berichterstattung und Veröffentlichung. Auch die Medienfreiheit ist eine zentrale Funktionsbedingung der Demokratie, weil diese auf eine unbeeinflusste Berichterstattung über Ereignisse von öffentlichem Interesse angewiesen ist und weil die durch Medien vermittelte Kommunikation zwischen Regierenden und Regierten für eine lebendige Demokratie auch zwischen den Wahlen entscheidend ist.

Beide Grundrechte können leicht in Konflikt geraten. Die Medienfreiheit schützt auch die freie Recherche, die Verarbeitung der dabei erlangten Daten und ihre Veröffentlichung. Diese Bedingung der Ausübung der Medienfreiheit beeinträchtigt notgedrungen die informationelle Selbstbestimmung derjenigen, die von der Datenerhebung und Berichterstattung betroffen sind. Sie dürfen gegenüber diesem Eingriff in ihr Grundrecht nicht schutzlos gestellt werden. Andererseits wäre eine kritische Berichterstattung kaum möglich, wenn die Betroffenen bereits in der Phase der Recherche durch die Ausübung von Datenschutzrechten unliebsame Berichterstattungen verhindern oder verzögern könnten. Aus diesen Gründen ist ein sorgfältiger Ausgleich zwischen beiden Grundrechten in der Ausgestaltung des Datenschutzrechts in den Medien notwendig.

Seit der Verabschiedung des ersten Bundesdatenschutzgesetzes hat der Gesetzgeber in unterschiedlichen Fassungen versucht, diesen Ausgleich sachgerecht zu treffen, ohne dabei auf ungeteilte Zustimmung zu stoßen. Durch die Datenschutzrichtlinie wurde die Suche nach einem adäquaten Ausgleich beider Grundrechte seit 1995 erneut aktuell. Deren Art. 9 fordert nämlich von den Mitgliedstaaten, für die Verarbeitung personenbezogener Daten, die allein zu journalistischen, künstlerischen oder literarischen Zwecken erfolgt, Abweichungen und Ausnahmen von den Kapiteln II (Bedingungen der Rechtmäßigkeit der Datenverarbeitung), IV (Übermittlung personenbezogene Daten in Drittländer) und VI (Kontrollstellen) der Datenschutzrichtlinie vorzunehmen, soweit sich dies als notwendig erweist, um das Recht auf Privatsphäre mit den für die Freiheit der Meinungsäußerung geltenden Vorschriften in Einklang zu bringen.

Den verfassungsrechtlich gebotenen Ausgleich im Schutz beider Grundrechte und die europarechtlich geforderte Festlegung notwendiger Ausnahmen vom allgemein geltenden Datenschutzrecht für die Datenverarbeitung personenbezogener Daten zu journalistischen, künstlerischen oder literarischen Zwecken hat der Gesetzgeber zuletzt in der Neufassung des Bundesdatenschutzgesetzes 2001 versucht. Diese neue Fassung des „Medienprivilegs" in § 41 BDSG unterscheidet sich von ihren Vorgängern vor allem dadurch, dass sie neben der Befreiung von Datenschutzanforderungen unter Hinweis auf den neuen § 38a BDSG den Datenschutz weitgehend der Selbstregulierung der Presse überlässt.

Mit der hier vorgelegten Untersuchung füllt Herr Thomale eine Lücke in der wissenschaftlichen Bearbeitung des gebotenen Ausgleichs von Medienfreiheit und Datenschutz. Er rekapituliert die verfassungsrechtlichen Grundlagen der informationelle Selbstbestimmung und der Medienfreiheit, er arbeitet die europarechtlichen Anforderungen an einen Ausgleich beider Grundrechte auf und untersucht am Maßstab des Europarechts und des Verfassungsrechts, ob die geltende Regelung des Medienprivilegs einen sachgerechten Ausgleich zwischen dem Datenschutz und der Medienfreiheit getroffen hat. Insbesondere untersucht er den neu gefundenen gesetzgeberischen Kompromiss im Zusammenspiel zwischen dem „Medienprivileg" in § 41 BDSG und der Selbstregulierung von Verhaltensregeln in § 38a BDSG. Dabei arbeitet er in überzeugender Weise Defizite dieser Regelungskonzeption heraus, die die geltende Regelung europa- und verfassungsrechtswidrig erscheinen lassen. Für diese Defizite bietet er überzeugende und unmittelbar umsetzbare Lösungen an, die einen praktikablen Ausgleich zwischen Medienfreiheit und informationeller Selbstbestimmung ermöglichen.

Kassel, August 2006

*Prof. Dr. Alexander Roßnagel*

## Vorwort

Die vorliegende Arbeit hat der Fachbereich Wirtschaftswissenschaften der Universität Kassel im Frühjahr 2006 als Dissertation angenommen. Diese ist ein Versuch, das Spannungsverhältnis zwischen der Medienfreiheit und dem Recht auf informationelle Selbstbestimmung aufzulösen. Zwei Grundrechte, ohne die eine freiheitlich-demokratische Grundordnung nicht denkbar wäre. Da ich diese Arbeit im Januar 2006 zur Veröffentlichung eingereicht habe, konnte ich die Literatur bis zu diesem Zeitpunkt berücksichtigen.

Danken möchte ich Herrn Wolfgang Fürstner, Geschäftsführer des Verbandes Deutscher Zeitschriftenverleger (VDZ). Der VDZ hat mir ganz maßgeblich bei der Themenfindung für diese Arbeit geholfen. Danken möchte ich ferner Herrn Dr. Kai v. Lewinski für die bereichernden Diskussionen und wegweisenden Anmerkungen. Gleiches gilt Herrn Lutz Tillmanns, Geschäftsführer des Deutschen Presserates, der mir wertvolle Anregungen für die Arbeit gegeben hat. Ein ganz besonderer Dank gehört auch Frau Susanne Genswein, die das gesamte Manuskript Korrektur gelesen hat.

Herrn Professor Dr. Hans-Albert Lennartz möchte ich als Zweitkorrektor danken. Ein ganz besonderer Dank gehört schließlich meinem Doktorvater Herrn Professor Dr. Alexander Roßnagel, mit ihm konnte ich stets meine Arbeit diskutieren und er stand mir bei Fragen und Problemen mit seinem Rat zur Seite.

Die Arbeit ist meinen Eltern als Dank für ihre tatkräftige Unterstützung während meines gesamten Studiums gewidmet.

Berlin, im September 2006

*Philipp-Christian Thomale*

**Inhaltsverzeichnis**

# 1. Einleitung: Medienfreiheit und Datenschutz

Gegenstand der Untersuchung soll die Frage sein, inwieweit auf Grundlage der geltenden europarechtlichen und nationalen Vorschriften es zu einem sachgerechten Ausgleich zwischen dem Datenschutz und der Medienfreiheit[1] gekommen ist und - wenn dies nicht der Fall ist - wie ein solcher geschaffen werden kann.

Ausgangspunkt ist die am 23. Oktober 1995 durch das Europäische Parlament und der Rat der Europäischen Union erlassene EG-Datenschutzrichtlinie (DSRL) [Richtlinie 95/46/EG]. Gemäß Artikel 1 Abs. 1 DSRL sollen die Mitgliedstaaten nach deren Bestimmungen den Schutz der Grundrechte und Grundfreiheiten und insbesondere den Schutz der Privatsphäre natürlicher Personen bei der Verarbeitung personenbezogener Daten sowie den freien Datenverkehr gewährleisten. In Art. 9 steckt die Datenschutzrichtlinie einen Rahmen für die Mitgliedsstaaten, wie diese das Verhältnis zwischen der Verarbeitung personenbezogener Daten zum Schutze der Privatsphäre und der Meinungsfreiheit regeln sollen, ab[2].

Der bundesdeutsche Gesetzgeber hat Art. 9 in § 41 BDSG umgesetzt. Diese Norm, welche die Rechtswissenschaft gemeinhin als „Medienprivileg" bezeichnet, nimmt die Medien zu einem großen Teil aus dem Anwendungsbereich des Bundesdatenschutzgesetzes heraus[3]. Das „Medienprivileg" zählt seit dem ersten BDSG 1977 zu den umstrittensten Bestimmungen dieses Gesetzes. Dies belegt die umfangreiche Literatur zu dieser Problematik zunächst bis zur BDSG-Novellierung 1990[4]. Auch in den 90er Jahren riss der Strom von Fachveröffentlichungen nicht ab. Ab 1995 hat insbesondere die Notwendigkeit der eingangs angesprochenen Umsetzung des Art. 9 DSRL die Diskussion bestimmt. Auch die Spezialisten des traditionellen Presse- und Rundfunkrechts haben sich seit Erlass des Bundesdatenschutzgesetz 1990 zunehmend in die Debatte datenschutzrechtlicher medienbezogener Fragestellungen eingeschaltet. Insbesondere die Datenschutzbeauftragten haben sich immer wieder für einen einheitlichen medienrechtlichen Datenschutz auf dem im Rundfunkrecht erzielten Standard eingesetzt. Der Gesetzgeber des Bundesdatenschutzgesetz 2001 hat jedoch diesen Ansatz – erneut – nicht aufgegriffen. Vielmehr hat die Novellierung die Unterschiede in Regelungsdichte und Regelungsinhalt zwischen den Printmedien – mit ihrer partiellen Selbstregulierung – den Mediendiensten und dem Rundfunk eher noch verstärkt[5].

Zwischen dem Recht auf informationelle Selbstbestimmung und der Medienfreiheit besteht ein grundlegendes Spannungsverhältnis[6]. Art. 5 Abs. 1 Satz 2 GG gewährleistet den Medien ein umfassendes Recht auf Beobachtung und Recherche. Von diesem Schutz umfasst sind auch die freie Verarbeitung und der Austausch der dabei erlangten Daten. Diese Gewährleis-

---

1 Im Sinne eines Oberbegriffes für die Presse- und Rundfunkfreiheit.
2 Siehe hierzu im einzelnen unten Ziffer 2.
3 Siehe hierzu im einzelnen unten Ziffer 4.4.
4 Zum Beispiel: Damm, AfP 1990, 7 ff; Simitis, AfP 1990, 14 ff; Simitis, FS für Ridder, S. 125 ff.; Simitis/Wellbrock, NJW 1984, 1591; siehe darüber hinaus die Übersichten in Herrmann, Rundfunkrecht, § 22, Rn 64; Dörr, ZUM 2004, 536 (541), FN 50.
5 Walz, Freundesgabe, S. 309.
6 Dörr, ZUM 2004, 536 (539).

tungen kollidieren bei personenbezogenen Daten mit dem Interesse des Betroffenen, selbst hinsichtlich des Beobachtetwerdens, über die Verwendung der ihn betreffender Daten und deren Veröffentlichung zu entscheiden. Im Bereich der Medien prallen daher besonders intensiv die Medienfreiheit und das Recht auf informationelle Selbstbestimmung aufeinander. Eine freiheitlich-demokratische Grundordnung ist ohne die Medienfreiheit nicht denkbar, da dieses Grundrecht für die Bildung der öffentlichen Meinung in einer offenen Demokratie konstitutiv ist[7]. Anderseits ist aber Datenschutz, insbesondere in Zeiten des zunehmenden Zusammenwachsens der Medien, ein Schutz der Privatsphäre, die informationelle Entfaltung des Einzelnen unabdingbar. Der Schutz des Einzelnen vor dem unbefugten Gebrauch seiner persönlichen Daten ist ein Teil des allgemeinen Persönlichkeitsrechts und des Schutzes seiner Menschenwürde und damit Ausdruck seines Selbstbestimmungsrechts[8]. Aus diesem Grunde wird auch verstärkt ein eigenes Grundrecht auf informationelle Selbstbestimmung gefordert[9]. Medienfreiheit scheint grundsätzlich für mehr Information zu stehen, während der Datenschutz dagegen anscheinend für weniger Informationen steht. Die Polarisierung erscheint daher umso stärker. Solange es diese beiden Rechte gibt, wird sich daran nichts ändern. So hat auch das Bundesverfassungsgericht festgestellt, dass es in der Natur der Sache liegt, dass Verletzungen des allgemeinen Persönlichkeitsrechts, zu dem das Recht auf informationelle Selbstbestimmung gehört, vor allem von Organen der Medien begangen werden können, da ihnen die technischen Mittel der Informationserlangung und –verbreitung zur Verfügung stehen und damit auch ein Eindringen in die Privatsphäre des Bürgers verhältnismäßig leicht gemacht wird[10].

Im Datenschutzrecht stehen sich zunächst ein Bürger als Grundrechtsträger und der Staat in der Gestalt von Behörden, welche nach Art. 1 Abs. 3 GG grundrechtsgebunden nicht aber grundrechtsberechtigt sind, gegenüber. In dem gerade aufgezeigten Konflikt stehen sich Träger des Rechts auf informationelle Selbstbestimmung und Träger der Medienfreiheit gegenüber. Es prallen zwei Grundrechtsträger in der Ausübung ihrer Grundrechte aufeinander. Damit ist der Datenschutz bei den Medien grundsätzlich von einer grundlegend anderen Konfliktlage gekennzeichnet als der normale Datenschutz. Dieser Unterschied erfordert eine genaue Abwägung der betroffenen grundrechtlich geschützten Güter.

Im Datenschutzrecht gilt der in § 4 Abs. 1 BDSG niedergelegte Grundsatz, dass jede Datenverarbeitung erst dann zulässig ist, soweit das Gesetz diese erlaubt oder der Betroffene einwilligt. Ein solcher „Erlaubnisvorbehalt“[11] ist zwar nicht mit einer Zensur im Sinne des Art. 5 Abs. 1 Satz 3 gleichzusetzen[12], da dieses verfassungsrechtliche Zensurverbot sich nur auf den Inhalt einer geplanten Veröffentlichung bezieht[13], es jedoch bei § 4 Abs. 1 BDSG auf den Inhalt der zu verarbeitenden Daten gar nicht ankommt.

---

7 Vgl. hierzu im Einzelnen unten Ziffer 3.2.
8 Vgl. hierzu im Einzelnen unten Ziffer 3.1.
9 Roßnagel, Pfitzmann, Garstka DuD 2001, 253 ff. (256); Kloepfer, AfP 2000, 511 ff. (511).
10 BVerfGE 34, 269 (285).
11 Simitis, in: Simits, BDSG, 5. Aufl., § 4, Rn 3 f.
12 So aber: Hartstein/Ring/Kreile/Dörr/Stettner, Rundfunkstaatsvertrag, Teil B 5, § 47 Rn. 9; Gall DuD 1993 (383) 384.
13 Starck in v. Mangolt/Klein/Starck Art. 5 Abs.1,2, Rn. 170; Jarass/Pieroth, Art 5, Rn. 63.

Nicht desto trotz wäre die Anwendung diese Grundsatzes bei der journalistisch-redaktionelle Datenverarbeitung durch die Medien mit Art. 5 Abs. 1 Satz 3 GG unvereinbar und daher verfassungsrechtlich unzulässig. Eine Anwendbarkeit des § 4 Abs. 1 BDSG würde dazu führen, dass personenbezogenen Daten nur mit Zustimmung des Betroffenen oder aufgrund gesetzlicher Erlaubnis für die journalistische Arbeit verwendet werden dürften. Eine kritische Berichterstattung wäre dann nicht mehr möglich, da in vielen Fällen eine Zustimmung des Betroffenen wohl kaum zu erlangen wäre. Die Medien könnten ihrer Aufgabe einer informativen und auch kritischen Berichterstattung nicht mehr nachkommen[14].

Darüber hinaus sehen die Datenschutzgesetze für den von der Datenverarbeitung Betroffenen Auskunfts,- Berichtigungs-, Sperrungs- und Löschungsansprüche vor. Diese Ansprüche könnten jederzeit und damit auch schon vor einer Veröffentlichung geltend gemacht werden. Betroffene Politiker, Schauspieler oder andere Bürger könnten sich vor einer Veröffentlichung auf einen Anspruch auf Sperrung und Löschung der sie betreffenden Daten berufen und damit eine ihnen unliebsame Berichterstattung verhindern. Wenn also die grundlegenden Mechanismen des Datenschutzrechts uneingeschränkt auf die Medien Anwendung finden würden, würde dies zu einer fundamentalen Beeinträchtigung der Presse- und Rundfunkfreiheit führen, dem die Bestimmungen des Art. 5 Abs. 1 Satz 2 und 3 GG entgegenstehen[15].

Die verfassungsrechtlich gebotene Verankerung des Medienprivilegs basiert auf der beschriebenen besonderen Bedeutung der Medien für die demokratische Meinungsbildung und bedeutet, dass der Datenschutz die journalistische Arbeit nicht verhindern oder wesentlich behindern darf[16]. Der Begriff *„Medienprivileg"* wird von dem ganz überwiegenden Teil der Literatur so verwendet, stößt aber trotzdem gerechtfertigter Weise auf Kritik. Denn gerade einer auf eine freiheitlich demokratische Grundordnung wie das Grundgesetz angelegten Verfassung sind Privilegien fremd. Das Medienprivileg stellt daher kein im Wortsinne wirkliches Privileg für die Medien dar, sondern ist wie zuvor beschrieben eine zwingende Folge der verfassungsrechtlichen Stellung der Medien. Die als Medienprivileg bezeichnete Regelung ist eine notwendige Vorraussetzung, damit die Medien ihre verfassungsrechtlichen Aufgaben erfüllen können. Sie ist daher als eine für die Medien geltende verfassungsrechtlich gebotene Ausnahmeregelung im Datenschutzrecht zu verstehen. Aus Gründen der Praktikabilität wird, wenn es um diese Ausnahmeregelung geht, um es dem ganz überwiegenden Teil der Literatur gleich zu tun, im Folgenden auch von dem *„Medienprivileg"* gesprochen.

Bei der Frage, wie weit dieses Medienprivileg reichen muss und reichen kann, ist im Interesse eines Ausgleiches zwischen der Medienfreiheit und dem Recht auf informationellen Selbstbestimmung daher eine gründliche Abwägung erforderlich. Diese Untersuchung will überprüfen, ob der Gesetzgeber bei der Novellierung des § 41 BDSG den zahlreichen europarechtlichen und verfassungsrechtlichen Anforderungen gerecht geworden ist. Sie will in rechtspolitischer Hinsicht erörtern, ob ein sachgerechter Ausgleich zwischen der Medienfreiheit und dem

---

14 Hartstein/Ring/Kreile/Dörr/Stettner, Rundfunkstaatsvertrag, Teil B 5, § 47 Rn. 9; Gall DuD 1993 (383) 384.

15 Dörr, ZUM 2004, 535 (540 f.); Herrmann Rundfunkrecht § 22, Rn 63.

16 Hartstein/Ring/Kreile/Dörr/Stettner, Rundfunkstaatsvertrag, Teil B 5, § 47 Rn. 9.

Recht auf informationelle Selbstbestimmung zu erreichen ist. Zunächst werden daher die Anforderungen, welche die Datenschutzrichtlinie an die Umsetzung des Medienprivilegs in den Mitgliedsstaaten stellt, untersucht[17]. Danach folgt eine Erörterung auf verfassungsrechtlicher Ebene über das Verhältnis zwischen dem Recht auf informationelle Selbstbestimmung und der Medienfreiheit[18]. Im Anschluss wird die Entstehungsgeschichte des Medienprivilegs im Datenschutzrecht dargelegt[19] und die Voraussetzungen des § 41 BDSG in seiner heutigen Fassung erörtert[20]. Da der Gesetzgeber die Ausgestaltung des Datenschutzes bei der journalistisch-redaktionellen Arbeit der Presse dem Deutschen Presserat im Wege der Selbstregulierung überlassen hat, werden die verschiedenen möglichen Formen dieses Regelungsinstitutes dargestellt und erörtert[21]. Daran schließt sich eine Untersuchung des Schutzes des Rechts auf informationelle Selbstbestimmung durch den Deutschen Presserat an[22]. Darauf aufbauend will die Dissertation eine Antwort darauf geben, ob der § 41 BDSG in seiner heutigen Fassung den zahlreichen europarechtlichen[23] und verfassungsrechtlichen[24] Anforderungen gerecht geworden ist. In dem letzten Kapitel zieht die Arbeit aus diesen Überlegungen ihre Konsequenzen und erörtert den juristischen und rechtspolitischen Nachholbedarf des datenschutzrechtlichen Medienprivilegs und stellt als Ergebnis eine Neuregelung des § 41 BDSG vor[25]. Die vorliegende Dissertation will damit zu einer Modernisierung des Datenschutzrechtes einen kleinen Beitrag leisten, in dem sie eine Neufassung des § 41 Abs.1 BDSG vorschlägt[26].

---

17 Vgl. hierzu im Einzelnen unten Ziffer 2.
18 Vgl. hierzu im Einzelnen unten Ziffer 3.
19 Vgl. hierzu im Einzelnen unten Ziffer 4.
20 Vgl. hierzu im Einzelnen unten Ziffer 5.
21 Vgl. hierzu im Einzelnen unten Ziffer 6
22 Vgl. hierzu im Einzelnen unten Ziffer 7
23 Vgl. hierzu im Einzelnen unten Ziffer 8.
24 Vgl. hierzu im Einzelnen unten Ziffer 9.
25 Vgl. hierzu im Einzelnen unten Ziffer 10.
26 Siehe Ziffer 11.

## 2. Europarechtliche Vorgaben: Die EG-Datenschutzrichtlinie

Am 24. Oktober 1995 hat der Rat der Europäischen Union die „Richtlinie zum Schutz der natürlichen Personen bei der Verarbeitung personenbezogener Daten und zum freien Datenverkehr" (im folgenden DSRL) verabschiedet, die Ausgangspunkt der hier anzustellenden Überlegungen ist. Mit der Vollendung des Binnenmarktes Anfang 1993 erwartete die EU notwendigerweise zusätzlich zu der raschen technologischen Entwicklung und den neuen Möglichkeiten der Datenverarbeitung einen erhöhten Bedarf am Austausch personenbezogener Daten. Die Richtlinie sollte Hemmnisse des freien Datenverkehrs aufgrund unterschiedlicher Datenschutzgesetze und -konzepte beseitigen und Wettbewerbsverzerrungen verhindern[27]. Hierbei sah die Richtlinie eine Harmonisierung der nationalen Datenschutzgesetze vor, wobei sie sich einem hohen Datenschutzniveau verpflichtet fühlte[28]. Die Mitgliedsstaaten sollten über vergleichbare datenschutzrechtliche Standards verfügen, damit diese den zwischenstaatlichen Datenaustausch innerhalb der EU nicht mehr mit der Begründung behindern können, im Empfängerstaat bestehe kein ausreichender Datenschutz[29].

Gegenstand dieser Richtlinie ist gemäß Art. 1 Abs. 1 DSRL der Schutz der Grundrechte, Grundfreiheiten und insbesondere der Schutz der Privatsphäre natürlicher Personen bei der Verarbeitung personenbezogener Daten. Die Richtlinie legt in Absatz 2 aber genauso fest, dass die Mitgliedsstaaten nicht den freien Verkehr personenbezogener Daten zwischen den Mitgliedsstaaten aus Gründen des gemäß Absatz 1 gewährleisteten Schutzes beschränken oder untersagen dürfen. Der Schutz der personenbezogenen Daten darf daher nicht zu einer Einschränkung des zwischenstaatlichen Datenverkehrs führen. Die Richtlinie wählt bei der Benennung ihres Schutzziels einen weiten und offenen Ansatz. Sie beschränkt sich nicht nur auf die Privatsphäre, sondern bezieht alle von der Gemeinschaft anerkannten Grundrechte und Grundfreiheiten mit ein. Sie berücksichtigt, dass der Datenschutz funktional einer ganzen Reihe von Grundrechten zuzuordnen ist, so etwa den kommunikationsorientierten Grundrechten des Brief- und Fernmeldegeheimnisses, der Versammlungs- und Koalitionsfreiheit und der Freiheit der Meinungsäußerung, aber auch den Rechten auf Schutz der Familie, des Eigentums sowie der Berufs- und Gewerbefreiheit[30].

Für die Medien macht Art. 9 DSRL Vorgaben an die Mitgliedsstaaten, inwieweit sie datenschutzrechtlichen Bestimmungen ausgesetzt sein sollen. Dabei steckt die Datenschutzrichtlinie den Rahmen, wie die Mitgliedsstaaten das Verhältnis zwischen der Verarbeitung personenbezogener Daten zum Schutze der Privatsphäre und der Meinungsfreiheit regeln sollen. Diese Norm gibt den Mitgliedstaaten auf, für die Verarbeitung personenbezogener Daten, die allein zu journalistischen, künstlerischen oder literarischen Zwecken erfolgt, Abweichungen und Ausnahmen von den Kapiteln II, IV und VI der Datenschutzrichtlinie vorzunehmen, soweit sich dies als notwendig erweist, um das Recht auf Privatsphäre mit den für die Freiheit der Meinungsäußerung geltenden Vorschriften in Einklang zu bringen.

---

27 Erwägungsgründe 7 und 8 zur EG-Datenschutzrichtlinie.
28 Erwägungsgründe Nr. 8, 9, 10 zur EG-Datenschutzrichtlinie.
29 Erwägungsgrund Nr. 13 zur EG-Datenschutzrichtlinie.
30 Dammann/Simitis, EG-DSRL, Art. 1, 1.3.

Im Folgenden sollen diese Voraussetzungen, deren Erfüllung der Europäische Normengeber bei der Umsetzung der Richtlinie in nationales Recht fordert, näher untersucht werden.

### 2.1. Die Verarbeitung

Unter der Verarbeitung personenbezogener Daten ist nach Art. 2 b) DSRL jeder mit oder ohne Hilfe automatisierter Verfahren ausgeführte Vorgang oder jede Vorgangsreihe im Zusammenhang mit personenbezogenen Daten wie das Erheben, Speichern, die Organisation, Aufbewahrung, Anpassung oder Veränderung, das Auslesen, Abfragen, die Benutzung, Weitergabe durch Übermittlung, Verbreitung oder jede andere Form der Bereitstellung, die Kombination oder die Verknüpfung sowie das Sperren, Löschen oder Vernichten zu verstehen[31]. Die Definition der Verarbeitung ist damit außerordentlich umfassend geregelt. Sie schließt insbesondere das Erheben und Nutzen mit ein. Dabei kommt es nicht darauf an, ob die Verarbeitung manuell oder unter Einsatz automatischer Verfahren erfolgt[32]. Daher erfüllt auch das Lesen eines Papierdokuments oder auch des Textes auf dem Bildschirm das Tatbestandsmerkmal der Verarbeitung. Denn der Schutz soll nicht von der verwendeten Technik abhängen, da andernfalls das Risiko der Umgehung bestünde[33]. Bei der manuellen Verarbeitung erfasst diese Richtlinie jedoch lediglich Dateien, nicht jedoch unstrukturierte Akten. Eine Datei ist gem. Art. 2 c) DSRL jede strukturierte Sammlung personenbezogener Daten, die nach bestimmten Kriterien zugänglich sind, gleichgültig ob diese Sammlung zentral, dezentral oder nach funktionalen oder geographischen Gesichtspunkten aufgeteilt geführt wird. Individuelle Akten sind von diesem Begriff erfasst, solange sie eine strukturierte Datensammlung darstellen.

### 2.2. Personenbezogene Daten

Personenbezogene Daten sind gem. Art. 2 a) DSRL alle Informationen über eine bestimmte oder bestimmbare natürliche Person[34]. Eine Person ist bestimmbar, wenn sie direkt oder indirekt identifiziert werden kann, insbesondere durch Zuordnung zu einer Kennnummer oder zu einem oder mehreren spezifischen Elementen, die Ausdruck ihrer physischen, physiologischen, psychischen, wirtschaftlichen, kulturellen oder sozialen Identität sind. Eine Qualität an Brisanz müssen diese Daten nicht haben. Auch die trivialsten gehören dazu. Ob die Daten bereits veröffentlicht worden sind, ist unerheblich[35]. Mit dieser terminologischen Fixierung sollen alle Informationen erfasst werden, die mit einer natürlichen Person in Verbindung gebracht werden können, d.h. es werden nach der Vorstellung des Richtliniengebers auch Daten

---

31 EuGH v. 6. 11. 2003, Az. C-101/01, Rn. 24 ff.; Brühann, DuD 2004, 201 (202); Brühann, in: Roßnagel HdB DatensR, 2.4., Rn. 18 f.

32 Ellger, RDV 1991, 121 (124).

33 Erwägungsgrund Nr. 27 zur EG-Datenschutzrichtlinie.

34 EuGH v. 6. 11. 2003, Az. C-101/01, Rn. 24 ff.; Brühann, DuD 2004, 201 (202); Brühann: in: Roßnagel HdB DatensR, 2.4., Rn. 17.

35 Dammann/Simitis, EG-DSRL, Art. 2, 1.2.

wie Bild, Stimme, Fingerabdrücke und auch genetische Merkmale erfasst[36]. Der Europäische Gerichtshof hat ebenso wie das Bundesverfassungsgericht[37] ausdrücklich ausgeschlossen, dass es nicht auf die Privatheit der Daten ankommt. Wie in Art. 8 EMRK[38] komme es für die Festsstellung eines Eingriffs in die Privatsphäre gerade nicht darauf an, ob die übermittelten Informationen als sensibel anzusehen sind oder ob die betroffenen Personen durch den Vorgang der Verarbeitung irgendwelche Nachteile haben[39].

Die Richtlinie bezieht damit ausdrücklich nicht juristische Personen in ihren Regelungsbereich mit ein[40]. Nichts desto trotz legt die Richtlinie ausdrücklich fest, dass sie nicht die Rechtsvorschriften zum Schutz juristischer Personen bei der Verarbeitung von Daten, die sich auf diese beziehen, tangiert[41]. Die Datenschutzrichtlinie schließt nicht aus, auf nationaler Ebene solche Vorschriften vorzusehen[42]. Der Richtliniengeber hat ebenfalls offen gelassen, ob die Mitgliedstaaten den Schutz der Daten Verstorbener mit einbeziehen sollen[43].

## 2.3. Journalistische, künstlerische und literarische Zwecke

Die Verarbeitung von Daten zu journalistischen Zwecken geschieht typischerweise durch Medienunternehmen der Presse, des Rundfunks und des Films sowie durch einzelne Journalisten. Hierzu zählt grundsätzlich auch der Austausch von Informationen im Rahmen einer Kooperation zwischen Medienunternehmen sowie die Bereitstellung durch darauf spezialisierte Medienarchive[44]. Anknüpfungspunkt ist jedoch nicht die Organisationsstruktur, wie Presse- und Medienunternehmen etc., oder die Benutzung bestimmter Techniken wie Drucktechniken oder elektronische Veröffentlichung, sondern ein rein funktionales Kriterium, die Verarbeitung zu einem journalistischen Zweck[45]. Die herrschende Meinung fasst unter den Begriff jede ausgelöste Tätigkeit, die auf eine Veröffentlichung für ein unbeschränktes Publikum abzielt. Erfasst sein soll jede Publikation, die einen Beitrag zur Berichterstattung und Meinungsbildung darstellt. Es ist jedoch zur Erfüllung dieses Richtlinienmerkmals nicht ausreichend, anderen Personen den Zugang zu Informationen, die sie möglicherweise benötigen, zu erleichtern[46].

Art. 9 DSRL stellt die künstlerischen und literarischen den journalistischen Zwecken gleich. Unter künstlerischen Zwecken ist jede auf die schöpferische Gestaltung durch das Zusammenwirken von Inhalt und/oder Form angelegte Tätigkeit zu verstehen. Unter literarischen Zwecken ist jede Tätigkeit zu verstehen, die auf das Fertigen von schriftlichen Texten gerich-

---

36 Ehmann/Helfrich, Art. 2, Rn. 17.
37 Siehe hierzu unter Ziff. 3.1.
38 EGMR, Urteil Amann/Schweiz v. 16.2.2000, recueil des arrêts et décisions 2000-II, § 70.
39 EuGH v. 20.5.2003, DuD 2003, 578, Rn. 75; Brühann, DuD 2004, 201 (202).
40 Erwägungsgrund Nr. 24 zur EG-Datenschutzrichtlinie.
41 Erwägungsgrund Nr. 24 zur EG-Datenschutzrichtlinie.
42 Ehmann/Helfrich, Einleitung, Rn. 10.
43 Dammann/Simitis, EG-DSRL, Art. 2, 1.1.
44 Dammann/Simitis, EG-DSRL, Art. 9, 2.4.
45 Brühann, in: Grabitz/Hilf, A 30, Art 9, Rn. 7; Brühann, DuD 2004, 201 (207 f).
46 EuGH v. 6.11.2003, Rn. 12 ; Brühann, DuD 2004, 201 (208).

tet ist. So sind beispielsweise auch Recherchen zur Vorbereitung einer belletristischen Publikation erfasst[47]. Die Grenze zwischen künstlerischen und literarischen Zwecken ist fließend, die beiden Bereiche überschneiden sich in Teilen[48], so dass alle drei Kategorien nicht als selbständige Einzelpunkte zu sehen sind, sondern in weiten Teilen deckungsgleich sind. Eine Unterscheidung dieser drei Bereiche kann letztendlich auch dahin stehen, da diese nach Art. 9 DSRL gleichgestellt sind. Die nationalen Regelungen können sämtliche Verarbeitungsstufen erfassen von der Recherche bis zur Veröffentlichung und können jegliche journalistische und künstlerische Tätigkeit in Bild, Ton, auf Papier sowie auch schriftstellerische Tätigkeit, wie z. B. diejenige eines Biographen, betreffen[49].

Die Richtlinie stellt in Art. 9 DSRL nicht darauf ab, wer die personenbezogenen Daten verarbeitet, sondern nur auf den mit der Verarbeitung verfolgten Zweck. Sie schafft mit dieser Vorschrift daher nicht für Medienunternehmen oder Journalisten als solche Erleichterungen hinsichtlich der für sie geltenden Regelungen des Datenschutzes, sondern nur in den Fällen, in denen diese personenbezogene Daten ausschließlich zu journalistischen Zwecken verarbeiten. Eine Privilegierung sollen die Mitgliedsstaaten nur umsetzen, wenn die Medien personenbezogene Daten allein zu diesen Zwecken verarbeiten. Sobald jedoch ein anderer hinzutritt, darf die Verarbeitung nicht privilegiert werden[50]. Es ist daher genau zu differenzieren. Ausnahmen und Freistellungen können nur für die Verarbeitung zu journalistischen Zwecken einschließlich der Veröffentlichung gewährt werden. Jede andere Form der Datenverarbeitung durch Medien bzw. Journalisten unterliegt den allgemeinen Bestimmungen der Richtlinie und ist damit der vollen Anwendung des nationalen Datenschutzrechts ausgesetzt. Die Verarbeitung personenbezogener Daten beispielsweise von Abonnenten zu Faktuierungszwecken oder für das Direktmarketing fällt unter die regulären Bestimmungen des Datenschutzrechts[51]. Ebenso können sich Privatpersonen, auch wenn sie selbständige Journalisten sind, nicht auf das Medienprivileg berufen, wenn sie lediglich auf einer Internetseite Daten der Öffentlichkeit bekannt geben[52].

## 2.4. Abweichungen und Ausnahmen

Die Richtlinie erlaubt Abweichungen und Ausnahmen von den Kapiteln II, IV, VI und VII. Unberührt bleiben folglich lediglich die Kapitel I, III und V. Diese betreffen allgemeine Bestimmungen (I). Weiterhin gelten die Vorschriften über Rechtsbehelfe, Haftung und Sanktionen (III), die als sekundäre Vorschriften bei Abweichungen und Ausnahmen denknotwendiger Weise in entsprechend reduzierter Weise zur Anwendung gelangen. Trotzdem können sie durch Ausnahmeregelungen nicht umgangen werden. Die Rechtsbehelfsgarantie des

47 Brühann, in: Grabitz/Hilf, A 30, Art 9, Rn. 7.

48 Lerche, Rechtsgutachten im Auftrag des deutschen Presserates, 1996, S. 43; Brühann, in: Grabitz/Hilf, A 30, Art 9, Rn. 7.

49 Kopp, DuD 1995, 204 (207).

50 Dammann/Simitis, EG-DSRL, Art. 9, 2.3.

51 Empfehlungen 1/97 Datenschutz und Medien v. 25. Februar 1997, S. 8.

52 EuGH Urteil vom 6. November 2003 – C 101/01 – in RDV 2004, S. 16 ff, mit Anmerkungen von Dammann.

Art. 22 DSRL, die Haftungsregelung des Art. 23 DSRL sowie die Verpflichtung zur Bestimmung geeigneter Sanktionen bei Verstößen gegen die Richtlinienbestimmungen nach Art. 24 DSRL stehen in ihrem Wesen nicht zur Disposition, wenn sie auch durch abweichende Regelungen von den übrigen Kapiteln nur in entsprechend reduzierter Art und Weise zur Anwendung kommen können. Schließlich regelt Kapitel V die Möglichkeit der Einführung von Verhaltensregeln. Hierbei begünstigt sie nur die Einführung von Verhaltensregeln, ohne einen Zwang zur Umsetzung zu begründen, so dass diese Richtlinienbestimmung in ihren tatsächlichen Rechtsfolgen nicht verbindlich ist[53].

Umgekehrt sind Abweichungen und Ausnahmen von den Regelungen der Art. 5-21, 25-26 und 28-30 DSRL erlaubt. Dies ist der gesamte Bereich der Richtlinie, welcher für medienspezifische Erleichterungen in Frage kommt. Die Richtlinie gibt jedoch zu erkennen, dass es für die Vorschriften über die „Maßnahmen zur Gewährleistung der Datensicherheit" keine Ausnahmen geben soll[54]. Damit wird auf Art. 17 DSRL ausdrücklich verwiesen. Dabei eingeschlossen dürfte jedoch auch Art. 16 DSRL sein, da zur Gewährleistung der Datensicherheit die Vertraulichkeit der Datenverarbeitung ebenso sichergestellt sein muss[55]. In der Praxis muss daher gewährleistet werden, dass unbefugte Außenstehende und Nichtberechtigte innerhalb des jeweiligen Medienunternehmens keinen Zugang zur Verarbeitung privilegiert erlangter Daten haben[56].

Die Formulierung „Abweichungen und Ausnahmen" muss grundsätzlich weit verstanden werden. Art. 9 DSRL schließt mit der Formulierung sowohl die Berücksichtigung von Einzelfällen, d.h. Ausnahmen als auch generelle Befreiungen, im Sinne von Abweichungen, grundsätzlich in seinen Anwendungsbereich mit ein. Dies gilt unabhängig davon, ob diese Freistellungen geringfügige Ausmaße haben oder beispielsweise ein ganzes Kapitel aus dem Geltungsbereich des Datenschutzrechts für die Medien herausnehmen. Eingeschlossen sind daher sowohl Einzelausnahmen von grundsätzlich geltenden datenschutzrechtlichen Geboten und Verboten als auch abschnittsweise Erleichterungen großen Ausmaßes[57]. Die Formulierung „Abweichungen und Ausnahmen" für sich alleine setzt daher für Regelungen der Mitgliedsstaaten keine Grenzen, so dass diese die Medien von grundsätzlich jeder Regelung, die selbstverständlich aus den Kapiteln II, IV und VII stammen muss, freistellen können. Eine Grenze erfährt dies darüber hinaus erst durch die beiden Tatbestandsmerkmale der Notwendigkeit und der Maßgabe, dass das Recht auf Privatsphäre mit der Vorschriften über die Freiheit der Meinungsäußerung in Einklang zu bringen ist.

---

53 Dammann/Simitis, EG-DSRL, Art. 27, 1.1.

54 Erwägungsgrund Nr. 37 zur EG-Datenschutzrichtlinie.

55 Lerche, Rechtsgutachten im Auftrag des deutschen Presserates, 1996, S. 60.

56 Unzutreffend Lerche, Rechtsgutachten im Auftrag des deutschen Presserates, 1996, S. 62, der nur auf die Kenntniserlangung abstellt.

57 So auch Lerche, Rechtsgutachten im Auftrag des deutschen Presserates, 1996, S. 48.

## 2.5. Recht auf Privatsphäre

Gemäß Art. 9 DSRL sollen die Mitgliedstaaten Regelungen treffen, um den Schutz der Privatsphäre mit den für die Meinungsfreiheit geltenden Vorschriften in Einklang zu bringen.

Im deutschen Rechtssystem gibt es den Begriff der Privatsphäre als abgrenzbaren Rechtsbegriff nicht. Wir sprechen vom Schutz der Privatsphäre, als Unterfall des allgemeinen Persönlichkeitsrechts, welches aus dem Recht auf freie Entfaltung der Persönlichkeit und auf Achtung der Menschenwürde abgeleitet ist und einen unantastbaren Bereich des Lebens gewährt oder schützt, von dem die Öffentlichkeit ausgeschlossen ist. Dazu gehören auch einzelne explizite Rechte wie das Brief- oder Fernmeldegeheimnis oder auch die Unverletzlichkeit der Wohnung. Daneben, d. h. unabhängig vom Privatsphärenschutz, steht das Recht auf informationelle Selbstbestimmung, worunter man das Recht des Einzelnen versteht, über die Preisgabe und Verwendung seiner persönlichen Daten selbst zu bestimmen, soweit nicht stärkere Interessen des Allgemeinwohls dieses Recht einschränken[58].

Der europäische Schutz der Privatsphäre geht zurück auf Art. 8 Abs. 1 EMRK (Konvention zum Schutze der Menschenrechte und Grundfreiheiten). Dieses Vertragswerk stammt von 1950. Demnach hat jedermann Anspruch auf Achtung seines Privat- und Familienlebens, seiner Wohnung und seines Briefverkehrs. Dieser schützt damit vier verschiedene Rechte, die sich jedoch alle teilweise überschneiden[59]. Im europäischen Raum gibt es unzählige Versuche, den unbestimmten Rechtsbegriff der Privatsphäre näher zu umschreiben. Die Privatsphäre des Menschen umfasst den Raum, in dem er die Entwicklung und Erfüllung seiner Persönlichkeit ohne ungewollte Eingriffe von außen anstreben kann[60]. Schlagwortartig umfasst die Privatsphäre, das „Recht in Ruhe gelassen zu werden“[61]. In diesem Sinne wäre dieses Recht in erster Linie als Abwehrrecht des Individuums gegen staatliche und private Übergriffe in sein Privatleben zu verstehen. Im Mittelpunkt stehen somit die Identität, Intimität und die physische und psychische Integrität kreisenden Handlungsfreiheiten und Abwehrrechte, die jedem Menschen um seiner Persönlichkeit Willen zustehen müssen[62]. Der Schutz der Privatsphäre soll weiterhin das Recht des Menschen über seinen Informationshaushalt beinhalten[63]. Dies umfasse den Anspruch auf beschränkte Zugänglichkeit in Form dreier Elemente der Geheimhaltung, Anonymität und Zurückgezogenheit, den Schutz vor Kenntnisnahme und Weitergabe persönlichkeitsbezogener Daten[64] und damit die individuelle Möglichkeit, Regeln, Sinn und

---

58 Siehe unter Ziff. 3.1.; vergleiche im einzelnen zum Verhältnis zwischen dem Rechts auf Privatsphäre und dem Recht auf informationelle Selbstbestimmung unten Ziff. 3.1.5.

59 Frohwein/Peukert, EMRK, Art. 8, Rn. 1.

60 Frohwein/Peukert, EMRK, Art. 8, Rn. 3; so ähnlich auch Entschließung 428 (1970) der Parlamentarischen Versammlung des Europarates über das Recht auf Achtung des Privatlebens: „das Recht, sein Leben nach eigenen Vorstellungen bei einem Mindestmaß an Eingriffen zu leben.“

61 Olmstead v. Vereinigten Staaten, 227 U.S. 438, 478 (1928), abw. Meinung M. Brandeis; siehe auch sinngemäß EGMR Niemietz ./. Deutschland. Urteil vom 16. 12. 1992, Serie A, Bd. 251-B, S. 33, Rn. 29, und Botta ./. Italien, Urteil vom 24. 2. 1998, Sammlung der Urteile und Entscheidungen 1998-I, S. 422, Rn. 32.

62 IntKommEMRK, Wildhaber, Art. 8, Rn. 103.

63 Ermacora/Nowak/Tretter-Dohr, Art. 8, Rn. 396.

64 Brugger, Privatsphäre 57-66.

Partner von Kommunikationsvorgängen selbst zu bestimmen[65]. Der Schutzbereich von Art. 8 EMRK ist bereits eröffnet, wenn Daten eines Grundrechtsträgers erhoben, gespeichert oder verarbeitet werden und dieser dadurch in seinem Privatleben beeinträchtigt ist[66]. Zu den geschützten Daten zählen nicht nur Informationen über das Privatleben, sondern auch solche über geschäftliche Vorgänge oder das öffentliche Leben einer Person, etwa Informationen über politisches Engagement und die Veröffentlichung und Verbreitung von Flugblättern, wenn sie systematisch gesammelt, in Dateien gespeichert worden sind[67]. Damit fallen alle Daten unter den Schutzbereich, soweit sie systematisch gesammelt und in einer Datei oder einer Akte gespeichert sind. Mit diesem Recht verbunden ist, ausgehend von Art. 8 Abs. 1 EMRK, die Verpflichtung des Staates, das Privatleben seiner Mitbürger durch Gesetzgebung, Rechtsprechung und Verwaltung zu schützen[68].

Im Vertrag von Nizza ist in Art. 8 der Charta der Grundrechte der Europäischen Union (GR-Charta) der Schutz der personenbezogenen Daten niedergelegt. Diese Daten dürfen gem. Art. 8 Abs. 2 GR-Charta nur nach Treu und Glauben für festgelegte Zwecke und mit Einwilligung der betroffenen Person oder auf einer sonstigen gesetzlich geregelten legitimen Grundlage verarbeitet werden. Jede Person hat das Recht, Auskunft über die sie betreffenden erhobenen Daten zu erhalten und die Berichtigung der Daten zu erwirken. Dieser Artikel stützt sich auf Art. 286 des Vertrags zur Gründung der Europäischen Gemeinschaft, auf die Datenschutzrichtlinie sowie auf Artikel 8 EMRK. Das Recht auf Schutz der personenbezogenen Daten wird noch Maßgabe der genannten Richtlinie ausgeübt und kann gemäß den Bedingungen nach Art. 52 GR-Charta eingeschränkt werden[69]. Die nähere Ausgestaltung dieses Grundrechts erfährt Art. 8 GR-Charta durch die Datenschutzrichtlinie und damit auch durch Art. 9 DSRL.

In den Rechtsordnungen der Mitgliedsstaaten ist der Schutz der Privatsphäre jeweils unterschiedlich determiniert[70]. In der Datenschutzrichtlinie geht es um die Wahrung der Rechte des Bürgers gegenüber der immer intensiver werdenden Verarbeitung und Nutzung personenbezogener Daten. Unter diesem Aspekt treten die Unterschiede des Begriffs der Privatsphäre zurück. Die Richtlinie macht sich auch nicht zur Aufgabe, die Privatsphäre in ihrer Gesamtheit zu schützen. Denn nach Art. 1 Abs. 1 DSRL sollen die Mitgliedstaaten die Privatsphäre nur nach den Bestimmungen dieser Richtlinie schützen. Die Datenschutzrichtlinie erfasst nicht ihren gesamten Bereich, sondern nur einen Teil von ihr. Nicht in den Anwendungsbereich mit einbezogen ist der Privatsphärenschutz im Sinne eines Schutzes des innersten Lebensbereich vor Einblicken von außen. Außerdem trifft die Datenschutzrichtlinie auch keine

---

65 Gusy, Schutz der Privatsphäre, 291, 310.
66 Grabenwarter § 22, Rn. 9.
67 Grabenwarter § 22, Rn. 9; EGMR, Urt. V. 25.3. 1998; EGMR Urt. 4.5. 2000.
68 EGMRE v. 24. 6. 2004, Rechtssache v. Hannover ./. Deutschland Ziffer 57; siehe auch sinngemäß die Rechtssachen X. und Y. ./. Niederlande, Urteil vom 26. 3. 1985, Serie A, Bd. 91, S. 11, Rn. 23, und Stjerna ./. Finnland, Urteil vom 25. 11. 1994, Serie A, Bd. 299-B, S. 61, Rn. 38, und Verliere ./. Schweiz (Entsch.), Nr. 41953/98, 28. 6. 2001.
69 Erläuterung des Präsidiums zu Art. 8, Dok. CHARTE 4487/00 CONVENT 50.
70 Ellger, RDV 1991, 121 (122).

Aussage für das Recht des Einzelnen auf das eigene Bild und das eigene Wort[71]. Der Inhalt des gemeinschaftsrechtlichen Konzepts der Privatsphäre im Sinne der Datenschutzrichtlinie ergibt sich aus deren Bestimmungen und ist dementsprechend zu interpretieren[72]. Dies sind insbesondere die Kapitel I und II, welche die allgemeinen Bestimmungen und die Bedingungen für Rechtmäßigkeit der Verarbeitung personenbezogener Daten regeln. Insofern wird durch die Richtlinie der datenschutzrechtliche Aspekt der Privatsphäre geschützt, der nur einen Teil des Schutzbereichs der Privatsphäre von Art. 8 EMRK abdeckt.

## 2.6. Vorschriften für die Freiheit der Meinungsäußerung

Art. 9 DSRL spricht als Gegengewicht zu dem Recht auf Privatsphäre von den für die Freiheit der Meinungsäußerung geltenden Vorschriften. Dies sind die Freiheit der Meinungsäußerung und insbesondere die Freiheit, Informationen zu erhalten oder weiterzugeben, die insbesondere in Art. 10 EMRK garantiert sind[73].

Nach Art. 10 EMRK umfasst die Meinungsäußerungsfreiheit das Recht, Informationen und Ideen anderer ohne Behinderung durch öffentliche Behörden mitzuteilen. Tatsachenbehauptungen sind ebenso geschützt wie Meinungskundgaben. Art. 10 EMRK verfolgt hierbei das Model des „Marktplatzes der Meinungen", d.h. der gewährleistete Schutz umfasst grundsätzlich alle kommunikativen Handlungen, unabhängig von deren Inhalt[74]. Auf die Art und Weise der Kommunikation kommt es grundsätzlich nicht an, lediglich für Film, Funk und Fernsehen ist ein Genehmigungsverfahren zulässig[75]. Hierbei ist Art. 10 eine Grundsäule der demokratischen Gesellschaft, eine wesentliche Bedingung für dessen Fortschritt und für die Selbstverwirklichung jedes Einzelnen[76].

Die Europäische Menschenrechtskonvention schützt die Pressefreiheit nicht ausdrücklich, sie ist jedoch Bestandteil der Meinungsäußerungsfreiheit in ihrer besonderen Bedeutung in der und für die freiheitlich-demokratische Grundordnung[77]. Sie ist ein Teilaspekt einer in Art. 10 EMRK geregelten unfassenden Kommunikationsordnung[78]. Erst die Pressefreiheit, verbunden mit der Rundfunkfreiheit, ermöglicht der Öffentlichkeit, sich eine Meinung über Ideen und Vorstellungen beispielsweise der politischen Parteien und von Politikern zu bilden. Die Aufgabe der Presse ist es, Nachrichten und Ideen über allgemeine Fragen, die sich in der Gesellschaft gestellt werden, zu verbreiten. Die Freiheit der Meinungsäußerung stellt eine der Grundfesten einer demokratischen Gesellschaft dar. Vorbehaltlich von Art. 10 Abs. 2 EMRK gilt diese nicht nur für die „Informationen" oder „Ideen", die Zustimmung finden oder als harmlos oder unerheblich betrachtet werden, sondern auch für solche, die verletzend, scho-

---

71 Zur Abgrenzung dieser verschiedenen Schutzbereiche siehe unten unter Ziffer 3.1.5.
72 Ellger, RDV 1991, 121 (122).
73 Erwägungsgrund Nr. 37 zur EG-Datenschutzrichtlinie.
74 Holoubek, AfP 2003, 193 (194).
75 Frohwein/Peukert, EMRK, Art. 10, Rn. 5.
76 EuGH, NJW 1987, 2143 (2144).
77 Kloepfer, AfP 2000, 511 (513).
78 Holoubek, AfP 2003, 193 (194).

ckierend oder beunruhigend wirken. Dies gebieten nämlich der Pluralismus, die Toleranz und die Aufgeschlossenheit, ohne die es eine „demokratische Gesellschaft" nicht geben kann[79]. Die Presse- und Rundfunkfreiheit stellt in der Öffentlichkeit eines der besten Mittel dar, Ideen und Einstellungen, die im öffentlichen Interesse sind, zu erfahren und sich darüber eine Meinung zu bilden. Die Freiheit der Diskussion gehört gerade zum Kernbereich einer demokratischen Gesellschaft[80]. Daran schließt sich die besondere Verantwortung der Presse an, die Öffentlichkeit auf Mängel und Fehler, rechtswidrige Machenschaften, in Politik und Gesellschaft hinzuweisen.

Der Europäische Gerichtshof für Menschenrechte (EGMR) verfolgt bei der Funktion der Presse das Bild eines Kommunikationsvorganges zwischen den Herrschenden und den Einzelnen über das Medium Presse. Hierbei verläuft dieser Vorgang nicht nur von den Politikern zu dem Bürger, sondern genauso von unten nach oben im Sinne der bürgerlich-liberalen Zielsetzung der Meinungsfreiheit, so dass über die Presse jedermann in die Lage versetzt wird, an der freien (politischen) Diskussion teilzunehmen. Der Europäische Gerichtshof für Menschenrechte betont hierbei die Kontrollfunktion der Massenmedien („Public Watchdog"), so dass Art. 10 EMRK nicht nur die Informationsvermittlung, sondern auch die eigene wertende Stellungnahme oder Kritik[81] schützt. Das Gericht schreibt der Presse ausdrücklich die Aufgabe zu, Missstände für die Öffentlichkeit aufzudecken. Hierbei muss es sich nicht unbedingt um Politik handeln, sondern dies gilt genauso für die Angelegenheiten, die in irgendeiner Form im öffentlichen Interesse sind[82]. Abgelehnt hat der Europäische Gerichtshof für Menschenrechte die Auffassung, wonach der Presse lediglich eine Informationsaufgabe zukommt, während die Beurteilung und Wertung des mitgeteilten Sachverhalts in erster Linie den Lesern überlassen bleibt[83]. Ebenso erfasst ist die Freiheit von Rundfunk, Film und Fernsehen[84]. Dies ergibt sich aus dem Umkehrschluss zu Art. 10 S. 3 EMRK.

Die Freiheiten, Informationen zu erhalten und weiterzugeben, sind die zwei Bereiche der Informationsfreiheit. Art. 10. EMRK garantiert zum einem die freie Mitteilung und Vermittlung von Informationen und Ideen, die nicht direkt der eigenen Meinung entspringen[85]. Notwendiges Korrelat dazu ist die passive Informationsfreiheit, d.h. die Freiheit, Informationen, welche andere mitteilen wollen, ohne staatliche Hindernisse und Diskriminierungen empfangen und sammeln zu können. Art. 10 EMRK garantiert nur den Empfang allgemein zugänglicher Informationen, eine Informationspflicht kann hieraus jedoch nicht erwachsen[86]. Auch ein Recht

---

79 EGMRE v. 24. 6. 2004, Rechtssache v. Hannover ./. Deutschland Ziffer 58; Rechtssache Handyside ./. Vereinigtes Königreich, Urteil vom 7. 12. 1976, Serie A, Bd. 24, S. 23, Rn. 49.

80 EuGH, NJW 1987, 2143 (2144).

81 Holoubek, AfP 2003, 193 (194).

82 EGMRE v. 24. 6. 2004, Rechtssache v. Hannover ./. Deutschland Ziffer 58; Observer und Guardian ./. Vereinigtes Königreich, Urteil vom 26. 11. 1991, Serie A, Bd. 216, S. 29-30, Rn. 59, und Blådet Tromsø und Steensaas ./. Norwegen [GC], Nr. 21980/93, Rn. 59, EuGHMR 1999-III.

83 EGMR, Fall Lingens EUGRZ 1986, S. 424, Rn. 41.

84 EGMR, v. 22. 5. 1990; EGMR v. 26. 11. 1991; Meyer-Ladewig, EMRK, Art. 10, Rn. 21; Grabenwarter § 23, Rn. 9.

85 Villiger, HdB EMRK, Rn. 610, Meyer-Ladewig, EMRK, Art. 10, Rn. 14; Grabenwarter § 23, Rn. 5

86 Villiger, HdB EMRK, Rn. 611; EGMR NVwZ 1999, 57; Meyer-Ladewig, EMRK, Art. 10, Rn. 14; Grabenwarter § 23, Rn. 6.

auf Empfang bestimmter Informationen kann daraus ebenfalls nicht abgeleitet werden[87]. Beschränkungen der Presse- und Rundfunkfreiheit sind möglich, um ein „zwingendes gesellschaftliches Bedürfnis" durchzusetzen, dies findet wiederum dann „im Interesse der demokratischen Gesellschaft an der Sicherung und Aufrechterhaltung der Medienfreiheit" seine Beschränkungen[88].

Zu den Vorschriften zum Schutz der Freiheit der Meinungsäußerung gehört auch Art. 11 GR-Charta. Demnach hat jede Person das Recht auf freie Meinungsäußerung. Dieses Recht schließt die Meinungsfreiheit und die Freiheit, Informationen und Ideen ohne behördliche Eingriffe und ohne Rücksicht auf Staatsgrenzen zu empfangen und weiterzugeben, mit ein. Art. 11 Abs. 2 GR-Charta gewährleistet allgemein die Medienfreiheit, indem es darin heißt, dass die Freiheit der Medien und ihre Pluralität geachtet werden.

Nach Art. 52 Abs. 3 GR-Charta hat dieses Recht die gleiche Bedeutung und Tragweite wie das durch die Europäische Menschrechtskonvention garantierte Recht. Die möglichen Einschränkungen dieses Rechts dürfen also nicht über die in Art. 10 Abs. 2 GR-Charta vorgesehenen Einschränkungen hinausgehen[89]. Absatz 2 dieses Artikels erläutert die Auswirkungen von Absatz 1 hinsichtlich der Freiheit der Medien. Dieses Grundrecht enthält unter anderem ein Kommunikationsgrundrecht. Ausdrücklich sichert es auch die Pluralität der Medien mit einem entsprechenden Sicherstellungsauftrag an den Gesetzgeber[90].

Da die Datenschutzrichtlinie von „insbesondere" Art. 10 EMRK spricht, können noch andere Vorschriften als Abwägungsgegenpol zur Privatsphäre herangezogen werden. Dies sind im Sinne von Art. 9 DSRL die „für die Freiheit der Meinungsäußerung geltenden Vorschriften", so dass die Mitgliedstaaten die hier erfassten Grundrechte in der jeweils für sie geltenden Verfassungsgestalt in ihre Abwägung mit einbeziehen sollen[91]. Für die Bundesrepublik kommt daher auch die Meinungs-, Informations- und Pressefreiheit in Gestalt des Art. 5 Abs. 1 GG[92] als Gegengewicht zur Anwendung, einschließlich aller unmittelbaren Konkretisierungen, die die maßgebliche verfassungsrechtliche Judikatur aus diesem Grundrecht als geltendes Verfassungsrecht abgeleitet hat[93].

## 2.7. Das Notwendigkeitskriterium und das Abwägungsgebot

Nach Art. 9 DSRL sind Abweichungen und Ausnahmen von den Kapiteln II, IV und VI ausschließlich erst dann zulässig, wenn sich diese als notwendig erweisen, um das Recht auf Privatsphäre mit den für die Freiheit der Meinungsäußerung geltenden Vorschriften in Einklang

---

87 Villiger, HdB EMRK, Rn. 612; Grabenwarter § 23, Rn. 6; Berka S. 422.
88 Holoubek, AfP 2003, 193 (195).
89 Erläuterungen des Präsidiums, Dok. CHARTE 4487/00 CONVENT 50.
90 Bernsdorff in Meyer, Art 11, GR-Charta Rn. 16, 18 mit weiteren Nachweisen.
91 Lerche, Rechtsgutachten im Auftrag des deutschen Presserates, 1996, S.53.
92 Siehe hierzu unten Ziffer 3.2.
93 Lerche, Rechtsgutachten im Auftrag des deutschen Presserates, 1996, S.53; Kopp, DuD 1993, 11 (13); ders., RDV 1993, 1, (5).

zu bringen. Notwendigkeit ist gleichbedeutend mit dem Begriff der Erforderlichkeit[94]. Abweichungen und Ausnahmen von der Datenschutzrichtlinie sind notwendig und erforderlich, wenn sie unter allen geeigneten Lösungen das für den Datenschutz am wenigsten einschneidende Mittel sind, welche das verfolgte Ziel aber gleich gut erreichen[95].

Die gewählte Formulierung, die beiden Grundrechte miteinander in Einklang zu bringen, verpflichtet somit die Mitgliedstaaten, bei der zu treffenden Regelung die beiden Grundrechte, das Persönlichkeitsrecht und die Meinungsfreiheit, miteinander abzuwägen[96]. (Abwägungsgebot). Dies erfordert, dass die beiden Rechtsgüter nach der Umsetzung in nationales Recht in einem recht gewichteten und wohl abgewogenen Verhältnis zueinander stehen. Hierbei ist ein eigenständiges Gewichten und Ausloten der jeweils einschlägigen öffentlichen und privaten Güter und Interessen vorzunehmen[97].

### 2.7.1. Der vorgegebene Spielraum

Die Bestimmungen der Richtlinie sind verhältnismäßig allgemein gehalten, da sie auf viele ganz unterschiedliche Situationen Anwendung finden soll. Diese enthält daher Vorschriften, die durch eine gewisse Flexibilität gekennzeichnet sind, und überlässt es in vielen Fällen den Mitgliedstaaten, die Einzelheiten zu regeln oder zwischen Optionen zu wählen. Daher verfügen die Mitgliedstaaten zur Umsetzung der Richtlinie 95/46 in vielerlei Hinsicht über einen Handlungsspielraum[98].

Art. 9 DSRL schreibt nicht vor, dass der die Richtlinie umsetzende Gesetzgeber auf eine bestimmte Lösung Punkt festgelegt ist, ohne dass ein Spielraum für eine entsprechende Einschätzungs- und Bewertungsweise übrig bleibt. Dies ergibt sich schon daraus, dass der europäische Richtliniengeber auf die „für die Freiheit der Meinungsäußerung geltenden Vorschriften des jeweiligen Mitgliedsstaates“ als Gegengewicht für die Privatsphäre verweist[99]. Da die beiden Grundrechte miteinander in „Einklang zu bringen“ sind, überlässt der europäische Normgeber den Mitgliedstaaten hierbei einen weiten Abwägungsspielraum. In diesem Sinne stellt Erwägungsgrund Nr. 37 Satz 2 fest, dass es den Mitgliedsstaaten obliegt, unter Abwägung der Grundrechte Ausnahmen und Freistellungen festzulegen.

Dies ergibt sich ferner aus Erwägungsgrund Nr. 9 Satz 2 der Richtlinie. Da jeder Mitgliedstaat seine eigenen für die „Freiheit der Meinungsäußerung geltenden Vorschriften“ hat[100], können

---

94 Pieroth/Schlink, Rn. 285; Dammann/Simitis, Art. 9, Rn. 6.

95 Jung, in: Callies/Ruffert, Art. 86 EGV, Rn. 57, EuGH Rs. 188-190/80, 6.7.1982, 2545, Rn. 18; Pieroth/Schlink, Rn. 285.

96 Erwägungsgrund Nr. 37 zur EG-Datenschutzrichtlinie; Dammann/Simitis, Art 9, Rn. 6; Ehmann/Helfrich Art. 9, Rn. 14.

97 Pieroth/Schlink, Rn. 291 ff.; Stern III/2, S. 782 ff.

98 EuGH v. 6. 11. 2003, Az. C-101/01 Rn. 83 f.; Roßnagel/Pfitzmann/Garstka, S. 55 f.; Weber, CR 1995, 297 (298); Dammann/Simitis, Art 5, Rn. 1; Kloepfer Gutachten 1998 D 105, 115.

99 Lerche, Rechtsgutachten im Auftrag des deutschen Presserates, 1996, S. 73.

100 Vgl. oben 2.6.

diese und insbesondere deren Schranken sich untereinander durchaus unterscheiden, gerade auch was die Ausgestaltung der presserechtlichen Positionen anlangt. Es verbleibt in der Kompetenz der Mitgliedstaaten, die Ausgestaltung der Pressefreiheit gerade so vorzunehmen, dass beispielsweise Ansprüche auf Auskunft über personenbezogene Daten aus sachlich einsehbaren Gründen zurückgedrängt werden oder umgekehrt so, dass ihnen bis zu essentiellen Funktionsbedürfnissen der Presse ein größerer Raum zugestanden wird. Der Begriff der Notwendigkeit ist damit abhängig von der jeweils einzelstaatlichen Einschätzung und damit von einer rechtspolitischen Konfliktlösung. Die Mitgliedstaaten können daher entsprechend ihrer Rechtstradition Abweichungen vorsehen, soweit dies für den Einklang dieser beiden Grundrechte erforderlich ist[101]. Hierbei strebt die Richtlinie zwar ein gleichwertiges Schutzniveau an, welches hoch angesetzt werden soll[102]. Sie kennt aber auch an, dass dies nur mit einem Spielraum zugunsten der einzelnen Mitgliedstaaten geschehen kann[103]. Wenn aber die Richtlinie für jeden Mitgliedsstaat verbindlich ist, so überlässt der europäische Normgeber den innerstaatlichen Stellen die Wahl der Form und der Mittel. So sind den einzelnen nationalen Gesetzgebern vielfach Gestaltungsräume überlassen. Dies entspricht gemäß Art. 249 Abs. 3 EGV dem Wesen einer Richtlinie.

Soweit im Übrigen in der Rechtsordnung von „Notwendigkeit" oder auch „Erforderlichkeit" gesprochen wird, ist dem Entscheidungsträger ein Entscheidungsspielraum eröffnet. Hierbei hat er sich jedoch an die Voraussetzungen der Erforderlichkeit zu halten[104]. Im Polizeirecht geht es bei der Überprüfung des Erforderlichen darum, ob es unter allen geeigneten Lösungen die mildeste ist, die das verfolgte Ziel aber gleich gut erreicht. Im Gegensatz dazu wird in dem mit dem hier vergleichbaren Planungsrecht (z. B. § 1 Abs. 3 BauGB) bei der Frage der Erforderlichkeit ein Gestaltungsspielraum eröffnet[105]. Wenn planungsrechtlich von der Erforderlichkeit die Rede ist, heißt dies in der Regel nicht die Fixierung auf eine einzige Lösung. Der Handelnde muss die widerstreitenden Rechtsgüter verfahrensrechtlich miteinander abwägen. Es bleibt ihm jedoch ein weiter Ermessensspielraum übrig, in dem er sich bewegen kann[106]. Dies schließt aber nicht aus, dass dann letztendlich theoretisch doch nur eine rechtmäßige Lösung übrig bleibt.

### 2.7.2. Das Notwendigkeitskriterium

Mit der in Art. 9 DSRL gewählten Formulierung geht der europäische Normgeber davon aus, dass das gesamte Datenschutzrecht für die Medien grundsätzlich anwendbar ist[107]. Ausnahmen können die die Richtlinie umsetzenden nationalen Gesetzgeber erst dann schaffen, wenn dies aufgrund der Meinungsfreiheit notwendig ist. Das Recht auf informationelle Selbstbe-

101 Kopp, RDV 1993, 1, (5).
102 Erwägungsgrund Nr. 7 zur EG-Datenschutzrichtlinie.
103 Erwägungsgrund Nr. 9 zur EG-Datenschutzrichtlinie.
104 Siehe oben unter 2.7.
105 Ernst/Zinkhahn/Bielenberg/Krautzberger, BauGB, § 1, Rn. 30.
106 Lerche, Rechtsgutachten im Auftrag des deutschen Presserates, 1996, S.74.
107 Empfehlungen 1/97 Datenschutz und Medien v. 25. Februar 1997, S. 8, 3.); Kloepfer, AfP 2000, 511 (523).

stimmung darf somit nur insoweit eingeschränkt werden, als es dies das Recht auf Meinungsäußerungsfreiheit erfordert. Der nationale Gesetzgeber muss daher bei jeder von dem regulären Datenschutzrecht abweichenden Regelung, die er zu schaffen beabsichtigt, überprüfen, ob dies zur Gewährleistung der Meinungsfreiheit erforderlich ist. Somit liegt die „Beweislast" hinsichtlich der Frage der Notwendigkeit der abweichenden Regelung bei der Meinungsfreiheit. Dies bedeutet, dass jede Ausnahme von der Regel „Datenschutz" im Einzelfall nach Art und Umfang und im Hinblick auf den Einklang der der beiden kollidierenden Rechtsgüter begründet werden muss[108]. Eine pauschale oder globale Herausnahme aller oder mehrerer Vorschriften ist daher nicht richtliniengerecht. Es sind vielmehr spezifizierende Lösungen zu suchen, die sich an den konkreten Notwendigkeiten der Ausübung der Meinungsäußerungsfreiheit durch Verarbeitung personenbezogener Daten für journalistische Zwecke orientieren.

Ausnahmen und Freistellungen dürfen nur für Bestimmungen gewährt werden, welche die freie Meinungsäußerung beeinträchtigen könnten und nur soweit dies für die tatsächliche Ausübung dieses Rechts erforderlich ist. Der Schutz der Privatsphäre ist dabei angemessen zu wahren. Die Ausnahmemöglichkeiten nach Art. 9 DSRL sollen aber nach Wortlaut und Intention der Richtlinie eng zu fassen sein. Dies ergibt sich daraus, dass Freistellungen *„nur insofern"* vorzusehen sind, *„als sich dies als notwendig erweist,* um das Recht auf Privatsphäre mit den für die Freiheit der Meinungsäußerung geltenden Vorschriften in Einklang zu bringen". In den Beratungen über den Wortlaut des Art. 9 DRSL empfahl der Ausschuss für Recht und Bürgerrechte des Europäischen Parlaments von der ursprünglichen Formulierung „...soweit sich dies als notwendig erweist..."[109] zugunsten der schließlich auch verabschiedeten Formulierung „...nur insoweit vor, als sich dies als notwendig erweist..."[110] abzusehen. Die Anforderungen an die Notwendigkeit von Ausnahmen und Freistellungen sind daher nach dem Willen des Richtliniengebers hoch anzusetzen. Das Notwendigkeitskriterium entfaltet sich speziell bei den nicht von vornherein ausgeschlossenen Kapiteln der Richtlinie und verpflichtet den jeweiligen Gesetzgeber sorgfältig zu prüfen, ob sich eine Freistellung von den an sich einschlägigen datenschutzrechtlichen Vorschriften aus sachlich triftigen Gründen, die sich aus den Vorschriften zum Schutze der Meinungsäußerungsfreiheit ergeben, rechtfertigen lassen oder nicht.

### 2.7.3. Die vorzunehmende Abwägung

Das Abwägungsgebot gibt vor, dass Freistellungen von der Richtlinie nach Art. 9 DSRL nur gewährt werden dürfen, soweit diese verhältnismäßig sind. Der Richtliniengeber gibt zu erkennen, dass es sich bei den nach Art. 9 DSRL zulässigen Ausnahmen um eng umgrenzte Fälle handeln muss, die ausschließlich im Interesse der Lösung einer Grundrechtskollision zugelassen werden können[111]. Durch diesen in der Richtlinie angelegten Abwägungsmechanismus zwischen dem Grundrecht der Meinungsfreiheit und dem Schutze personenbezogener

---

108 Brühann, in: Grabitz/Hilf, A 30, Art. 9 Rn 9.
109 Gemeinsamer Standpunkt, Abl. EG Nr. C 93 v. 13. April 1995.
110 Ehmann/Helfrich, Art. 9, Rn. 14.
111 Ehmann/Helfrich, Art. 9, Rn. 14.

Daten wird der in der Richtlinie angelegte Zielkonflikt angemessen ausgeglichen[112]. Es muss ein angemessenes Gleichgewicht zwischen den genannten Rechten und Interessen auf nationaler Ebene im Stadium der Anwendung der die Richtlinie 95/46 umsetzenden Regelung auf konkrete Fälle gefunden werden[113].

Bei der Prüfung der Frage, ob die Beschränkungen der Rechte und Pflichten aus der Richtlinie im Verhältnis zu dem angestrebten Schutz der freien Meinungsäußerung stehen, muss den speziellen Garantien, über die der einzelne gegenüber den Medien verfügt, besonders Rechnung getragen werden. Soweit beispielsweise Ansprüche des Einzelnen gegenüber den Medien auf Zugang zu Informationen und auf Berichtigung vor der Veröffentlichung beschränkt werden, ist dies nur dann verhältnismäßig, wenn der Einzelne nach der Veröffentlichung zur Gegendarstellung und Richtigstellung falscher Informationen berechtigt ist. In jedem Falle hat der Einzelne bei der Verletzung der ihm zustehenden Rechte Anspruch auf angemessenen Rechtsschutz[114]. Laut der Kommission sollen die Mitgliedstaaten darüber hinaus im Rahmen der Abwägung bei der Bewältigung der Grundrechtskollision berücksichtigen, dass ein Verhaltenskodex existiert oder durch die Europäische Menschenrechtskonvention und die allgemeinen Beschränkungen Rechtsgrundsätze festgelegt sind[115]. In Anbetracht der Tatsache, dass der Richtliniengeber die Ausnahmemöglichkeiten eng gefasst wissen wollte, wird der nationale Gesetzgeber vor allem an die normative Berücksichtigung beispielsweise von Verhaltenscodici strenge Anforderungen stellen müssen. Diese sind nur dann zu Lösung von Grundrechtskollisionen geeignet, wenn sie vorhersehbare Differenzierungs- und Entscheidungskriterien im Einzelfall bieten, die von beiden Grundrechtsträgern erkennbar in ihre Interessen einbezogen werden können[116].

Bei den Überlegungen hinsichtlich der Abwägung zwischen den Grundrechten hat der nationale Gesetzgeber neben der bereits angesprochenen Meinungsfreiheit[117] zu berücksichtigen, dass der europäische Normgeber einen Datenschutzstandard in den Mitgliedsstaaten auf möglichst hohem Niveau gewährleisten wollte[118].

## 2.8. Zusammenfassung

Der europäische Richtliniengeber hat in Art. 9 DSRL einen Rahmen für Mitgliedsstaaten abgesteckt, wie diese das Verhältnis zwischen der Medienfreiheit und dem Datenschutz regeln sollen. Mit der Richtlinie verfolgt die Kommission das Ziel, den Datenschutz innerhalb der Europäischen Union zu vereinheitlichen und einen möglichst hohen Standard des Schutzes der personenbezogenen Daten der Menschen in den Mitgliedsstaaten zu erreichen. Unter den

---

112 EuGH v. 6.11.2003, Rn. 82 f; Brühann, DuD 2004, 201 (208).
113 EuGH v. 6.11.2003, Rn. 85 f; Brühann, DuD 2004, 201 (208).
114 Empfehlungen 1/97 Datenschutz und Medien v. 25. Februar 1997, S. 8.
115 Begründung der Kommission, ABl. EG Nr. C 311 v. 27.11.1992, S. 19.
116 Ehmann/Helfrich, Art. 9, Rn. 16.
117 Siehe oben unter 2.6.
118 Roßnagel/Pfitzman/Garstka S. 56; Weber CR 1995, 297 (298). Brühann, in: Roßnagel, HdB DatensR, 2.4., Rn. 15; Rüpke, EuZW 1993, 149 (151).

personenbezogenen Daten sind alle Daten zu verstehen, die mit einer natürlichen Person in Verbindung gebracht werden können, d.h. es werden ausdrücklich auch Daten wie Bild, Stimme, Fingerabdrücke oder genetische Merkmale erfasst. Die Richtlinie erfasst nicht den Schutz Verstorbener oder juristischer Personen. Sie überlässt es jedoch den Mitgliedsstaaten, dennoch eine solche Regelung vorzunehmen.

Art. 9 DSRL sieht eine Ausnahmeregelung für die Medien im Bereich des Datenschutzes nur insoweit vor, als dass diese personenbezogene Daten ausschließlich zu journalistischen, künstlerischen und/oder literarischen Zwecken verarbeiten. Tritt ein anderer Zweck hinzu, ist für eine Ausnahme kein Raum mehr.

Die Regelung erlaubt Abweichungen und Ausnahmen für den gesamten Bereich der Richtlinie, der für medienspezifische Erleichterungen in Frage kommt. Die Rechtsbehelfsgarantie des Art. 22 DSRL, die Haftungsregelung des Art. 23 DSRL sowie die Verpflichtung zur Bestimmung geeigneter Sanktionen bei Verstößen gegen die Richtlinienbestimmungen nach Art. 24 DSRL stehen in ihrem Wesen jedoch nicht zur Disposition, wenn sie auch durch abweichende Regelungen von den übrigen Kapiteln nur in entsprechend reduzierter Art und Weise zur Anwendung kommen können.

Der Begriff der „Abweichungen und Ausnahmen" ist sehr weit zu verstehen. Er ermöglicht grundsätzlich auch generelle Befreiungen, unabhängig davon, ob diese Freistellungen geringfügige Ausmaße haben oder beispielsweise ein ganzes Kapitel aus dem Geltungsbereich des Datenschutzrechts für die Medien herausnehmen. Eingeschränkt wird dies erst durch das Notwendigkeitskriterium.

Die Richtlinie verpflichtet die Mitgliedsstaaten bei der Umsetzung der Regelung des Datenschutzes für die Medien die beiden betroffenen Rechtsgüter miteinander abzuwägen. Hierbei überlässt der Richtliniengeber dem nationalen Gesetzgeber einen weiten Abwägungsspielraum. Dies hat zur Folge, dass dieser sich mehrere Umsetzungsmöglichkeiten nach seinen rechtspolitischen Vorstellungen aussuchen kann.

Der nationale Gesetzgeber muss bei jeder von dem regulären Datenschutzrecht abweichenden Regelung, die er zu schaffen beabsichtigt, jedoch überprüfen, ob dies zur Gewährleistung der Meinungsfreiheit erforderlich ist. Mit der Formulierung dass Freistellungen „nur insofern" vorzusehen sind, „als sich dies als notwendig erweist, um das Recht auf Privatsphäre mit den für die Freiheit der Meinungsäußerung geltenden Vorschriften in Einklang zu bringen", gibt der Richtliniengeber zu erkennen, dass die Ausnahmemöglichkeiten eng zu fassen sind. Die Mitgliedsstaaten sind daher gehalten zu überprüfen, ob sich eine Frestellung von den einschlägigen datenschutzrechtlichen Vorschriften aus sachlichen triftigen Gründen, die sich aus den Vorschriften zum Schutze der Meinungsäußerungsfreiheit ergeben, sachlich rechtfertigen lassen oder nicht. Der nationale Gesetzgeber ist aber in jedem Falle gehalten, dem Bürger angemessenen Rechtsschutz zu gewährleisten, um gegen die Verletzung der ihm zustehenden Rechte vorgehen zu können.

## 3. Verfassungsrechtliche Vorgaben aus dem Grundgesetz

Zur Gestaltung der Vorschriften über den von den Medien zu beachtenden Datenschutz hat der Gesetzgeber neben den zuvor erläuterten europarechtlichen Rahmenvorschriften auch die Vorgaben aus dem Grundgesetz zu beachten.

Zwar genießt das Gemeinschaftsrecht grundsätzlich Anwendungsvorrang vor dem deutschen Recht, einschließlich der Grundrechte. Bei der Umsetzung und Vollziehung von Maßnahmen der Gemeinschaft handelt es sich hingegen um deutsche staatliche Gewalt nach Art. 1 Abs. 3 GG und hat sich damit an die Grundrechte zu halten. Jedoch darf die auf Gemeinschaftsrecht bestehende Verpflichtung, Gemeinschaftsrecht zu vollziehen und umzusetzen, nicht dadurch unterlaufen werden, dass über den Umsetzungs- und Vollzugsakt sekundäres Gemeinschaftsrecht am Maßstab der Grundrechte überprüft wird. Soweit daher das Gemeinschaftsrecht das mitgliedstaatliche Handeln determiniert, bestimmt sich der Umfang der Grundrechtsbindung alleine nach Art. 79 Abs. 3 GG. Räumt hingegen das Gemeinschaftsrecht den deutschen Organen – wie etwa hier bei der Umsetzung der Datenschutzrichtlinie – einen Spielraum ein, ist die deutsche Maßnahme nicht mehr gemeinschaftsrechtlich determiniert. In diesem Falle besteht daher eine uneingeschränkte Grundrechtbindung nach Maßgabe der Art. 1 Abs.1 GG nachfolgenden Grundrechte[119]. Sie zu berücksichtigen, wird dem nationalen Gesetzgeber auch von Art. 9 DSRL vorgegeben[120].

Dies sind insbesondere auf der einen Seite das Recht auf informationelle Selbstbestimmung nach Art. 2 Abs. 1 i. V. m. Art. 1 Abs. 1 GG, und zum anderen die in Art. 5 Abs. 1 GG niedergelegte Presse-, Informations- und Rundfunkfreiheit.

### 3.1. Das Recht auf informationelle Selbstbestimmung

Der in erster Linie in Betracht kommende Bezugspunkt für den Datenschutz im Grundgesetz ist das Recht auf informationelle Selbstbestimmung, welches das Bundesverfassungsgericht nach Vorarbeiten aus der Literatur[121] aus Art. 2. Abs. 1 i. V. m. Art. 1 Abs. 1 GG in dem so genannten Volkszählungsurteil hergeleitet hat[122].

#### 3.1.1. Inhalt des Rechts auf informationelle Selbstbestimmung

Dieses informationelle Selbstbestimmungsrecht umfasst den Schutz des Einzelnen gegen jede Form der Erhebung, schlichte Kenntnisnahme, Speicherung, Verwendung, Weitergabe und

---

119 Pieroth/Schlink, Rn. 191 mit weiteren Nachweisen.

120 Vgl. oben Ziffer 2.7.

121 Podlech, DVR 1, 1972/73, (149) 156; Schmidt, JZ 1974, 241 ff.; Meister DuD 1983, 163; Denninger ZRP 1981, 231 ff. ; Mallmann 47 f.; 78 f.

122 BVerfGE 65, 1 ff.

Veröffentlichung seiner persönlichen, d. h. individualisierten und individualisierbaren, Daten. Zu diesem Recht gehört die grundsätzliche Befugnis des Einzelnen, selbst zu entscheiden, wann und innerhalb welcher Grenzen persönliche Lebenssachverhalte offenbart werden, d. h. selbst über die Preisgabe und Verwendung seiner persönlichen Daten zu entscheiden[123].

Für einen Eingriff in den Schutzbereich ist es unerheblich, welcher Sphäre die erhobenen bzw. verwerteten Daten zuzuordnen sind. Für die Schutzbedürftigkeit kommt es nicht darauf an, welchen Informationsgehalt bestimmte Daten über eine Person haben. Entscheidend ist deren Nutzbarkeit und Verwendungsmöglichkeit. Kriterien zu finden, nach denen Daten noch als harmlos qualifiziert werden können oder wie die Sensitivität personenbezogener Daten zu gewichten ist, ist nahezu unmöglich. Aufschluss über die Verarbeitungskonsequenzen gibt niemals die einzelne Angabe, sondern immer nur der konkrete Verwendungszusammenhang. Somit kann ein einzelnes, für sich alleine genommenes Datum belanglos sein, in der Verknüpfung mit anderen Daten einen ganz neuen Stellenwert bekommen[124]. Jedes Datum, unabhängig aus welcher Sphäre einer Person es stammt, ist daher sensitiv und gleich schutzbedürftig. Zu verdeutlichen ist dies am Namen einer Person. Dieser kann einen sehr unterschiedlichen Aussagewert und damit auch eine unterschiedliche Sensivität haben, je nachdem, ob sie in einem Adressbuch, einem Verzeichnis der Grundstückseigentümer oder einer Zusammenstellung von Anstaltsinsassen enthalten sind. Gesundheitsdaten gewinnen eine ganz andere Bedeutung, wenn sie außer in Arzt- und Krankenhausunterlagen in den Informationssystemen von Arbeitgebern und Auskunfteien auftauchen[125]. Es kommt daher stets auf den Zweck der Datenerhebung und die Verarbeitungs- und Verknüpfungsmöglichkeiten an. Da durch die Verarbeitung und Verknüpfung ein für sich gesehenes nebensächliches Datum einen neuen Stellenwert bekommen kann, gibt es eben kein belangloses oder mehr oder weniger sensitives Datum, sondern jedes ist für sich genommen vor dem öffentlichen Zugriff schutzwürdig[126].

So erklärt sich auch, dass die vom Bundesverfassungsgericht zum allgemeinen Persönlichkeitsrecht aufgestellte Sphärentheorie für die Bestimmung des Schutzbereiches der informationellen Selbstbestimmung wie bereits angesprochen keine Rolle gespielt hat[127]. Diese Theorie unterschied bei der Verhältnismäßigkeitsprüfung eines Eingriffs in das allgemeine Persönlichkeitsrecht unterteilt nach der Tiefe des Eingriffs in Sozial-, Privat- oder Intimsphäre[128]. Denn angesichts des Umstandes, dass mehrere unwichtige, im Sinne von anscheinend nicht so schützenswerten Daten zu einer wichtigen Datenansammlung verknüpft werden können, die tief in die Intimsphäre eindringen kann, geht eine solche Unterscheidung bei dem Recht auf informationelle Selbstbestimmung trotz der Bezugspunkte zum allgemeinen Persönlichkeitsrecht fehl. So liegt das Recht der informationellen Selbstbestimmung „quer" zu zuvor anerkannten Ausprägungen, insbesondere auch zum Schutz des eigenen Bildes und des Wortes[129].

---

123 BVerfGE 65, 1, (42); 56, 37, (41 ff.); 63, 131 (142 f.).
124 BVerfGE 65, 1, (45).
125 Simits, NJW 1984, 398 (402).
126 BVerfGE 65, 1, (45).
127 Siehe hierzu auch: Trute in Roßnagel HdB DatensR, 2.5 Rn. 4, Rn. 10 ff.
128 BVerfGE 27, 1 ff.
129 Kunig, in: v. Münch/Kunig, Art. 2 Rn. 38; siehe hierzu näher unten unter 3.1.5.

Beim Recht auf informationelle Selbstbestimmung geht es um die Gewährleistung selbstbestimmten Handelns bei dem täglichem Umgang mit den eigenen Daten. In diesem Sinne kann aber nicht jedes Datum, jede Information, jede Kenntnis von einem Sachverhalt oder Umstand Gegenstand des Schutzes sein[130]. Es geht vielmehr um die fixierte oder fixierbare Angabe über eine Person oder über einen Sachverhalt mit personalem Bezug, die unabhängig von einer Person existiert, welche diese Kenntnis hat. Es kann daher nicht allgemein auf Information als die Kenntnis über Personen, Sachverhalte oder Vorgänge, sondern nur auf personenbezogene Daten abgestellt werden. Diese unterscheiden sich von der bloßen Information dadurch, dass sie in irgendeiner Weise perpetuiert sind, dementsprechend ohne aktuelle Kenntnisträger existieren und in Dateien verarbeitet werden. Eine Datei ist in einer gleichartig aufgebaute Sammlung von Daten, die nach bestimmten Merkmalen erfasst und geordnet, nach andern bestimmten Merkmalen umgeordnet und ausgewertet werden kann, ungeachtet der dabei verwendeten Verfahren[131]. Daten werden erst dann zu einer Information, wenn Personen, die diese Daten aufnehmen, mit diesen etwas anfangen können. Informationen können daher subjektiv betrachtet einen unterschiedlichen Wert haben. Für den einen kann es ein belangloses Datum, für den anderen eine wertvolle Information sein. Auch aus dieser Erkenntnis erklärt sich daher, warum es zur Schaffung eines wirksamen Datenschutzes kein belangloses Datum geben kann und der Schutz sich nicht nach einem Grad der Sensitivität unterscheiden lässt.

Von diesem ausgehend ist es grundsätzlich das Recht einer Person, selbst darüber zu entscheiden, ob und in welchem Umfang die jeweiligen Angaben preisgegeben und verwendet werden dürfen. Denn die Möglichkeit des Menschen, sich nach seinem Vorstellungen entsprechend zu entwickeln, hängt gerade auch von dem Umgang mit den Daten, die seine Person betreffen, ab. Da bei den heutigen modernen Datenverarbeitungsmöglichkeiten personenbezogene Daten unbegrenzt speicherbar und jederzeit ohne Rücksicht auf Entfernung in Sekundenschnelle abrufbar sind und unproblematisch mit anderen Datensammlungen zu einem teilweise oder weitgehend vollständigen Persönlichkeitsbild zusammengefügt werden können, ohne dass der Betroffene dessen Richtigkeit und Verwendung zureichend kontrollieren kann, zählt die informationelle Selbstbestimmung zu den Grundvoraussetzungen einer freien Entfaltung der Persönlichkeit[132].

Das Recht auf informationelle Selbstbestimmung darf jedoch nicht als ein dem Eigentum ähnliches absolutes Recht an den eigenen Daten verstanden werden[133]. Der Datenschutz gewährt dem Einzelnen nicht die alleinige Verfügungsgewalt über seine Daten. Eine solche Auslegung würde die Grundstruktur personenbezogener Daten und der informationellen Selbstbestimmung verkennen. Sie taugt nicht für eine gesellschaftliche Ordnung im Umgang mit perso-

---

130 Kunig, Jura 1993, 595 (599).

131 Schmitt Glaeser, in: HdBStR § 129, Rn. 77.

132 Trute, in: Roßnagel HdB DatensR, 2.5 Rn. 4, Rn. 9 ff, 21 ff; Simitis, in: Simits, BDSG, 5.Aufl., § 1, Rn. 31.

133 BVerfGE 65, 1 (44); Roßnagel, Freundesgabe, S. 133 f.: Roßnagel/Pfitzmann/Garstka Gutachten, S. 37; Trute, in: Roßnagel HdB DatensR, 2.5 Rn. 21; a. A. Kilian, Freundesgabe, S. 153.

nenbezogenen Daten, die den Freiheitsrechten aller Beteiligten gerecht wird. Informationelle Selbstbestimmung kann nicht so verstanden werden, dass sie eine Herrschaft der betroffenen Person über ihre personenbezogenen Daten gewährleistet und ihr eine eigentumsähnliche Ausschluss- und Verfügungsmacht sichert. Ein solches Verständnis würde zum einen den objektivrechtlichen Gehalt der informationellen Selbstbestimmung als Funktionsvoraussetzung für eine Gesellschaft verkennen, die auf individueller Selbstbestimmung und freier demokratischer Willensbildung ruht. Sie würde zum anderen aber auch verkennen, dass personenbezogene Daten mehrschichtig sind. Als Modelle der Wirklichkeit haben sie immer einen Autor und ein Objekt. Sie haben eine Beziehung zum Objekt, aber auch zum Autor. Sie können nicht allein dem Objekt zugeordnet werden[134]. Für ein mehrrelationales Wirklichkeitsmodell ist grundsätzlich keine Eigentumsäquivalenz gegeben. Datenschutzrecht regelt daher keine Eigentumsordnung, sondern eine Informations- und Kommunikationsordnung, die bestimmt, wer in welcher Relation befugt ist, mit den Modellen über bestimmte Personen in einer bestimmten Weise umzugehen[135]. Datenschutz schützt daher nicht die betroffene Person als Dateneigentümer, sondern unterstützt sie als aktiven Interessen- und Entscheidungsträger im Rahmen dieser Informations- und Kommunikationsordnung. Informationelle Selbstbestimmung ist daher nicht in der Weise zu gewährleisten, dass ausschließlich die betroffene Person selbst über ihre Daten verfügt. Die personenbezogenen Daten sind nicht nur Daten der betroffenen Person, sondern ebenso der Stelle, die die Daten erhoben oder verarbeitet hat. So sind Daten über eine medizinische Behandlung zugleich auch Daten über die Leistung des Arztes, die dieser benötigt, um seinen Leistungsanspruch zu begründen und abzurechnen, um seine ärztliche Dokumentationspflicht zu erfüllen und im Streitfall eine ordnungsgemäße Behandlung nachweisen zu können. Eine ausschließliche Verfügungsbefugnis als Grundlage für eine Konzeption des Datenschutzes als Eigentumsordnung kann es daher nicht geben[136].

Der Schutzbereich der informationellen Selbstbestimmung ging in einem weiteren entscheidenden Bereich weiter als die zum Zeitpunkt des Erlasses des Volkszählungsurteils als der Regelungsbereich der damals geltenden Datenschutzgesetzgebung. Er betrifft nämlich nicht nur das Schicksal des Datums in der Datei und seine weitere Verwendung, sondern bereits seinen Weg in dieselbe, also die Einholung des Datums. Verfassungsrechtlich determiniert sind damit nicht nur Vorgänge der Bearbeitung und Übermittlung, sondern auch der diesen vorausgesetzte Vorgang der Datenerhebung, wenn und soweit die Erhebung den Zweck verfolgt, das Datum in eine Datei aufzunehmen[137].

Diese in dem so genannten Volkszählungsurteil[138] entwickelte Erweiterung des Allgemeinen Persönlichkeitsrechts beinhaltet keine Neuschöpfung eines Grundrechts auf Datenschutz[139],

---

134 Zöllner, RDV 1985, 12.

135 Siehe hierzu auch Trute, in: Roßnagel, HdB DatensR, 2.5 Rn. 4, Rn. 19; Simitis, FS für Zeidler 1475, 1489, insb. 1492; Hoffmann-Riem, in: Recht und diffuse Interessen in der Europäischen Rechtsordnung, 779; ders., in: Der neue Datenschutz, 11; ders: AöR 1998, 520; Trute, VVDStRL 57 (1998), 260; Pitschas, DuD 1998, 146 ff.; Schulz, Verwaltung, 150.

136 Roßnagel/Pfitzmann/Garstka, S. 37 f.

137 Kunig, JURA 1993, 595 (600).

138 BVerfGE 65, 1 ff.

139 A. A. Bäumler, JR 1984, 361 (362).

sondern hat die Entwicklungsoffenheit des Art. 2 Abs. 1 GG wieder einmal statuiert[140]. Das informationelle Selbstbestimmungsrecht ist Ausprägung eines sich an moderne Entwicklungen anpassenden Persönlichkeitsschutzes. Es handelt sich nicht um ein neues Grundrecht, sondern um eine interpretatorischen Fortschreibung des Selbstdarstellungs- und Privatsphärenschutzes aus Art. 2. Abs. 1 i. V. m. Art. 1 Ab. 1 GG[141]. Nichts desto trotz hat das Recht auf informationelle Selbstbestimmung aber Grundrechtsqualität.

### 3.1.2. Die Bedeutung der informationellen Selbstbestimmung in der Demokratie

Der Schutz des Einzelnen vor dem unbefugten Gebrauch seiner persönlichen Daten ist ein Teil des allgemeinen Persönlichkeitsrechts und des Schutzes seiner Menschenwürde und damit Ausdruck seines Selbstbestimmungsrechts. Für diese individuelle Selbstbestimmung ist es aber nicht nur Voraussetzung, dass der einzelne seine Entscheidungsfreiheit über vorzunehmende oder zu unterlassende Handlungen einschließlich der Möglichkeit, sich auch entsprechend dieser Entscheidung zu verhalten, besitzt. Hierzu gehört vielmehr auch, die Möglichkeit des Menschen zu überschauen, wer was wann und bei welcher Gelegenheit über ihn weiß. Wer nicht erkennen kann, ob und von wem Informationen zu seiner Person zusammengestellt werden, büßt die Chance ein, die Konsequenzen seines Verhaltens sowie die Reaktionen seiner Kommunikationspartner verlässlich einzuschätzen und verzichtet damit mit zunehmender Sicherheit auf die Ausübung seiner Grundrechte[142]. Wer unsicher ist, ob abweichende Verhaltensweisen jederzeit notiert und als Informationen dauerhaft gespeichert, verwendet oder weitergegeben werden, wird versuchen, nicht durch solche Verhaltensweisen aufzufallen. Wer beispielsweise damit rechnet, dass die Teilnahme an einer Versammlung oder Bürgerinitiative behördlich registriert wird und dass ihm dadurch Risiken entstehen können, wird möglicherweise auf die Ausübung seiner entsprechenden Grundrechte verzichten. Bereits die Ungewissheit in diesem Bereich reicht damit schon aus, um einen Anpassungszwang auszulösen, der letztlich zu einer Aufhebung der Grundrechte und der vom Grundgesetz intendierten staatlichen und gesellschaftlichen Struktur führt[143].

Von einem unzureichenden Schutz der personenbezogenen Daten wären nicht nur die freien Entfaltungsmöglichkeiten des Bürgers betroffen. Dies würde nicht nur die individuellen Entfaltungschancen des Einzelnen beeinträchtigen, sondern damit auch das Gemeinwohl, weil Selbstbestimmung eine elementare Funktionsbedingung eines auf Handlungs- und Mitwirkungsfähigkeit seiner Bürger begründeten freiheitlich-demokratischen Gemeinwesens ist. Somit wäre davon letztendlich eine funktionierende freiheitliche Gesellschaftsordnung in Mitleidenschaft gezogen[144]. Damit ist die informationelle Selbstbestimmung kein Beitrag zur Auflösung der Gesellschaft, sondern ist für dessen Funktionsfähigkeit ein elementarer Be-

---

140 Di Fabio, in: Maunz/Dürig, Art. 2 Abs. 1, Rn. 173.

141 Gola, RDV 1998, 109; Kunig, Jura 1993, 595 (596), die aber das Recht auf informationelle Selbstbestimmung ausschließlich als ein Unterfall des Selbstdarstellungsschutzes ansehen. Siehe hierzu vertieft unten Ziff. 3.1.5.

142 BVerfGE 49, 1 (43); Simitis, in: Simits, BDSG, 5.Aufl., § 1, Rn. 30.

143 BVerfGE 49, 1 (43). Simits, NJW 1984, 398 (400).

144 BVerfGE 65, 1 (43).

standteil. Wenn dem Einzelnen die grundsätzliche Möglichkeit gegeben wird, selbst über die Verarbeitung der sich auf seine Personen beziehenden Daten zu entscheiden, provoziert dies nicht die Gefahr, dass er sich aus der Gesellschaft ausklinkt, sondern er erhält damit gerade die Gelegenheit, sich in ihr zu verwirklichen. Damit umschreibt dieses Recht nicht nur die Stellung der Individuen in der Gesellschaft, sondern umschreibt auch deren Struktur. In dem Umfang, wie jede einzelne Person, die Möglichkeit erhält (und diese dann auch wahrnimmt), auf den Verarbeitungsprozess seiner persönlichen Daten Einfluss auszuüben, konstituiert sich gerade seine Handlungs- und Mitwirkungsmöglichkeit, auf welche die Gesellschaft – zumindest in der einer freiheitlich-demokratischen Grundordnung – angewiesen ist. Damit ist die informationelle Selbstbestimmung auch grundlegende Bedingung einer funktionierenden demokratischen Gesellschaft[145]. Der Verlust an ihr ist auch ein Stück weit Verlust an demokratischer Substanz[146].

Dem ersten Anschein nach wäre man versucht zu glauben, dass wenn dem Bürger ein Recht eingeräumt ist, über die Verarbeitung seiner personenbezogenen Daten zu entscheiden, dies zu einem Kommunikationsverlust führen würde, da dadurch weniger Daten im Umlauf wären. Die informationelle Selbstbestimmung soll jedoch gerade, in dem sie eine Verarbeitung ohne die Mitwirkung des Betroffenen verhindert und damit seine Handlungsfähigkeit sichert, die für eine demokratische Gesellschaft unerlässliche Kommunikation ermöglichen. Die informationelle Selbstbestimmung sichert gerade die Kommunikationsfähigkeit des Menschen. Denn nur derjenige, der über seine Daten grundsätzlich frei verfügen kann, traut sich die Kommunikation mit anderen aufzunehmen, weil er dadurch die Konsequenzen seiner Äußerungen wie auch die Reaktionen seiner Gesprächspartner einschätzen kann. Das Recht, selbst über seine persönlichen Daten verfügen zu können, ist Grundbedingung der „kommunikativen Kompetenz des einzelnen"[147] und damit grundlegende Voraussetzung der kommunikativen Selbstbestimmung[148]. Wenn der Mensch nicht selbst darüber entscheiden kann, wer unter welchen Vorraussetzungen und mit welchen Zielen Zugang zu den seine Personen betreffenden und diese damit auch beschreibenden und charakteristischen Daten haben darf, läuft er Gefahr, jede Chance einzubüßen, am Kommunikationsprozess als Person teilzunehmen und sich statt dessen in ein mehr und mehr manipulierbares Informationsobjekt zu verwandeln[149].

Nun darf aber das Recht der informationellen Selbstbestimmung nicht in ein subjektives Recht auf Datenschutz einerseits und ihre Bedeutung als Funktionsbedingung eines freiheitlichen-demokratischen Gemeinwesens und damit Elemente einer objektiven Wertordnung aufgeteilt werden[150]. Beides ist unmittelbar aufeinander bezogen, bedingt einander gegenseitig und kann daher nicht getrennt werden, ohne die Rechtfertigung und das Ziel der informationellen Selbstbestimmung in Frage zu stellen. Wenn der Staat dem Einzelnen das Recht garantiert, selbst über die Preisgabe und die Verwendung seiner Daten zu entscheiden, ist dies auch

---

145 BVerfGE 65, 1 (43).
146 Simits, NJW 1984, 398 (400).
147 Simitis, KritV 83 (2000) S. 368 f.
148 Roßnagel, KJ 1990, (267) 280 ff.; BVerfGE 25, 256 (263 ff); 35, 302 (226 ff.); 44, 148 (219ff.).
149 Roßnagel, KJ 1990, (267) 282.
150 So aber Schmidt Glaeser in HdBStR § 129, Rn. 87.

gleichzeitig in äquivalentem Maß die Grundbedingung einer demokratischen Gesellschaft gewährleistet. Eine freiheitlich-demokratische Grundordnung realisiert sich gerade in der Kommunikationsfähigkeit seiner Bürger, genauso wie diese ihre Individualität erst in einer demokratisch angelegten Gesellschaft entfalten und verwirklichen können[151]. Folge dieser Feststellung ist, dass trotz fehlender Regelung im Grundgesetz der Datenschutz elementarer Bestandteil eines funktionierenden Grundrechtsschutzes und freiheitlichen Staatsgefüges ist[152].

### 3.1.3. Verfassungsmäßige Verfügungsgewalt des Einzelnen über seine Daten

Dass das Recht auf informationelle Selbstbestimmung nicht schrankenlos gewährleistet werden kann, versteht sich nahezu von selbst: Die bereits oben dargestellte Verknüpfung dieses Rechts mit der demokratischen Struktur schließt jede Interpretation der Selbstbestimmung als absolute uneingeschränkte Herrschaft des einzelnen über seine Daten aus[153]. Die informationelle Selbstbestimmung kann nur solange Garant der Kommunikationsfähigkeit von Individuen und damit auch ihrer Handlungs- und Mitwirkungsfähigkeit sein, wie sie nicht selbst den Kommunikationsprozess unterbindet. Dieses Ergebnis würde jedoch eintreten, wenn das Recht auf informationelle Selbstbestimmung als einem dem Eigentum ähnlichen Recht ausgestaltet wird. Es kann nicht, wie das Recht am eigenen Bild, am eigenen Wort oder am eigenen Namen ein Recht am eigenen Datum geben. Ein in diesem Sinne ausgestaltetes absolutes Verfügungsrecht verzerrt die Wahrnehmung der sozialen Realität[154], ohne die sich weder die Kommunikations- noch die Handlungs- und Mitwirkungsfähigkeit des Einzelnen entfalten kann. Der Mensch ist vielmehr eine sich innerhalb der sozialen Gemeinschaft entfaltende Persönlichkeit. Daten, auch soweit diese personenbezogen sind, stellen ein Abbild sozialer Realität dar, welches nicht dem Betroffenen alleine zugeordnet werden kann[155]. Der Datenschutz ist daher auch keine Zuweisung von Herrschaftsansprüchen, sondern vielmehr als „Datenverkehrsordnung" zu verstehen, die den Informationszugang und die Informationszuteilung nicht grundsätzlich unterbindet, sondern die Zugangsvoraussetzungen regelt[156].

Da das Grundgesetz die Spannung zwischen der einzelnen Person und der Gemeinschaft im Sinne der Gemeinschaftsbezogenheit und Gemeinschaftsgebundenheit des Menschen entschieden hat, muss dieser Einschränkungen seines Rechts auf informationelle Selbstbestimmung im überwiegenden Allgemeininteresse hinnehmen[157]. Die Entscheidung des Betroffenen ist aber keine beliebig überwindbare Barriere. Die schlichte Berufung auf dieses Allgemeininteresse reicht in jedem Falle nicht aus[158]. Gemeinwohlinteressen, wenn sie nur ein entsprechend hohes Gewicht aufweisen, rechtfertigen daher nicht per se jeden Eingriff in die

---

151 Simitis, in: Simits, BDSG, 5.Aufl., Einleitung , Rn. 38.
152 Simitis, in: Simits, BDSG, 5.Aufl., Einleitung, Rn. 30.
153 Simits, NJW 1984, 398 (400).
154 Simitis, KritV 83 (2000) 359 (367).
155 BVerfGE 65, 1 (44)
156 Simits, NJW 1984, 398 (400), Roßnagel/Pfitzmann/Garstka, S.38 ff.
157 BVerfGE 65, 1 (43).
158 Simitis, KritV 83 (2000) 365 ff.; Roßnagel/Pfitzmann/Garstka S. 38 f.

informationelle Selbstbestimmung. Erst eine sorgfältige Abwägung der jeweils präzise anzugebenden Verarbeitungsinteressen der Allgemeinheit und der potentiellen Verarbeitungskonsequenzen für die Betroffenen kann ergeben, inwieweit das Allgemeininteresse den Vorrang verdient. Hierfür ist entscheidend, welche Nutzbarkeit und Verwendungsmöglichkeiten sich aus den Daten ergeben. Diese hängen von dem Zweck der Datenverarbeitung und von den der Informationstechnologie eigenen Verarbeitungs- und Verknüpfungsmöglichkeiten ab.

Ein solches Interesse wird regelmäßig nur an Daten mit Sozialbezug unter Ausschluss intimer Angaben und von Selbstbezichtigungen bestehen[159]. Insofern findet der Grundgedanke aus der zur Rechtsprechung zum Persönlichkeitsrecht entwickelten Sphärentheorie, dass der Intimbereich unantastbar ist, hier mittelbar Anwendung. Dieser Bereich ist jedenfalls dann betroffen, wenn aus Informationen über den Einzelnen ein vollständiges bzw. fast vollständiges Persönlichkeitsbild rekonstruiert werden kann. Der im Rahmen der informationelle Selbstbestimmung sich durch Art. 1 Abs. 1 GG auswirkende Menschenwürdeschutz kann dann eine absolute Grenze setzen, der Einzelne darf nicht zum Informationsobjekt gemacht werden[160].

Der Betroffene muss Einschränkungen dieses Rechts nur im überwiegenden Allgemeininteresse hinnehmen. Diese dürfen nicht weiter gehen, als es zum Schutz der öffentlichen Interessen unerlässlich ist. An die Rechtfertigung, d. h. an die mit dem Eingriff verfolgten Zweck sind um so höhere Anforderungen zu stellen, je tiefer die in den Daten gespeicherten Informationen Auskunft über den privaten Bereich des Betroffenen geben und je intensiver die Daten genutzt werden sollen. Da Gefahren für das informationelle Selbstbestimmungsrecht verstärkt insbesondere durch technisch fortgeschrittene Datenverarbeitungsvorgänge ausgehen, soll der Grundrechtsschutz aus präventiver Sicht verstärkt verfahrenstechnisch ausgestaltet werden[161]. Der Gesetzgeber hat „mehr als früher auch organisatorische und verfahrensrechtliche Vorkehrungen zu treffen, welche der Gefahr einer Verletzung des Persönlichkeitsrechts entgegenwirken“[162].

### 3.1.4. Der Eingriff in das Recht auf informationelle Selbstbestimmung

Welche Eingriffe von dem Recht auf informationelle Selbstbestimmung erfasst sein sollen, dazu gab das Bundesverfassungsgericht in dem Volkszählungsurteil keine Bemerkung ab. Dies war auch dort kein Problem. Die zwangsweise Informationserhebung, wie sie in diesem Urteil zu beurteilen war, stellte sich unproblematisch als ein Eingriff dar, da es hier um die zielgerichtete Datenerhebung zu Zwecken anschließender manueller und automatischer Bearbeitung ging[163].

---

159 BVerfGE 65, 1 (46).
160 Kunig, Jura 1993, 595 (603).
161 Di Fabio, in; Maunz/Dürig, Art. 2 Abs. 1, Rn. 182.
162 BVerfGE 65, 1 (44).
163 Kunig, Jura 1993, 595 (600); Kloepfer, Gutachten, S. 49.

Die dogmatische Erfassung des Vorgangs der Grundrechtsbeeinträchtigung bei der informationellen Selbstbestimmung hat stets Schwierigkeiten bereitet[164]. Im Vergleich zu anderen Grundrechten ist oft nicht ganz einfach zu beantworten, wann ein Eingriff vorliegt. Werden Informationen durch Zufallsfunde, durch Beobachtungen des Betroffenen oder durch Befragung Dritter wie zum Beispiel Nachbarn, Berufskollegen oder Freunde gewonnen, werden Daten gespeichert oder an andere Stellen übermittelt, so ist der Eingriffscharakter derartiger Vorgänge keineswegs offenkundig, jedenfalls wenn man diese Handlungen isoliert betrachtet[165]. Nach dem klassischen Eingriffsbild liegt ein solcher vor, wenn dieser final, unmittelbar, mit Rechtsfolgenwirkung, Anordnung und Durchsetzung in das entsprechende Grundrecht eingreift[166]. Für die informationelle Selbstbestimmung bedeutet dies, dass der Mensch vor dem rechtlich durchsetzbaren, rechtsförmig abgeforderten, unmittelbar beabsichtigten Zugriff auf ein personenbezogenes Datum zu Zwecken der Aufnahme in eine Datei geschützt ist. Würde es dabei bleiben, wäre bereits die Speicherung, inklusive der Modalitäten der Löschung, die weitere Verarbeitung und die Weitergabe an Dritte von dem klassischen Eingriffsbild nicht erfasst. Dies war aber gerade eine Hauptstoßrichtung des Volkszählungsurteils[167].

Ausgehend von diesem klassischen Eingriffsbild ist vertreten worden, dass die reine Datenverarbeitung noch nicht diese Freiheit beschneidet und daher nicht als Eingriff zu qualifizieren ist. Die Datenverarbeitung beeinflusse allenfalls den Willen, von einer bestehenden Freiheit Gebrauch zu machen und vermöge auf diese Weise die Freiheit zu lähmen, sei aber noch nicht selbst als Eingriff zu qualifizieren[168]. Dies kann aber nicht überzeugen, denn es wird dem Schutzbedürfnis des Bürgers in den Zeiten einer modernen Datenverarbeitung nicht gerecht.

Für die Bestimmung von Eingriffen in Grundrechte ist das Schutzanliegen dieses Grundrechtes heranzuziehen. Jedes staatliche Verhalten, welches die von dieser Schutzintention des Grundrechts erstrebte Betätigung bzw. das von ihm verlangte Freibleiben von staatlicher Ingerenz in Frage stellt, ist als Eingriff zu qualifizieren[169]. Die Frage, ob ein Eingriff vorliegt, ist daher nicht von der Person des Eingreifenden her zu bestimmen, sondern vom Schutzgut – der informationellen Selbstbestimmung – aus festzustellen[170]. Wenn das Recht auf informationelle Selbstbestimmung den Schutz des Einzelnen gegen unbegrenzte Erhebung, Speicherung, Verwendung und Weitergabe seiner persönlichen Daten ohne dessen vorherige Einwilligung oder aus überwiegendem Interesse eines anderen sicherstellen will[171], ist aber denknotwendiger Weise jede Datenverarbeitung gegen den Willen des Betroffenen ein Eingriff in dessen

---

164 Scholz/Pitschas, S. 26 f.; Schlink, Die Amtshilfe, S. 169 ff.; Schmidt Glaeser in HdBStR § 129, Rn. 95 mit weiteren Nachweisen.
165 Schmidt Glaeser in HdBStR § 129, Rn. 95.
166 Pieroth/Schlink, Rn. 271 ff.
167 Kunig, JURA 1993, 595 (600).
168 Gallwas, NJW 1992, 2785.
169 Kunig, JURA 1993, 595 (600).
170 Roßnagel/Pfitzmann/Garstka, Gutachten, S. 46.
171 BVerfGE 65, 1 (43).

informationelle Selbstbestimmung[172]. Über den durch die Kriterien der Unmittelbarkeit und Finalität geprägten klassischen Eingriffsbegriff hinaus schützt das Recht auf informationelle Selbstbestimmung in diesem weiten Sinne vor jeder Form der Erhebung, schlichter Kenntnisnahme, Speicherung, Verwendung, Weitergabe oder Veröffentlichung von persönlichen Daten und Informationen[173].

Da diese Freiheit dem Bürger die Möglichkeit geben will, mit hinreichender Sicherheit überschauen zu können, welche ihn betreffende Informationen in bestimmten Bereichen seiner sozialen Umwelt bekannt sind[174], ist der entscheidende Ansatzpunkt bei der Frage der Qualifizierung eines Eingriffs nicht nur die Schädigung, sondern bereits die Gefährdung des Einzelnen hinsichtlich dieses Rechts[175]. Das Selbstdarstellungsrecht als informationelles Verfügungsrecht über die eigene Person garantiert die Abwehr von Fremdaktivitäten im Persönlichkeitsbereich zur Erhaltung selbstverantwortlicher Verhaltensfreiheit. Damit ist dieses Recht immer dann beeinträchtigt, wenn eine Maßnahme dieses Selbstverfügungsrecht beschränkt. Weil die informationelle Selbstbestimmung den Verarbeitungsfolgen vorbeugen will, ist jede sich am Betroffenen vorbei vollziehende, nicht durch seine Entscheidung abgedeckte Verwendung der sich auf seine Person beziehenden Daten ein Eingriff in die informationelle Selbstbestimmung. Eine Beeinträchtigung setzt keinen Schaden des Betroffenen voraus. Sie ist auch schon bei einer bloßen durch eine entsprechende Entscheidung des Betroffenen nicht abgedeckten Verwendung personenbezogener Angaben gegeben.

Eine davon – wie bei jedem anderen Grundrecht auch - zu unterscheidende Frage ist, welchen Schutz das Grundrecht auf informationelle Selbstbestimmung gegen diesen Eingriff gewährt und welche Verpflichtung für den Gesetzgeber zur Abwehr dieses Eingriffs besteht. Hierbei ist zu beachten, dass auch dieses Grundrecht eine unmittelbare Abwehrfunktion nur gegenüber der staatlichen Gewalt begründet. Gegenüber anderen Privatpersonen begründet es dagegen keine unmittelbare Drittwirkung in Form eines Abwehrrechts.
Da es kein belangloses Datum eines Menschen gibt, kann es auch keine belanglose, grundrechtsirrelevante Bagatelle-Beeinträchtigung geben. Jede Verwendung persönlicher Daten ist wesentlich[176]. Es ist die ausschließliche Angelegenheit des Betroffenen, die beabsichtigte Nutzung zu beurteilen. Auch eine Typisierung in Zufallsfunde, gelegentliche Befragungen, Trivialkommunikation, sozialadäquates Verhalten geht fehl[177]. Diese Gruppierung kann zu keiner exakten Abgrenzung in relevante oder unrelevante Eingriffe führen und birgt daher die Gefahr, zu Lasten des Betroffenen ausgedehnt zu werden. Eine solche Sonderbehandlung unwesentlicher Beeinträchtigungen führt zu einer Freizone für die Verarbeitung personenbezogener Daten und wird daher den Anforderungen des Rechts auf informationelle Selbstbestimmung nicht gerecht.

---

172 Roßnagel/Pfitzmann/Garstka, Gutachten, S. 46.
173 BVerfGE 65, 1 (43); 67, 100 (143); siehe auch Di Fabio, in: Maunz/Dürig, Art. 2 Abs. 1 Rn 176 mit weiteren Nachweisen.
174 BVerfGE 65, 1 (43).
175 Simitis, in: Simits, BDSG, 5.Aufl., § 1, Rn. 79.
176 Simitis, in: Simits, BDSG, 5.Aufl., § 1, Rn. 83.
177 So aber Schmidt Glaeser in HdBStR § 129, Rn. 96 f.

### 3.1.5. Der Standort der informationellen Selbstbestimmung im Grundgesetz

Im Grundgesetz ist der Datenschutz in keiner Vorschrift ausdrücklich niedergelegt. Hierbei steht es den Landesverfassungen in Berlin (Art. 33), Brandenburg (Art. 11), Bremen (Art. 12 Abs. 4), Mecklenburg-Vorpommern (Art. 6 Abs. 2), Nordrhein-Westfalen (Art. 4 Abs. 2), Rheinland-Pfalz (Art. 4 a), Sachsen (Art. 33), Sachsen-Anhalt (Art 6. Abs. 1), Thüringen (Art. 6 Abs. 4) und des Saarlandes (Art. 2) und auch vielen europäischen Landesverfassungen und der Europäischen Grundrechtscharta nach. Das informationelle Selbstbestimmungsrecht trägt im wesentlichen die allgemeinen Anforderungen an die Erhebung und Verwendung personenbezogener Daten[178]. Darüber hinaus ist aber der Maßstab der Erhebung und Verarbeitung vor allem anhand der bereichspezifischen Grundrechte näher zu beschreiben, die je nach Garantiergehalt einzeln oder kumulativ[179] in unterschiedlicher Weise die allgemeinen Anforderungen übersteigen oder spezifizieren können. Wenn nämlich all die Verhaltensfreiheiten, die in dem Grundrechtskatalog geschützt sind, dadurch beeeinträchtigt werden können, dass Daten über diese Freiheitsausübung gesammelt werden können, insbesondere wenn daran repressive Folgen anknüpfen, ist der Datenschutz verfassungsrechtlich ein Teil eines jeden Grundrechts[180]: So schützt z. B. Art. 5 GG die negative und positive Kommunikationsfreiheiten, das Vertrauensverhältnis zwischen den Medien und dem Informanten sowie die Vertraulichkeit der Redaktionsarbeit. Das Post- und Fernmeldegeheimnis (Art 10 Abs. 1 GG) schützt die Vertraulichkeit der Kommunikation, Art. 13 GG die Unverletzlichkeit der Wohnung und damit den privaten Rückzugsbereich des Menschen vor öffentlichem Zugriff etc. Diese und weitere Grundrechte integrieren den Datenschutz im Grundgesetz[181].

Der in erster Linie in Betracht kommende Bezugspunkt für den Datenschutz ist jedoch Art. 2. Abs. 1 i. V. m. Art. 1 Ab. 1 GG, aus dem das Bundesverfassungsgericht in dem Volkszählungsurteil das Recht auf informationelle Selbstbestimmung hergeleitet hat[182]. In diesen Vorschriften ist das allgemeine Persönlichkeitsrecht niedergelegt, welches auch das Recht auf informationelle Selbstbestimmung einschließt. Hierbei handelt sich nicht um ein neues Grundrecht, sondern um die interpretatorische Fortschreibung des Selbstdarstellungsschutzes aus Art. 2 Abs. 1 i.V.m. Art. 1 Abs. 1 GG. Nichts desto trotz genießt dieser Bereich eine Selbständigkeit gegenüber dem Privatsphärenschutz. Ein Eingriff in den Schutzbereich ist nämlich nicht mehr davon abhängig, ob die erhobenen oder verwerteten Daten thematisch in den Bereich der Privat- oder Intimsphäre gehören. Das Recht auf informationelle Selbstbestimmung wird vielmehr unabhängig von der qualitativen Aussagekraft der betroffenen persönlichen Daten gewährt[183].

---

178 Trute in Roßnagel HdB DatensR, 2.5 Rn. 4, Rn. 63.
179 BVerfGE 100, 313 (365); Trute, in: Roßnagel, HdB DatensR, 2.5 Rn. 4, Rn. 63.
180 Trute, in: Roßnagel HdB DatensR, 2.5 Rn. 4, Rn. 63; Gallwas, Der Staat 18 (1979) 507, 514.
181 Simitis-Simits, BDSG, 5.Aufl., § 1, Rn. 34; Roßnagel/Pfitzmann/Garstka, Gutachten, S. 59 f.
182 BVerfGE 65, 1 ff.
183 Di Fabio, in: Maunz/Dürig, Art. 2 Abs. 1, Rn. 174

Begriff und die dogmatische Ausgestaltung des allgemeinen Persönlichkeitsrechts sind ausschließlich eine Schöpfung der Rechtsprechung[184]. Im Grundrechtskatalog des Grundgesetzes ist ein solches Recht nicht ausdrücklich erwähnt, obwohl gerade der Wortlaut des Art. 2 Abs. 1 GG Rückschlüsse auf diese Figur zulässt. Wenngleich nicht unmittelbar auf den Wortlaut gestützt, wird dort denn auch die eigentliche Verankerung des allgemeinen Persönlichkeitsrechts gesehen[185]. Als dogmatischer Ausgangspunkt gilt heute jedoch Art. 2 Abs. 1 i. v. m. Art. 1 Abs. 1 GG. Die verfassungsrechtliche Grundlage als subjektives Recht ist hierbei Art. 2 Abs. 1 GG[186]. Die Rolle des Art. 1 Abs. 1 GG ist begrenzt auf den Auslegungsmaßstab für die Ermittlung des Inhalts und der Reichweite des Schutzumfangs[187]. Ansonsten wären auch die durch Gesetz erlaubten Beschränkungen im Hinblick auf die absolute Anerkennung der Menschenwürde unmöglich. Was unter Art. 1 Abs. 1 GG fällt, ist absolut geschützt und verfassungsänderungsfest. Für die praktische Anwendung hat dies folgende Auswirkungen: Wenn ein (staatlicher) Akt die menschliche Persönlichkeit beeinträchtigt, ist gegebenenfalls zu prüfen, ob damit die Menschenwürde (Art. 1 Abs. 1 GG) verletzt wird. Liegt eine Würdeverletzung nicht vor, so ist das aus Art. 2 Abs. 1 mit Hilfe des Art. 1 Abs. 1 GG entwickelte besondere Grundrecht der Integrität der menschlichen Privatsphäre als Maßstab für den angegriffenen staatlichen Akt zu entnehmen[188].

Das allgemeine Persönlichkeitsrecht hat bisher durch die Rechtsprechung eine Vielzahl an Konkretisierungen erfahren. Das Bundesverfassungsgericht hat in ständiger Rechtsprechung den Inhalt nicht abschließend umschrieben, sondern seine Ausprägungen jeweils an Hand des zu entscheidenden Falles herausgearbeitet[189]. Das Gericht betont hierbei ausdrücklich, dass die bisherigen Konkretisierungen durch die Rechtsprechung den Inhalt des Persönlichkeitsrechts nicht abschließend umschreiben[190]. Nach dem bisherigen Stand lassen sich zwei Fallgruppen herausbilden[191], die den Schutz der „Integrität der menschlichen Persönlichkeit in geistig-seelischer Beziehung“[192] aufeinander aufbauend gewährleisten:

In der ersten Fallgruppe etablierte die Rechtsprechung, allen voran das Bundesverfassungsgericht, aufbauend auf die zivilrechtlichen Theorien des allgemeinen Persönlichkeitsrechts – eine Art informationelles Abwehrecht. Dabei wurde dem einzelnen eine private Sphäre, ein „Innenraum“ als Rückzugsbereich zuerkannt, der dem Einblick und dem Zugriff anderer entzogen bleibe[193]. Hierzu gehöre auch die Befugnis, die private Sphäre nach eigener Entscheidung zu gestalten. Die Privatsphäre ist hier in erster Linie durch das Kriterium der Isolation, durch Vertrautheit der Umgebung und der Vertraulichkeit der Interaktion mit seinem sozialen Umfeld geprägt. Der Eingriff beruht hier auf einer Informationserhebung im Sinne eines Auf-

---

184 Vgl. z.B BVerfGE 90 (263), 270; 96 (56) 63; 78 (38) 49; 80 (367) 373; 101 (361) 383; 6 (32) 41; 38 (312) 320; 95 (220) 241; 54 (208) 217; 35 (202) 220; 97 (125) 148.

185 Kloepfer Gutachten, S. 46.

186 BVerfGE 56, 37 (42).

187 Di Fabio, in: Maunz/Dürig, Art. 2 Abs. 1, Rn. 128, Kunig, in: v. Münch/Kunig, Art. 2, Rn. 30.

188 Starck, in: v. Mangolt/Klein/Starck Art 2 Abs.1 Rn. 85.

189 BVerfGE 54, 148 (153 f.).

190 BVerfGE 65, 1 (41).

191 Schmitt Glaeser in HdBStR § 129, Rn. 30 ff.; Kloepfer, Gutachten, S. 46.

192 BVerfGE 27, 344 (351).

193 BVerfGE 27, 1, (6).

brechens der Privatsphäre und damit auf dem Zugriff von Informationen aus diesem einer Person zugeordneten Bereich[194].

Die zweite Fallgruppe erfasst das Recht auf Selbstdarstellung in seiner Umwelt im Sinne eine Selbstgestaltung seines sozialen Geltungsanspruchs[195]. Ausgehend von dem Recht am eigenen Bild und am eigenen (gesprochenen) Wort kommen dem einzelnen ein Verfügungsrecht über die Darstellung seiner Person in der Öffentlichkeit zu: „Jedermann darf grundsätzlich selbst und allein bestimmen, ob und inwieweit andere sein Lebensbild im ganzen oder bestimmte Vorgänge aus seinem Leben öffentlich darstellen dürfen"[196]. So gewährleistet beispielsweise das Recht am gesprochenen Wort die Selbstbestimmung über die eigene Darstellung der Person in der Kommunikation mit anderen[197]. Dieser Schutz umfasst die Möglichkeit, sich in der Kommunikation nach eigener Einschätzung situationsangemessen zu verhalten und sich auf den jeweiligen Kommunikationspartner einzustellen[198]. Hierzu gehört weiterhin die Befugnis selbst zu bestimmen, ob der Kommunikationsinhalt einzig dem Gesprächspartner, einem bestimmten Personenkreis oder der Öffentlichkeit zugänglich sein soll[199]. Damit erstreckt sich dieses Selbstbestimmungsrecht auf die Auswahl der Personen, die Kenntnis vom Gesprächsinhalt erhalten sollen. Dazu gehört folglich auch das Recht des einzelnen Menschen selbst und allein zu entscheiden, ob sein Wort auf einen Tonträger o. ä. aufgenommen und damit möglicherweise Dritten zugänglich gemacht werden soll.

Der Eingriff liegt nicht wie bei der ersten Fallgruppe in der Informationserhebung als Öffnung der Privatsphäre im Sinne einer Einsichtnahme, sondern in der Art und Weise, wie man mit den vorliegenden Informationen umgeht. Daher muss es sich nicht um Informationen aus der Privatsphäre handeln, vielmehr genügen jegliche personenbezogene Informationen. In thematischer Hinsicht hat der Sprecher im privaten Bereich gerade wegen des Inhalts des Gesprächs ein schutzwürdiges Interesse, dass Dritte hiervon keine Kenntnis erhalten. Entsprechende Äußerungen sind unabhängig davon geschützt, wie der Dritte an das Gesagte gerät.

In räumlicher Hinsicht gewährt der Schutz der Privatsphäre dem Einzelnen einen Privatbereich, in dem er sich unbemerkt durch Dritte und damit ohne Rücksichtnahme auf sie verhalten darf[200]. Dem gegenüber ist die zweite Fallgruppe nicht auf bestimmte Inhalte oder Örtlichkeiten begrenzt, sondern bezieht sich allein auf die Selbstbestimmung über die unmittelbare Zugänglichkeit der Kommunikation, also etwa über die Herstellung einer Tonaufnahme oder die Kommunikationsteilhabe einer dritten Person. Der Schutz des Rechts am gesprochenen Wort oder am eigenen Bild hängt weder davon ab, ob es sich hierbei um personale Kommunikationsinhalte oder gar persönlichkeitssensible Daten handelt, noch kommt es auf die Vereinbarung einer besonderen Vertraulichkeit an[201]. Die beiden Fallgruppen unterscheiden

194 Kloepfer, Gutachten, S. 46.
195 Schmitt Glaeser in HdBStR § 129, Rn. 30 ff.; Kloepfer, Gutachten, S. 46.
196 BVerfGE 35, 202 (220); 54, 148 (154).
197 BVerfGE 54, 148 (155).
198 Benda/Umbach, S. 109.
199 BVerfGE 54, 148 (155).
200 BVerfGE 101, 361 (382 ff.).
201 BVerfG, NJW 2002 3619 (3622).

sich nicht durch den Schutzgegenstand, sondern durch die verschieden Abwehrperspektiven. Einmal gegen das Aufbrechen im Sinne einer Zugänglichkeit der Privatsphäre und zum anderen gegen das Entstellen oder Verzerren des Persönlichkeitsbildes in der Öffentlichkeit[202].

Mit dem Volkszählungsurteil hat das Bundesverfassungsgericht nicht eine neue Fallgruppe geschaffen, sondern diese Judikatur einschließlich deren Unterteilung verlassen. Das Recht der informationellen Selbstbestimmung liegt quer zu den beiden oben erläuterten Fallgruppen[203]. Es findet sich in beiden wieder. Die Einzelverbürgungen des allgemeinen Persönlichkeitsrechts, welche Informationen betreffen, sind daher zu Bestandteilen des informationellen Selbstbestimmungsrechts geworden[204]. Es kommt im Unterschied zu der ersten Fallgruppe nicht darauf an, ob die Daten einen höchst persönlichen, privaten Charakter haben. Anders als bei der zweiten Fallgruppe liegt der Schwerpunkt der Schutzrichtung nicht mehr auf der Verzerrung oder Entstellung des Persönlichkeitsbildes, sondern auf einer genauen zutreffenden Erstellung. Bei der informationellen Selbstbestimmung kann nicht allein auf die Art der Angaben abgestellt werden. Entscheidend sind vielmehr ihrer Nutzbarkeit und Verwendungsmöglichkeit. Die oben dargestellten Ausprägungen des allgemeinen Persönlichkeitsrechts wie das Recht am eigenen Bild und Wort oder das Recht auf Gegendarstellung werden durch das Recht auf informationelle Selbstbestimmung nicht verdrängt, sondern sind, soweit sie Informationen oder Daten betreffen, Einzelverbürgungen des Rechts auf informationelle Selbstbestimmung geworden[205]. Dadurch kann ein für sich gesehen belangloses Datum einen neuen Stellenwert bekommen[206]. Somit lassen sich zahlreichc, weit über staatliche Informationseingriffe mit Hilfe elektronischer Datenverarbeitung hinausgehende Sachverhalte als den informationellen Selbstbestimmungsrecht unterfallend ansehen[207]. Soweit sie mit Informationen zu tun haben, sind somit Einzelverbürgungen des allgemeinen Persönlichkeitsrechts zu Aspekten des informationellen Selbstbestimmungsrechts geworden[208]. Dies hat zur Folge, dass bei allen Informations- bzw. Dateneingriffen, zu deren Beurteilung das Recht auf informationelle Selbstbestimmung entstanden ist, einheitliche Grundsätze für die Prüfung der Zulässigkeit einer Grundrechtsbeschränkung Geltung beanspruchen.[209]

---

202 Kloepfer, Gutachten, S. 46

203 Kunig, in: v. Münch/Kunig, Art. 2 Rn 38; Kloepfer, Gutachten, S. 46; Dreier, in: H. Dreier, Art 2, Rn 52; Kloepfer/Breitkreuz, DVBl. 1998, 1149 (1150).

204 Schmitt Glaeser in HdBStR § 129, Rn. 76. aber mit Zuordnung des Datenschutzes zum Recht auf Selbstdarstellung.

205 Dörr, ZUM 2004, 535 (539 f.); Kunig, in: v. Münch/Kunig, Art. 2 Rn 38; Pieroth/Schlink, Rn. 377.

206 BVerfGE 65, 1 (45).

207 BVerfGE 78, 77 (84).

208 Pieroth/Schlink, Rn. 412.

209 Kunig, in: v. Münch/Kunig, Art. 2 Rn 38.

### 3.2. Die Presse- und Rundfunkfreiheit

Das Grundgesetz gewährleist in Art. 5 Abs. 1 Satz 3 GG die Pressefreiheit und die Freiheit der Berichterstattung durch Rundfunk und Film. Damit geht das Grundgesetz darüber hinaus, lediglich die Freiheit zu garantieren, sich in Wort Schrift und Bild frei zu äußern, sondern gewährleistet ausdrücklich auch das Institut der freien Presse und der freien Berichterstattung durch Rundfunk und Film.

#### 3.2.1. Die Pressefreiheit

Das Grundgesetz gewährleistet in Art. 5 Abs. 1 die Pressefreiheit. Dies umfasst ein subjektives Abwehrrecht für die im Pressewesen tätigen Personen und Unternehmen vor staatlichem Zwang.

##### 3.2.1.1. Der Inhalt der Pressefreiheit

Als Presse sind alle zur Verbreitung geeigneten und bestimmten Druckerzeugnisse einzustufen[210]. Art. 5 GG schützt daher nicht nur Zeitungen und Zeitschriften jeder Art, sondern auch Bücher, Plakate Flugblätter[211]. Entscheidend ist grundsätzlich zunächst das Kriterium des gedruckten Wortes im Unterschied zu den technischen Modalitäten, die unter den Rundfunk- und Filmbegriff fallen[212]. Die Vervielfältigung erfolgt regelmäßig mittels mechanischer oder chemischer Mittel.

Im Hinblick auf die rasant fortschreitende technische Entwicklung im Medienbereich wird der verfassungsrechtliche Pressebegriff und der Schutzbereich des Grundrechts dynamisch verstanden und ist eigenständig, nicht auf den Pressebegriff der Landespressegesetze fixiert auszulegen. Nicht anders als die Rundfunkfreiheit umfasst die Presse auch die Entwicklungsgarantie[213]. Dabei ist zu berücksichtigen, dass das Medium Presse im Unterschied zu Rundfunk und Fernsehen verkörpert ist, die Verbreitung jenseits von rein faktischen Frequenzbegrenzungen stattfindet und bei ihr die Streuung der Informationen mittels eines zur Massenherstellung geeigneten Vervielfältigungsverfahrens, sei es im Wege des herkömmlichen Druckverfahrens oder eines modernen technischen Verfahrens erfolgt. Allerdings haben diese Unterscheidungskriterien mit fortschreitender Technik ihre Unterscheidungskraft eingebüßt und es kommt bei der Einordnung moderner elektronischer Erscheinungsformen als Presse oder anderes Medium zusätzlich darauf an, zu untersuchen, welchen der traditionellen Medien das in Frage stehende Medium funktional am nächsten kommt[214]. Damit geht der verfassungsrechtli-

---

210 BVerfGE 95, 28 (35).

211 Jarass/Pieroth, Art. 5, Rn. 25.

212 Bethge, in: Sachs, Art. 5, Rn. 68.

213 Löffler-Bullinger, Einl. Rn. 4.

214 Paschke, Rn. 195 und 39 ff.; BVerfGE 36, 321 (338);

che Freiheitsstatus nicht verloren, wenn sie sich der zur Verfügung stehenden elektromagnetischer Übertragung bedient, wenn also einzelne Seiten auf Datenträgern gespeichert werden und zum Abruf im Internet bereitgehalten werden. Durch die technische Modernisierung des Transports macht die freie Presse damit von der Pressefreiheit Gebrauch und wird nicht zum genehmigungspflichtigen Rundfunk[215]. Den für die Presse maßgeblichen verfassungsrechtlichen Schutz genießen vielmehr alle Herstellungsmethoden, die zum visuellen Eindruck des gedruckten Wortes führen. Entscheidend neben dem Eindruck des gedruckten Wortes ist nur noch, dass mit dem Verfahren allgemein und im konkreten Falle einem Vervielfältigungszwecke erzielt wird. Denn die gesamte Garantie der Pressefreiheit beruht darauf, dass die Verbreitung von Tatsachenberichten und Meinungen gegenüber der Öffentlichkeit, d.h. gegenüber einer unbestimmten Anzahl an Personen, ein schutzwürdiges Anliegen ist[216].

Für die Anwendbarkeit des Pressebegriffs des Art. 5 GG spielt der Inhalt keine Rolle. Geschützt ist die Berichterstattung genauso wie die Verbreitung der eigenen Meinung und auch Unterhaltung. Auch als wenig wertvoll eingestufte Presse wie Skandal- oder Sensationsblätter werden geschützt. Seriosität, Wertigkeit und Vernünftigkeit sind kein taugliches Abgrenzungskriterium oder gar entscheidend für die verfassungsrechtliche Schutzwürdigkeit. Die Presse ist im Hinblick auf ihre Zugehörigkeit zum Schutzbereich daher stets rein formal zu beurteilen.

Gänzlich aufgegeben ist die Auffassung, wonach unter Presse nur die Veröffentlichung politisch-kulturell-weltanschaulicher Nachrichten oder Stellungnahmen sowie sonstige sachliche Berichterstattung in Zeitungen oder Zeitschriften zu verstehen ist[217]. Diese Be-griffe liefern nur Schwierigkeiten bei der Abgrenzung und laufen auf eine inhaltliche Beschränkung des Pressebegriffs durch einengende Interpretation des Tatbestandsmerkmals „Presse" und damit auf eine Zensur hinaus[218]. Diese Kriterien könne allenfalls auf der Schrankenseite Relevanz erlangen[219]. Die Verbreitung falscher Informationen wird ebenso wie die Meinungsfreiheit geschützt: Ausgeklammert aus dem Schutzbereich sind allein bewusst unwahre Tatsachenbehauptungen und solche, deren Unwahrheit unzweifelhaft feststeht[220]. Sofern die Äußerung, in der Tatsachen und Meinungen sich vermengen durch die Elemente der Stellungnahme, des Dafürhaltens oder Meinens geprägt sind, ist dies als von Art. 5 GG grundsätzlich geschützte Meinung zu betrachten[221].

Geschützt sind alle Tätigkeiten und Verhaltensweisen einschließlich Unterlassungen, die zur pressespezifischen Verbreitung von Nachrichten und Meinungen gehören[222]. Dies ist insbesondere der Bereich von der Beschaffung der Informationen bis zur deren Verbreitung in Form von Nachrichten und Meinungen. Hierzu gehört insbesondere auch die publizistische

---

215 Löffler-Bullinger, Einl. Rn. 4.
216 Herzog in Maunz/Dürig, Art. 5 Abs. I, II, Rn. 130 f.
217 So noch v. Mangolt/Klein, 2. Aufl., S. 245; ähnlich BGH, NJW 1963, 655 (677).
218 Starck, in: v. Mangolt/Klein/Starck, 4. Auf., Art 5 Abs. 1,2 Rn. 60.
219 Bethge, in: Sachs, Art. 5, Rn. 69.
220 BVerfGE 99, 185 (197).
221 BVerfGE 85, 23 (32).
222 Herzog, in: Maunz/Dürig, Art. 5 Abs. I, II, Rn. 135 f.

Vorbereitungstätigkeit, so dass grundsätzlich auch der ungehinderte Zugang zu allgemein zugänglichen Informationen geschützt ist[223]. Rechtswidrige Methoden bei der *Beschaffung* der Information, insbesondere von nicht allgemein zugänglichen Quellen, stehen nicht unter dem Schutz des Art. 5 Abs. 1 Satz 2 GG[224]. Dagegen fällt die *Verbreitung* rechtswidrig erlangter Informationen unter den Schutzbereich des Art. 5 Abs. 1 Satz 2 GG[225], die Schranken ergeben sich aus Art. 5 Abs. 2 GG. Da die Presse auf private Mitteilungen angewiesen ist und da private Informanten sich regelmäßig nur dann offenbaren, wenn sie mit der Wahrung des Redaktionsgeheimnisses rechnen können, ist dies eine Voraussetzung der Pressetätigkeit. Geschützt ist weiterhin auch, dass die gewonnenen Informationen geprüft, gesammelt, kombiniert, archiviert und abrufbereit gehalten werden können.

Weiterhin schützt dieses Grundrecht in seiner objektiv-rechtlichen Bedeutung das Institut der freien Presse von der Beschaffung der Information bis zur Verbreitung der Nachricht oder Meinung[226]. Die Garantie des Instituts der freien Presse ist nicht als eine Garantie im klassischen Sinne zu verstehen. Aus dieser Begrifflichkeit können nicht verfassungsrechtliche Rechtsinstitute abgeleitet werden, die die Presse in den Status einer der kommunalen Selbstverwaltung oder dem Berufsbeamtentum vergleichbaren Positionen setzen könnten[227]. Durch die Formulierung, dass die Pressefreiheit gewährleistet wird, schafft der Verfassungsgeber hinsichtlich der Presse eine grundrechtliche Einrichtungsgarantie, die im engen Zusammenhang mit der Abwehrfunktion steht. Dies gilt gerade bei einem Grundrecht wie diesem, welches der Grundidee des eigenverantwortlichen, auf Menschenwürde und Selbstentfaltung ausgerichteten Gesellschaftsbildes zugrunde liegt[228]. Solche Institute werden von der Verfassung gleichermaßen gesichert wie die Freiheitsrechte. Die Staatsgewalt wird dadurch wie bei der klassischen Grundrechtsfunktion im Sinne eines Abwehrrechts an Eingriffen gehindert. Das Rechtsinstitut enthält einen gewissen Bestandsschutz vor allem gegenüber dem Gesetzgeber. Dieses Grundrecht wird daher von konnexen und komplementären Instituten und Garantien umbaut[229]. Die grundrechtliche Einrichtungsgarantie soll daher das Abwehrrecht unterstützen. Der subjektiv-rechtliche Grundrechtsgehalt und der objektiv-rechtliche Gehalt der Institutsgarantie stehen daher nebeneinander. Die Garantie der Rechtseinrichtung will daher einen zusätzlichen Schutz bewirken, so dass sich beide Grundrechtsfunktionen in ihren Schutzwirkungen ergänzen[230]. Somit bringt das Grundgesetz zum Ausdruck, dass sich der Schutzbereich des Art. 5 Abs. 1 Satz 2 GG nicht auf Verbürgungen gegenüber dem Einzelnen beschränkt, der Gesetzgeber gibt damit der Pressefreiheit eine breitere Wirkung in Staat und Gesellschaft[231]. Diese soziale Breitenwirkung ist schon allein deshalb unbestreitbar, weil die Gesellschaft von den Grundrechten des Art. 5 Abs. 1 GG jeden Tag in nahezu unzählbarer Aufein-

223 BVerfGE 59, 234 (240); 91, 125 (134).
224 BVerfGE 66, 116 (137).
225 BVerfGE 66, 116 (137 f.).
226 BVerfGE 66, 116 (133).
227 Herzog, in: Maunz/Dürig, Art. 5 Abs. I, II, Rn. 12.
228 Stern, in: HdBStR V, § 109, Rn. 52.
229 Carl Schmidt, Freiheitsrechte, S. 167 f.
230 Stern, in: HdBStR V, § 109, Rn. 52.
231 Herzog, in: Maunz/Dürig, Art. 5 Abs. I, II, Rn. 12.

anderfolge Gebrauch macht und damit auf die Willensbildung der Staatsorgane sowie die Wahlentscheidungen des Bürgers Einfluss ausübt.

Probleme ergeben sich, wenn aus dieser institutionellen Garantie versucht wird, neue Konsequenzen herzuleiten[232]. In diesem Sinne gehen daher solche Auslegungen fehl, die einzelne Kommunikationsformen gegenüber anderen privilegieren wollen. Der Staat muss alles tun, um die Funktionsfähigkeit der öffentlichen Meinung zu gewährleisten. Gerade im Hinblick auf die rasante technische Wandlungsfähigkeit der Massenkommunikationsformen dürfen aus dieser Verpflichtung des Staates grundsätzlich keine Privilegien zugunsten einzelner Kommunikationsformen hergeleitet werden. Auch soweit das Bundesverfassungsgericht von dem „Institut der freien Presse", der „institutionellen Eigenständigkeit der Presse" oder dem „Institut Freie Presse" spricht, zieht es hieraus keine weiteren Schlüsse, die sich aus Art. 5 Abs. 1 Satz 2 GG nicht auch auf anderem Wege herleiten lassen würden, so dass aus dem Unterschied in den Begrifflichkeiten kein Unterschied in den Ergebnissen folgt[233]. Soweit es darüber hinaus von der institutionellen Garantie der Presse spricht, geschieht dies, um den Anwendungsbereich des Art. 5 Abs. 1 Satz 2 GG über den eines Abwehrrechts hinaus zu erweitern, um damit die bereits angesprochene soziale Breitenwirkung herauszustellen. Dies bezieht sich aber nur auf die tatsächliche Wirkung des Grundrechts im gesellschaftlichen Bereich, nicht aber um den rechtlichen Wirkungsbereich auszudehnen[234]. Daher hat es das Bundesverfassungsgericht auch stets abgelehnt, die Presseorgane in ihren Handlungen rechtlich zu privilegieren[235]. Der Rechtsprechung ist nicht zu entnehmen, die Presse als eine verfassungsrechtliche Einrichtung, der die Mitwirkung an der demokratischen Meinungsbildung auf Verfassungsebene obliege, ebenso institutionell wie die politischen Parteien oder die Volksvertretung auszustatten. Gerade im Hinblick auf die Funktion in einer Demokratie muss die Pressefreiheit im gesellschaftlichen Raum freier Meinungsäußerung und Meinungsbildung angesiedelt werden und darf nicht den Regeln unterworfen werden, die für die staatlich geordnete demokratische Willensbildung durch Wahlen und Abstimmungen gelten. Meinungsbildung durch die Presse ist Vorstufe, nicht Bestandteil der demokratischen Willensbildung. Denn bei letzterer entscheidet die Mehrheit, bei der Meinungsbildung durch die Medien dagegen derjenige, der sich faktisch durchsetzt[236].

Das Bundesverfassungsgericht[237] geht vielmehr davon aus, dass die Presse dem gesellschaftlichem Raum zugehört, nicht aber der organisierten staatlichen Gewalt oder auch nur dem quasi staatlichen Bereich als vierte Gewalt. Als objektiv garantiert ist die freiheitliche Struktur und Stellung der Presse anzusehen, inklusive ihrer privatrechtlichen und privatwirtschaftlichen Organisation und Finanzierung. In diesem Verständnis ist diese objektive Garantie geeignet, das herkömmliche Abwehrecht zu verstärken[238]. Hieraus wird die Presse aber aus der

232 Herzog, in: Maunz/Dürig, Art. 5 Abs. I, II, Rn. 13.
233 Herzog, in: Maunz/Dürig, Art. 5 Abs. I, II, Rn. 14a.
234 Herzog, in: Maunz/Dürig, Art. 5 Abs. I, II, Rn. 14 a.
235 BVerfGE 25, 296 (306); Herzog, in: Maunz/Dürig, Art. 5 Abs. I, II, Rn. 14 a.
236 Bullinger, in: HdBStR VI, § 142, Rn. 146.
237 BVerfGE 20, 162 (174).
238 Bullinger, in: Löffler, § 1, Rn. 43.

ausschließlichen Wahrnehmung privater oder wirtschaftlicher Interessen herausgehoben und mit einer höheren Legitimität und Pflichtbindung einer Tätigkeit im öffentlichen Interesse ausgestattet[239]. Die Presse ist damit nicht mehr ein überwachungsbedürftiger potentieller Störer einer obrigkeitlichen Staatsordnung, sondern ist tragendes Element einer offenen Demokratie.

### 3.2.1.2. Die Funktion und Aufgabe der Presse nach dem Grundgesetz

Die Presse ist eines der konstituierenden Elemente der freiheitlich demokratischen Grundordnung[240]. Eine freie, nicht von der öffentlichen Gewalt gelenkte, keiner Zensur unterworfene Presse ist das Wesenselement des freiheitlichen Staates, insbesondere ist eine freie, regelmäßig erscheinende Presse für die moderne Demokratie unentbehrlich[241]. Die Presse hält eine ständige Diskussion in Gang, beschafft Informationen, nimmt selbst dazu Stellung und wirkt damit als orientierende Kraft in der öffentlichen Auseinandersetzung mit. Für das Funktionieren eines demokratischen Staates ist eine möglichst an Tatsachenentscheidungen orientierte Wahlentscheidung des Bürgers Voraussetzung. In einer Demokratie spielt die öffentliche Meinung eine entscheidende Rolle. Der Freiheit der Bildung dieser öffentlichen Meinung kommt eine so große Bedeutung zu, dass sie von Art. 5 GG mit garantiert wird[242]. Damit ist dieses Grundrecht nicht nur für Presse, demokratischen Staat und Gesellschaft von zentraler Bedeutung, sondern genauso für den einzelnen Bürger. Die Pressefreiheit ermöglicht dem Einzelnen, sich ständig und umfassend in allen Lebensbereichen zu informieren. Ihm wird dadurch ermöglicht, die Meinungen anderer kennen zu lernen und zu überprüfen, seinen eigenen Standpunkt zu finden, sich an der öffentlichen Diskussion zu beteiligen sowie politischen Entscheidungen zu treffen[243]. Erst mit Hilfe der Pressefreiheit wird der Bürger in den Stand gesetzt, sich selbst die notwendigen Voraussetzungen zur Ausübung seiner persönlichen und politischen Aufgaben zu verschaffen, um im demokratischen Sinne verantwortlich handeln zu können. Durch den Informationsfluss der Presse an den Leser erkennt er Wechselwirkungen in der Politik und ihre Bedeutung für seine Existenz und kann daraus Folgerungen ziehen. Seine Freiheit zur Mitverantwortung und zur Kritik wächst. Nicht zuletzt können Informationen den Einzelnen befähigen, die Meinungen anderer kennen zu lernen, sie gegeneinander abzuwägen, damit Vorurteile zu beseitigen und Verständnis für anders Denkende zu wecken[244]. Damit ist die Pressefreiheit ein nicht unerheblicher Beitrag für den einzelnen Menschen, sich als lebendiges Mitglied der Gemeinschaft zu empfinden und sich als freie Persönlichkeit zu entfalten.

Dies kann nach den heutigen Voraussetzungen der Massengesellschaft in der Regel nur durch die Massenkommunikationsmittel ermöglicht werden. Daher kommt der Presse, genauso wie

---

239 BVerfGE 20, 162 (176); Bullinger, in: HdBStR VI § 142, Rn. 67.
240 BVerfGE 20, 162 (176).
241 BVerfGE 20, 162 (174).
242 BVerfGE 8, 104 (112 ff.).
243 BVerfGE 50, 234 (239 f.).
244 BVerfGE 27, 71 (81 f.).

den anderen Massenkommunikationsmitteln, eine grundlegende politische und staatsethische Bedeutung zu[245]. Der Staat ist – unabhängig von den subjektiven Berechtigungen Einzelner – verpflichtet, in seiner Rechtsordnung überall, wo der Geltungsbereich einer Norm die Medien berührt, dem Gebot ihrer Freiheit Rechnung zu tragen[246]. Die Presse hat eine derartig herausgestellte Bedeutung, da sie eine große Anzahl von Menschen anzusprechen vermag. Im Gegensatz zu Hörfunk und Fernsehen geben Presseerzeugnisse zwar nicht Millionen von Personen die Möglichkeit, an Geschehnissen unmittelbar als Zuhörer bzw. Zuschauer teilzuhaben, sie können aber wiederholt zur Kenntnis genommen werden. Die Presse bietet oft eine vertiefte Information und trägt daher zu der bereits erwähnten öffentlichen Meinung bei. Dementsprechend ist es für einen Staat wichtig und für seine politische Ordnung kennzeichnend, nach welchen Rechtsregeln Presseerzeugnisse hergestellt und verbreitet werden dürfen[247].

Wenn die Presse „institutionell" geschützt wird, weil sie wie oben beschrieben in einer Demokratie wesentlich zur Bildung einer öffentlichen Meinung beiträgt, erfüllt sie damit auch eine öffentliche Aufgabe[248]. Die Presse übernimmt für die Gesellschaft eine derart wichtige Aufgabe, die nicht von der organisierten staatlichen Gewalt erfüllt werden kann. Sie arbeitet nach privatwirtschaftlichen Grundsätzen und in privatrechtlichen Organisationsformen. Die verschiedenen Organe stehen untereinander in geistiger und wirtschaftlicher Konkurrenz, in welche die öffentliche Gewalt grundsätzlich nicht eingreifen darf[249].

Der Begriff der „öffentlichen Aufgabe" der Presse ist kein normativer Terminus, der zum Ursprung juristischer Ableitungen und Konsequenzen gemacht werden könnte. Dieser Begriff darf nicht so missverstanden werden, dass das Grundgesetz der Presse einen Verfassungsauftrag verleiht[250]. Aus der öffentlichen Aufgabe können für die Presse nicht besondere Rechte und Pflichten hergeleitet werden. Sie umschreibt lediglich in untechnischer Weise die Bedeutung der Presse für die Gesellschaft einer offenen Demokratie. Hier muss zwischen faktischer Funktion und normativer Aufgabe getrennt werden: Eine situative, hohe gesellschaftsfördernde Bedeutung der Pressefreiheit darf nicht automatisch zu einer abstrakten Rangzuweisung führen. Die viel zitierte Aufgabe der Presse[251] stellt eher eine Beschreibung einer sozialen Funktion als eine normative Aufgabenzuweisung dar[252].

In gleicher Weise gehen auch die Überlegungen fehl, die Presse als vierte Gewalt im Staatsgefüge zu bezeichnen. Die Staatsfunktionen – das sind entsprechend Art 1 Abs. 3, 20 Abs. 3 ausschließlich die drei klassischen Gewalten – sind grundrechtsgebunden und bedürfen der demokratischen Legitimation. Die Funktion der Presse ist dagegen eine öffentliche Aufgabe

245 Herzog, in: Maunz/Dürig, Art. 5 Abs. I, II, Rn. 119 mit weitern Nachweisen.
246 BVerfGE 20, 162 (176).
247 Löffler, Presserecht, Einl., Rn. 2.
248 Bullinger, in: HdBStR VI, § 142, Rn. 67.
249 BVerfGE 20, 162 (175).
250 So aber Löffler/Ricker, 1. Abschnitt, 3. Kapitel Rn. 1.
251 BVerfGE 20, 162, (175).
252 Hubert, S. 268.

im soziologischen Sinne, aber keine staatliche Aufgabe. Nur in diesem soziologischem Sinne ist die Charakterisierung der Presse als vierte Gewalt zu verstehen[253].

### 3.2.2. Die Rundfunkfreiheit

Art. 5 Abs. 1 Satz 2 GG gewährleistet neben der Pressefreiheit auch die Berichterstattung durch den Rundfunk.

#### 3.2.2.1. Der Inhalt der Rundfunkfreiheit

Art. 5 Abs.1 Satz 2 GG definiert nicht den Rundfunkbegriff. Der Gesetzgeber hat jedoch eine einfachgesetzliche Definition verfasst. Diese findet sich in § 2 Abs. 1 Sätze 1 und 2 Rundfunkstaatsvertrag (RStV). Demnach ist die Veranstaltung oder Verbreitung von aku-stischen und/oder visuellen redaktionellen Darbietungen aller Art für die Allgemeinheit, d.h. für einen individuell unbestimmten Personenkreis, mit Hilfe drahtlos oder kabelgebunden verbreiteter elektrischer Schwingungen. Wie beim Pressebegriff des Art. 5 Abs. 1 Satz 2 GG kommt es auch beim Begriff des Rundfunks nicht auf den Inhalt, sondern ausschließlich auf die Herstellungs- und Verbreitungsmethode an. Der technische Verbreitungsweg anstatt des Drucks ist der wesentliche Unterschied zur Presse. Auf die physikalisch-technischen Modalitäten der Übertragung kommt es bei der Zielrichtung des Art. 5 Abs. 1 Satz 2 nicht an[254]. Daher umfasst auch der Rundfunkbegriff sowohl Hörfunk als auch das Fernsehen[255], wobei sich die Wirkung von Hörfunk und Fernsehen im Sinne einer stärkeren Suggestion des Fernsehens unterscheidet[256].

Ein Rückgriff auf diese einfachgesetzliche Definition ist auf der Ebene des Grundgesetzes nicht möglich, weil die einfachgesetzliche Definition mit dem verfassungsrechtlichen Rundfunkbegriff nicht übereinstimmen muss[257]. Rundfunk zur Zeit der Weimarer Republik ließ sich durch die Übertragungstechnik mittels elektromagnetischer Schwingungen kennzeichnen. Im Laufe der weiteren Entwicklung hat der Rundfunk allerdings mannigfaltige Änderungen auch und gerade in technischer Hinsicht erfahren. Daher ist ebenfalls der verfassungsrechtliche Rundfunkbegriff bis heute stets einer Wandlung unterworfen gewesen[258]. Während man bei Inkrafttreten des Grundgesetzes unter Rundfunk ausschließlich das Radio verstand, wurde doch sehr schnell mit Aufkommens des Fernsehens dieses mit einbezogen. Das BVerfG hat wiederholt zum Rundfunkbegriff Stellung genommen, ohne jedoch den Begriff „Rundfunk" positiv zu definieren. „Der in Art. 5 Abs. 1 Satz 2 GG verwendete Begriff ‚Rundfunk' lässt sich nicht in eine ein für allemal gültige Definition fassen."[259] Inhalt und Tragweite verfas-

253 Groß, Rn. 36.
254 Herzog, in: Maunz/Dürig, Art. 5 Abs. I, II, Rn. 195.
255 BVerfGE 12, 205 (226).
256 Starck, in: v. Mangolt/Klein/Starck, 4. Aufl., Art 5 Abs. 1, 2 Rn. 92.
257 Pascke, Rn. 230.
258 Roßnagel, Fernsehrichtlinie, S. 9.
259 BVerfGE 74, 297; 5. Rundfunkurteil vom 24. März 1987 „LMG Baden-Württemberg".

sungsrechtlicher Begriffe und Bestimmungen hängen auch von ihrem zu normierenden Bereich ab, so dass ihre Bedeutung sich bei Veränderungen in diesem Bereich wandeln kann. Wenn sich die Rundfunkfreiheit in einer sich wandelnden Zukunft seine normierende Wirkung bewahren soll, dann kann es nicht dabei bleiben, nur an ältere Technik anzuknüpfen und den Schutzbereich nur auf diejenigen Sachverhalte anzuwenden, auf welche diese Technik bezogen ist. Dies hätte zur Folge, dass die Gewährleistung in den Bereichen gegenstandslos wird, in denen sie ihre Funktion auch angesichts der neuen technischen Entwicklung durchaus erfüllen könnte[260]. In Konsequenz dieser Rechtsprechung kann der verfassungsrechtliche Rundfunkbegriff nicht als stehender Rechtsbegriff betrachtet werden, aus dem sich formallogisch Schlussfolgerungen ableiten lassen. Der verfassungsrechtliche Rundfunkbegriff bestimmt sich also entscheidend durch die Funktion des Rundfunks und darf nicht auf irgendeinen herkömmlichen Rundfunkbegriff beschränkt werden.

Für die Bestimmung des verfassungsrechtlichen Rundfunkbegriffs sind zwei Elemente von Bedeutung. Neben der bereits angesprochenen Funktion der Rundfunkfreiheit kommt es auch auf die Adressierung des Mediums an, um dieses Grundrecht von anderen abzugrenzen[261]. Während die Freiheiten des Art. 5 Abs. 1 Satz 1 GG die Individualkommunikation betreffen, geht es in Satz 2 desselben Artikels ausschließlich um Vorgänge der Massenkommunikation. Daher geht es beim Rundfunk allein um Kommunikationsvorgänge, die sich an die Allgemeinheit richten. Dies ist immer dann der Fall, wenn die Darbietungen sich an eine unbestimmte Anzahl von Personen richten und nicht an einen im vornherein festgelegten Personenkreis[262]. Für die nähere Bestimmung der Adressierung kommt es nicht auf die Inhalte, sondern auf die kommunikationstechnische Adressierung und damit auf die Zulassung des Empfangs durch den Veranstalter an. Zielgruppen- und Spartenfernsehen sind daher stets für die Allgemeinheit bestimmt. Weiterhin ist es – vergleichbar mit der Presse – irrelevant, ob allein Personen zugelassen werden, die einen Preis oder eine Gebühr bezahlen, solange nur eine unbestimmte Personenmehrheit unter dieser Voraussetzung die Dienstleistung nutzen darf. Die Möglichkeit des Nutzers, aus einem Angebot frei wählen zu können, steht der Allgemeinheit nicht entgegen, schließlich kann dies auch der Leser einer Zeitschrift, ohne dass es deswegen an Massenkommunikation fehlt[263].

Für die Abgrenzung von einer in der Öffentlichkeit über Lautsprecher gehaltenen Rede muss noch eine weitere Funktion des Rundfunks für die Bestimmung seiner Freiheit mit einbezogen werden: Die Rundfunkfreiheit dient der Aufgabe, freie und umfassende Meinungsbildung zu gewährleisten. Der Rundfunk hat in größtmöglichster Breite und Vollständigkeit zu informieren. Er gibt dem einzelnen und den gesellschaftlichen Gruppen Gelegenheit zu meinungsbildenden Wirken und ist selbst an dem Prozess der Meinungsbildung beteiligt[264]. Trotz des Wortlauts schützt die Rundfunkfreiheit daher nicht nur die Berichterstattung im eigentlichen

---

260 BVerfGE 74, 297 (350 f.).
261 Jarass, AfP 1998, 133 (134).
262 BVerfGE 74, 297 (352).
263 Jarass, AfP 1998, 133 (134).
264 BVerfGE 59, 231 (257 f.).

Sinne. Geschützt ist jede Vermittlung von Information und Meinung[265]. Daher unterscheidet sich die Rundfunkfreiheit auch nicht wesensmäßig von der Pressefreiheit. Sie gilt im gleichen Maße für berichtende Sendungen als auch für Sendungen anderer Art[266]. Informationen und Meinungen können sowohl durch Fernsehspiele oder Musiksendungen vermittelt werden, wie auch durch Nachrichten und politische Kommentare. Jedes Rundfunkprogramm hat schon durch die getroffene Auswahl und die Gestaltung der Sendung eine bestimmte meinungsbildende Wirkung[267]. Darin unterscheidet sich die Rundfunk maßgeblich von der Meinungsfreiheit. Verfassungsrechtlich gesehen bedeutet Rundfunk nicht die mehrmalige Wiederholung von vielen Meinungen für einen bestimmten Teilbereich. Die Rundfunkfreiheit schützt die massenkommunikativen Prozesse zwischen der Meinungs- und der Informationsfreiheit. Der Rundfunk soll zusammen mit anderen Medien die nahezu unbegrenzte Anzahl an Meinungen, Informationen und Ergebnissen, die ständig erzeugt werden, für die Rezipienten durch Auswahl und Bearbeitung aufbereiten, um damit zur Bildung von wiederum neuen Meinungen beizutragen. Dieses Produkt des Rundfunks bezeichnet man als redaktionelle Tätigkeit, so dass Rundfunk, Presse und Film im Unterschied zur Meinungsäußerung des Art. 5 Abs. 1 Satz 1 als redaktionelle Darbietung gekennzeichnet werden[268].

Während man von vergleichbaren Tendenzen im Bezug auf die Presse schon längst Abstand[269] genommen hat, gibt es immer wieder Bestrebungen wegen des eben dargestellten Zusammenhangs der Rundfunkfreiheit zu dem Prozess der Meinungsbildung, den Vorgang der Darbietung dahingehend zu verengen, dass nur für die Meinungsbildung relevante Inhalte begrifflich erfasst werden[270]. Als Beispiel einer Differenzierung nach der meinungsbildenden Relevanz wird angeführt, dass Beiträge mit staats- und allgemeinpolitischen Bezug mehr Relevanz haben als schlichte auf Zerstreuung gerichtete Unterhaltungsprogramme[271]. Wenn aber nach dieser Auffassung der unterhaltenden Komponente eine geringere Relevanz zukommen soll, stellt sich zwangsläufig die Frage, ab welcher Schwelle die Relevanz den Anforderungen des Rundfunkbegriffs genügt[272]. Diese Antwort bleiben die Vertreter dieser Auslegung schuldig[273]. In der Praxis ist wohl auch nicht möglich, diese Grenze zu ziehen. Weiterhin müsste auch definiert werden, was als rein unterhaltende und damit für die Meinungsbildung wenig relevante Programmkomponente aufzufassen ist. Der ganz überwiegende Teil der Literatur[274] und auch die Rechtsprechung[275] lehnen die Einführung einer solchen Relevanzschwelle für eine Klassifizierung innerhalb oder sogar für eine Aufnahme in dessen Schutzbereich ab. Ein Abstellen auf meinungsbildende Relevanz verkenne, dass die öffentliche Meinungsbildung jeden Sachbereich erfassen kann[276]. Demnach ist die scheinbar unpolitische Unterhaltung ge-

---

265 Jarass/Pieroth-Jarass, Art. 5, Rn. 37.
266 BVerfGE 35, 202 (222).
267 BVerfGE 12, 205 (260).
268 Jarass, AfP 1998, 133 (136).
269 Siehe oben unter 3.2.1.1.
270 Müller-Using/Lücke, Archiv PT 1995, 32 (36); Ricker/Schiwy, Rundfunkverfassungsrecht, 1997, S. 68.
271 Gersdorf, S. 94.
272 Hoeren, MMR-Beilage 8/2003, S. 8.
273 Müller-Using/Lücke, Archiv PT 1995, 32 (36 ff).
274 Gersdorf, S. 94; Jarass, AfP 1998, 133 (134); Hoeren, MMR-Beilage 8/2003, S. 8 f.
275 BVerfGE 12, 205 (260); 31, 314 (326); 35, 202 (222).
276 Jarass, AfP 1998, 133 (134).

eignet, gesellschaftliche und individuelle Verhaltensmuster mit zu schaffen oder zu beeinflussen[277]. Daher nimmt jede Auswahl des zu sendenden Inhalts, und sei er auch noch so belanglos, unterhaltsamen Charakters Einfluss auf die auf die öffentliche Meinung. Auch die bloße Unterhaltung kann Realitätsbilder vermitteln und stellt Gesprächsgegenstände zu Verfügung, an die sich Diskussionsprozesse und Integrationsvorgänge anschließen können, die sich auf Lebenseinstellungen, Werthaltungen und Verhaltensmuster beziehen und erfüllt insofern wichtige gesellschaftliche Funktionen[278]. Eine inhaltliche Definition von Rundfunk würde daher die gewährleistete Freiheit durch Ausschluss bestimmter Inhalte beschneiden und entspricht nicht dem Grundgesetz[279]. Dies ergibt sich darüber hinaus aus dem Verfassungstext, der den Schutz für die Freiheit der Berichterstattung durch Rundfunk ohne inhaltliche Eingrenzung ausspricht.

Neben dem herkömmlichen Hörfunk und Fernsehen umfasst der verfassungsrechtliche Rundfunkbegriff auch alle neuartigen Dienste, wie Pay-TV, Videotext sowie die sonstigen Zugriffs- und Abrufdienste[280]. Dies gilt nur insoweit, als es sich um Darbietungen handelt und sich diese an einen unbestimmten Personenkreis richten, d.h. sich damit nicht nur an bestimmte im Vorhinein festgelegte Personen wenden. Der verfassungsrechtliche Rundfunkbegriff unterscheidet damit nicht zwischen dem Rundfunk und den rundfunkähnlichen Diensten. In beiden Fällen werden Sendungen gleichen Inhalts verbreitet, hier wie dort sind die Veranstalter und eine unbestimmte Vielzahl von Zuschauern oder Hörern beteiligt und der Teilnehmer trifft Auswahlentscheidungen durch Ein-, Um- und Ausschalten[281]. Vom Rundfunkbegriff werden nicht mehr diejenigen Dienste erfasst, die sich nur an einen im vornherein bestimmten Personenkreis richten[282]. Diese finden ihren grundrechtlichen Schutz in Art 12. Abs. 1 GG.

Art. 5 Abs. 1 GG gewährleistet die freie Berichterstattung durch den Rundfunk. Diese hier gemeinte Rundfunkfreiheit bedeutet weder Freiheit des Rundfunks an sich, noch Freiheit auf Rundfunk in Sinne eines freien Zugangs zur Möglichkeit, Rundfunk zu produzieren und zu verbreiten.

### 3.2.2.2. Die Funktion und Aufgabe des Rundfunks nach dem Grundgesetz

Nach ständiger Rechtsprechung ist der Rundfunk, vergleichbar mit der Presse, „Medium und Faktor" des verfassungsrechtlichen Prozesses der Meinungsbildung. Genauso wie die Pressefreiheit ist auch die Rundfunkfreiheit „schlechthin konstituierend für die freiheitlich-demokratische Grundordnung"[283]. Hörfunk und Fernsehen gehören in gleicher Weise wie die

---

277 Hoeren, MMR-Beilage 8/2003, S. 8 f.

278 BVerfG, ZUM 2000, 149 (157).

279 Starck, in: v. Mangolt/Klein/Starck, 4. Aufl., Art 5 Abs. 1, 2 Rn. 92.

280 BVerfGE 74, 297 (345, 350 ff.); Roßnagel, Fernsehrichtlinie, S. 9; Herzog, in: Maunz/Dürig, Art. 5 Abs. I, II, Rn. 195 f.; Wendt, in: v. Münch/Kunig Art. 5, Rn. 18; Degenhardt, in: BK, Art. 5, Rn. 695 ff; Jarass/Pieroth, Art 5, Rn. 36.

281 BVerfGE 74, 297 (352).

282 Jarass/Pieroth, Art 5. Rn. 36; Jarass, AfP 1998, 139.

283 BVerfGE 35, 202 (221).

Presse zu den unentbehrlichen Massenkommunikationsmitteln, denen sowohl für die Verbindung zwischen dem Volk und den Staatsorganen, wie für deren Kontrolle als auch für die Integration der Gemeinschaft in alle Lebensbereiche eine maßgebende Wirkung zukommt[284]. Die Rundfunkfreiheit dient der gleichen Aufgabe wie alle Garantien des Art. 5 Abs. 1 GG, nämlich der Gewährleistung freier individueller und öffentlicher Meinungsbildung. Indem Art. 5 Abs. 1 GG die Meinungsäußerungs-, Meinungsverbreitungs- und die Informationsfreiheit als Menschenrechte gewährleistet, sucht er zugleich diesen Prozess verfassungsrechtlich zu schützen. Er begründet daher nicht nur subjektive Rechte. Im Zusammenhang damit normiert er die Meinungsfreiheit als objektives Prinzip der Gesamtrechtsordnung, wobei subjektiv- und objektivrechtliche Elemente einander bedingen und stützen[285].

Der Rundfunk gehört wie die Presse zu den unentbehrlichen modernen Massenkommunikationsmitteln, durch die Einfluss auf die öffentliche Meinung genommen und diese öffentliche Meinung mit gebildet wird[286]. Insofern wird hier auf die Ausführungen über die Funktion und Aufgabe der Presse verwiesen[287].

### 3.2.3. Die Informationsfreiheit

Die Informationsfreiheit gewährleistet gemäß Art. 5 Abs. 1 Satz 1 2. HS. GG das Recht, sich aus allgemein zugänglichen Quellen ungehindert zu unterrichten. Informationsquellen sind dabei alle denkbaren Träger von Informationen, gleichgültig ob die Informationen Tatsachen oder Meinungen oder öffentliche oder private Angelegenheiten betreffen[288]. Der Informationsgegenstand kann gleichzeitig auch Informationsquelle sein, so dass die Informationsfreiheit nicht nur die Unterrichtung aus der Quelle, sondern auch die Unterrichtung an der Quelle gewährleistet[289]. Allgemein zugänglich ist die Informationsquelle, wenn sie technisch geeignet und bestimmt ist, der Allgemeinheit, d. h. einen individuell nicht bestimmbaren Personenkreis, Informationen zu verschaffen[290]. Im Gegensatz dazu sind „nicht allgemein zugängliche Quellen" alle schriftlichen oder mündlichen Äußerungen, die nur an Einzelne adressiert sind[291]. Da es nur auf die technische und nicht auf die tatsächlich Eignung zur Information der Allgemeinheit ankommt, kann der Staat nicht durch rechtliche Regelungen oder Maßnahmen über die allgemeine Zugänglichkeit einer Informationsquelle entscheiden. Geschützt ist die Unterrichtung aus diesen allgemein zugänglichen Informationsquellen, d.h. das schlichte Entgegennehmen wie das aktive Beschaffen[292] mit seinen notwendigen Voraussetzungen wie

---

284 BVerfGE 35, 202 (223).
285 BVerfGE 57, 295 (319 f.).
286 BVerfGE 12, 205 (260).
287 Siehe oben: 3.2.1.2.
288 Wendt, in: v. Münch/Kunig, Art. 5, Rn. 22; Herzog, in: Maunz/Dürig, Art. 5, Rn. 87; Starck, in: v. Mangolt/Klein/Starck, 4. Aufl., Art 5 Abs. 1, 2, Rn. 28.
289 Wendt, in: v. Münch/Kunig Art. 5, Rn. 22; Starck, in: v. Mangolt/Klein/Starck, 4. Aufl., Art. 5 Abs. 1, 2, Rn. 28, Hoffmann-Riem, AK, Art. 5, Rn. 82.
290 BVerfGE 27, 71 (83); 27, 104 (108); 33, 52 (65); BVerfG, NJW 1986, 1243.
291 BVerfGE 18, 310 (315).
292 BVerfGE 27, 71 (82 f.).

z. B. der Errichtung einer Parabolantenne[293]. Der Staat oder seine Untergliederungen oder Organe sind jedoch nicht verpflichtet, dem Bürger verfügbare Informationen zu beschaffen oder zu präsentieren[294].

Das in Deutschland geltende Informationsrecht ist durch die Grundsätze der Vertraulichkeit der Verwaltung und der beschränkten Aktenöffentlichkeit geprägt[295]. Nach diesen Prinzipien besteht ein Anspruch auf Informationszugang nur aufgrund spezieller Regelungen, die den Informationszugang in Form von Auskunftserteilung oder Akteneinsicht vorsehen. Nach ständiger Rechtsprechung des Bundesverfassungsgerichts besteht ein grundsätzlicher Anspruch aus Art. 2 Abs. 1 i.V.m. Art. 1 Abs. 1 GG auf Einsicht in Unterlagen, die den einzelnen selbst betreffen[296]. In dem Auskunfts- und Akteneinsichtsrecht zeigt sich eine Verwandtschaft zwischen der Informationsfreiheit und dem Recht auf informationelle Selbstbestimmung, das dieses Recht beinhaltet. Es werden jedoch hierbei andere Ziele verfolgt. Die informationelle Selbstbestimmung soll einer Steuerung und Instrumentalisierung des Einzelnen entgegen wirken, das Informationsrecht hat in erster Linie den Zweck, die für eine echte Beteiligung an der (politischen) Willensbildung notwendigen Informationen sicherzustellen. In beiden Grundrechten geht es um gleichermaßen elementare Voraussetzungen der für ein freiheitlich demokratisches Gemeinwesen essentiellen Kommunikationsfähigkeit des Einzelnen, die deshalb auch stets zusammen gesehen und behandelt werden müssen[297].

### 3.2.4. Die Schranken in Art. 5 Abs. 2 GG

Gemäß Art. 5 Abs. 2 finden die in Art. 5 Abs. 1 GG aufgeführten Rechte ihre Schranken in den Vorschriften der allgemeinen Gesetze, den gesetzlichen Bestimmungen zum Schutze der Jugend und in dem Recht der persönlichen Ehre.

Um diesem qualifizierten Gesetzesvorbehalt eine eigenständige Bedeutung zukommen zu lassen, sind unter den allgemeinen Gesetzen mehr als abstrakt-generell formulierte Normen zu verstehen. Diese fallen nämlich bereits unter Art. 19 Abs. 1 Satz 1 GG. Das Bundesverfassungsgericht hat die beiden zur Definition der allgemeinen Gesetze entwickelten Sonderechts-[298] und Abwägungslehre[299] kombiniert[300]. Es versteht seitdem in ständiger Rechtsprechung unter den allgemeinen Gesetzen diejenigen, welche sich weder gegen eine bestimmte Meinung als solche richten, noch Sonderrecht gegen den Prozess freier Meinungsbildung darstellen (Sonderrechtslehre), sondern die vielmehr dem Schutze eines schlechthin ohne Rücksicht auf eine bestimmte Meinung zu schützendes Rechtsguts dienen, dem Schutze eines Gemein-

---

293 BVerfGE 90, 27 (36 f.).
294 Pieroth/Schlink, Rn 566; VGH Mannheim, NJW 1992, 929 (930).
295 Lazarakos, S. 24.
296 BVerfG, NJW 1999, 1777.
297 Simitis, in: Simitis, BDSG, § 1 Rn. 41; Einl. Rn. 23 f.
298 Häntzschel, AöR 49 (1926), 228.
299 Smend, VVDStRL 4 (1928); 44 (51 ff., 73).
300 siehe hierzu: Starck, in: v. Mangolt/Klein/Starck, 4. Aufl., Art 5 Abs. 1, 2, Rn. 178 ff; Herzog, in: Maunz/Dürig, Art. 5, Rn. 250 ff; jeweils mit weiteren Nachweisen.

schaftswerts, der gegenüber der Betätigung der Meinungsfreiheit den Vorrang hat (Abwägungslehre)[301]. Das Gericht verlangt damit eine Meinungsneutralität der allgemeinen Gesetze. Der Schutz des im allgemeinen Gesetz geschützten Rechtsgutes darf argumentativ nicht dadurch den inhaltlichen Wert bzw. Unwert der zu beschränkenden Meinungsäußerung oder die Art und Weise der beim Rezipienten hervorgerufenen Meinungsbildung legitimiert werden[302]. Dies bedeutet, dass ein Gesetz nicht zu bestimmten Meinungsinhalten bekehren oder von bestimmten Meinungsinhalten abbringen darf. Da die Vorschriften über den Datenschutz den Voraussetzungen der Meinungsneutralität genügt, handelt es sich bei den Datenschutzgesetzen um allgemeine Gesetze im Sinne des Art 5 Abs. 2 GG.

Diese Neutralität des allgemeinen Gesetzes spielt aber auch in die Verhältnismäßigkeitsprüfung mit hinein und verlangt, dass das Gesetz sich als geeignet und notwendig zur Erreichung eines legitimen Zwecks begründen lassen muss, ohne dass die Begründung auf den inhaltlichen Wert und die geistige Wirkung von Meinungsinhalten abstellt[303]. Die Schrankenregelung begrenzt nach heutigem Verständnis den Geltungsbereich des Grundrechts nicht von vornherein auf den Bereich, den ihm die Gerichte durch die Auslegung der Gesetze noch belassen[304]. Damit würde die besondere Bedeutung der in Art. 5 Abs. 1 GG niedergelegten Kommunikationsfreiheiten für die private und öffentliche Meinungsbildung verkannt, die gerade jede Relativierung des Schutzbereichs durch ein einfaches Gesetz verbietet[305]. Die allgemeinen Gesetze müssen vielmehr in ihrer das Grundrecht beschränkenden Wirkung und ihrerseits wiederum im Lichte der Bedeutung dieses Grundrechts gesehen und so interpretiert werden, dass der besondere Wertgehalt dieses Rechts auf jeden Fall gewahrt bleibt. Dies bedeutet, dass eine Wechselwirkung in dem Sinne stattfindet, dass die allgemeinen Gesetze zwar dem Wortlaut nach dem Grundrecht Schranken setzen, ihrerseits aber aus der Erkenntnis der wertsetzenden Bedeutung dieses Grundrechts ausgelegt und so in ihrer das Grundrecht begrenzenden Wirkung selbst wieder eingeschränkt werden müssen[306]. Im Endeffekt führt dies zu einer, wie bei jeder Verhältnismäßigkeitsprüfung von Eingriffen in andere Grundrechte, Güterabwägung zwischen der Meinungsäußerungsfreiheit und dem von dem jeweils einschränkenden Gesetz geschützten Rechtsgut[307].

---

301 BVerfGE 7, 198 (209 f.); 95, 220 (235 f.).
302 Hoffmann-Riem, AK, Art. 5, Rn. 82.
303 Pieroth/Schlink, Rn. 593; Hoffmann-Riem, JZ 1986, 494.
304 Ältere Auffassung, vgl. dazu BVerfGE 7, 198 (207).
305 Allgemeine Ansicht seit BVerfGE 7, 198 (207).
306 BVerfGE 7, 198 (207); 12, 113 (124 f.); 20, 176 f.; 60, 234 ff.; 61, 1, (10 f.) 71, 206 (214).
307 BVerfGE 21, 239 (243); 24, 278 (282); 25, 44 (55); 27, 71 (85); 27, 104 (109); 28, 191 (202); 34, 202 (225); siehe auch Schmidt-Jortzig, in: HdBStR VI, § 141, Rn. 43 f.; Degenhardt, in: BK, Art 5, Rn. 107 ff.

## 3.3. Das Verhältnis zwischen der Medienfreiheit und dem Recht auf informationelle Selbstbestimmung

Sowohl das Recht auf informationelle Selbstbestimmung[308] als auch die Medienfreiheit[309], letzteres im Sinne eines Oberbegriffes für die Presse- und Rundfunkfreiheit, sichern – wenn auch aus verschiedenen Blickwinkeln – ein einheitliches, für das Menschenbild des Grundgesetztes essentielles Freiheitsrecht, das Recht der freien Selbstentfaltung des Menschen.

Wer unsicher ist, ob abweichende Verhaltensweisen jederzeit notiert und als Informationen dauerhaft gespeichert, verwendet oder weitergegeben werden, wird versuchen, nicht durch solche Verhaltensweisen aufzufallen und daher möglicherweise auf die Ausübung seiner Grundrechte verzichten. Bereits die Ungewissheit in diesem Bereich reicht aus, um einen Anpassungszwang auszulösen, der letztlich zu einer Aufhebung der Grundrechte und der vom Grundgesetz intendierten gesellschaftlichen auf Mitwirkung des Bürgers angewiesene Struktur führt[310]. Die Furcht vor Konsequenzen könnte auch dazu führen, dass von bestimmten Presseprodukten und/oder Fernsehsendungen keine Kenntnis genommen wird. Mangelnder Datenschutz wirkt sich damit auf die Ausübung vieler anderer Grundrechte, insbesondere der Kommunikationsgrundrechte, aus. Die informationelle Selbstbestimmung ist damit Voraussetzung für viele andere Grundrechte – Datenschutz ist daher „Grundrechtsvoraussetzungsschutz“[311]. Unzureichende informationelle Selbstbestimmung würde nicht nur die individuellen Entfaltungschancen des Einzelnen, sondern auch das Gemeinwohl beeinträchtigen. Denn Selbstbestimmung ist eine elementare Funktionsbedingung eines auf Handlungs- und Mitwirkungsfähigkeit seiner Bürger begründeten freiheitlich-demokratischen Gemeinwesens. Somit wäre von einer unzureichenden informationellen Selbstbestimmung letztendlich auch eine funktionierende freiheitliche Gesellschaftsordnung in Mitleidenschaft gezogen[312].

Die Presse- und die Rundfunkfreiheit ist wie eingangs erwähnt eines der konstituierenden Elemente der freiheitlich-demokratischen Grundordnung[313]. Sie ermöglichen dem Einzelnen, sich ständig und umfassend in allen Lebensbereichen zu informieren, die Meinungen anderer kennen zu lernen und zu überprüfen, seinen eigenen Standpunkt zu finden, sich an der öffentlichen Diskussion zu beteiligen und politische Entscheidungen zu treffen[314]. Seine Freiheit zur Mitverantwortung und zur Kritik wächst. Damit ist die Medienfreiheit ein erheblicher Beitrag für den Einzelnen, sich als lebendiges Mitglied der Gemeinschaft zu empfinden und sich als freie Persönlichkeit zu entfalten. Die Meinungsfreiheit, die unverzichtbarer Bestandteil der Medienfreiheit ist, dient der individuellen Selbstentfaltung, Selbstbestimmung und Selbstverwirklichung durch Kommunikation mit anderen[315]. Diese Befugnis wird als Grundbedürfnis menschenwürdiger Existenz verstanden. Sie wurzelt im Kernbereich der Personalität. Die

---

308 vgl. oben 3.1.1.
309 vgl. oben 3.2.1. bzw. 3.2.2.2.
310 Simits, NJW 1984, 398 (400).
311 Kloepfer, Gutachten D für den 62. Deutschen Juristentag, S. 53.
312 BVerfGE 65, 1 (43).
313 BVerfGE 20, 162 (176).
314 BVerfGE 50, 234 (239 f.).
315 Kübler, FS für Lerche, S. 650 (659), Kübler, AfP 2002, 277 (279).

Meinungsfreiheit ist Bestandteil höchstpersönlicher Autonomie und in erster Linie um ihrer selbst Willen und allenfalls sekundär als ein Mittel zur Erreichung weiterer sozialer Zwecke geschützt. Daher betont auch die Rechtsprechung die systematische Nähe von Art. 5 Abs. 1 zu Art. 1 Abs. 1 und Art. 2 Abs. 1 GG[316]. Daher darf das Grundrecht auf freie Meinungsäußerung nicht aus Gründen sozialer Zweckmäßigkeit, sondern nur zum Schutze gleichrangiger Verfassungsgüter beschränkt werden[317].

Für die Bestimmung des Verhältnisses zwischen diesen beiden Grundrechten ist es wichtig zu prüfen, ob eine Wertigkeitsrangfolge der beiden Güter im Grundgesetz angelegt ist. Die herrschende Lehre[318] geht davon aus, dass die Menschenwürde des Art. 1 Abs. 1 GG als oberstes Prinzip der Verfassung (Art. 79 Abs. 3 GG) und Basis objektiven Rechts den obersten Wert, die Leitnorm darstellt. Darauf aufbauend könnte man davon ausgehen, dass das Recht der informationellen Selbstbestimmung, das sich gerade unter anderem auch aus Art. 1 GG herleitet, und den darauf beruhenden engen Menschenwürdebezug einen grundsätzlichen Vorrang gegenüber anderen Grundrechten genieße. Ein Primat des informationellen Selbstbestimmungsrecht könnte sich weiterhin aus Art. 5 Abs. 2 GG ergeben, der „auf das Recht der persönlichen Ehre" verweist. Das informationelle Selbstbestimmungsrecht ist ja gerade ein Bestandteil des Persönlichkeitsrechtsschutzes. Ausgehend davon könne doch das Grundgesetz unmöglich eine gewährte Freiheit höher achten als dasjenige Rechtsgut, das es ihr gegenüber als Schranke aufrichtet[319]. Zwar kann das Maß der Einschränkbarkeit und die Bezeichnung von Schutzgütern in den Gesetzesvorbehalten ein Indiz für dessen Wertigkeit im Vergleich zu anderen Grundrechten sein und als Auslegungshilfe in Kollisionsfällen herangezogen werden, aber diese Ausgestaltung der Schranken von Grundrechten kann für die Abwägung und die Wertigkeit nicht entscheidend sein. Andernfalls hätte beispielsweise die Kunstfreiheit gemäß Art. 5 Abs. 3 GG einen höheren Wert als das Recht auf Leben gemäß Art 2 Abs. 2 Satz 1 GG[320]. Genauso kann auch die Nähe des informationellen Selbstbestimmungsrechts zur Menschenwürde nicht auf eine höhere Wertigkeit gegenüber der Medienfreiheit schließen, da doch gerade die Medienfreiheit einen unverzichtbaren, wesentlichen Bestandteil eines menschenwürdigen Lebens in Freiheit bildet[321].

Wenn man hingegen die Presse- und Rundfunkfreiheit als konstituierend für eine freiheitlich-demokratischen Grundordnung bezeichnet, führt man diesem Grundrecht ein für das Allgemeinwohl dienendes Element zu. Das Bundesverfassungsgericht geht von einer grundsätzlichen Privilegierung gemeinnütziger vor privatnütziger Grundrechtsausübung aus[322]. Gestützt wird diese Annahme mit der Zuweisung einer öffentlichen Aufgabe an Presse und Rundfunk[323]. Wie bereits ausgeführt kann jedoch aus der Aufgabenzuweisung nicht gefolgert wer-

---

316 BVerfGE 35, 35 (39); 42, 234 (236).
317 BVerfGE 35, 35 (39); 42, 234 (236); 57, 170 (177 ff.); Kübler, AfP 2002, 277 (279).
318 Z. B. v. Münch, in: v. Münch/Kunig, Vorbem. Art. 1-19, Rn. 46.
319 Schüle/Huber, S. 40
320 V. Münch in v. Münch/Kunig, Vorbem. Art. 1-19, Rn. 46
321 Siehe oben 3.2.1.1.
322 BVerfGE 7, 198 (212); 12, 113 (125); 20, 56 (97); 42, 163 (169).
323 Siehe oben 3.2.1.2. bzw. 3.2.2.2.

den, dass das Grundgesetz der Presse einen Verfassungsauftrag verleiht[324]. Aus der öffentlichen Aufgabe können für Presse und Rundfunk nicht besondere Rechte und Pflichten hergeleitet werden.

Das dem Grundgesetz zugrunde liegende Freiheitsbild vom Menschen und die ihm entsprechende Gestaltung der staatlichen Gemeinschaft verlangen sowohl die Anerkennung der Eigenständigkeit der individuellen Persönlichkeit als auch die Sicherung eines freiheitlichen Lebensklimas, die ohne eine freie Kommunikation nicht denkbar ist[325]. Beide Freiheitsrechte garantieren in gleicher Weise, wenn auch auf verschiedenem Wege, die freie Entfaltung des Menschen. Beide Grundrechte verfolgen ein gemeinsames prinzipielles Ziel. Beide wollen die Stellung des Einzelnen gegenüber dem Staat stärken und zur Mäßigung von vor allem staatlicher Macht beitragen. Sowohl das Recht auf informationelle Selbstbestimmung als auch die Medienfreiheit haben eine tragende Bedeutung für eine freiheitlich-demokratische Gesellschaftsordnung[326]. Für die Bestimmung des verfassungsrechtlichen Verhältnisses zwischen diesen beiden Grundrechten muss man daher mit einbeziehen, dass nach dem Willen des Grundgesetzes beide Verfassungswerte essentielle Bestandteile der freiheitlich-demokratischen Ordnung unserer Verfassung bilden. Keines dieser beiden Grundrechte kann daher grundsätzlichen Vorrang beanspruchen[327]. Folglich müssen beide Verfassungswerte im Konfliktfalle nach Möglichkeit zum schonenden Ausgleich gebracht werden.

## 3.4. Das Verhältnis der Grundrechte unter Privaten – staatliche Schutzpflichten

Bei der hier vorzunehmenden Bestimmung des Verhältnisses zwischen der Medienfreiheit und dem Recht auf informationelle Selbstbestimmung geht es nicht wie bei dem allgemeinem Grundrechtsverständnis um Abwehrrechte vor dem Staat. Hier hat der Staat den Bürger mit Grundrechten ausgestattet, welche nun in deren Gebrauch miteinander konkurrieren. Es ist nach einem Ausgleich in einem Bereich zu suchen, in dem die Bürger in der Ausübung ihrer Grundrechte Freiheit nicht von dem Staat, sondern voneinander suchen.
Sammeln und Verbreiten von Informationen durch Private stellen Grundrechtsausübungen vor allem im Rahmen der Medienfreiheit dar. Demgegenüber kann sich aber der Staat u. a. in der Erfüllung grundrechtlicher Schutzpflichten veranlasst sehen, zum Schutze des Rechts der informationellen Selbstbestimmung, private Aktivitäten zu begrenzen. Wenn der Staat nämlich einen gesellschaftspolitischen Bereich – wie gerade im Bereich der Medien[328] – nicht selbst ausfüllen kann und diesen Privaten überlassen muss, geht damit der Schutz der Grundrechte in ihrer Hauptfunktion als Abwehrrecht gegenüber dem Staate denknotwendiger Weise ins Leere. Damit kommt eine weitere Grundrechtsfunktion, die der staatlichen Schutzpflichten, in den Vordergrund. Diese beinhaltet die Verpflichtung der staatlichen Gewalt, für ein bestimm-

---

324 So aber Löffler/Ricker, 1. Abschnitt, 3. Kapitel Rn. 1.
325 BVerfGE 35, 202 (225).
326 Kloepfer, DÖV 2003, 221 (225).
327 BVerfGE 35, 202 (225).
328 Siehe 3.2.1.1.

tes Maß an positivem Schutz der Bürger auch in dem Verhältnis untereinander zu sorgen[329]. Medienspezifische Datenschutzregelungen können sich daher aus der Schutzpflicht des Staates für das informationelle Selbstbestimmungsrecht ergeben. Die Frage der staatlichen Schutzpflichten spielt sich daher stets in einem Dreiecksverhältnis ab – Störer, Schutzbedürftiger und Staat.

### 3.4.1. Die Rolle des Staates bei der Ausgestaltung

Stets ist der Staat Garant des Grundrechtsschutzes. Die Rolle des Widersachers fällt dem Privaten zu, der den Grundrechtseingriff verursacht und das Bedürfnis nach Schutz auslöst. Da beide Parteien grundrechtsberechtigt sind, stehen zwei mit gegensätzlichen Interessen der Staatsgewalt gegenüber: derjenige, gegen den sich der private Übergriff richtet (Opfer), und derjenige, von dem der Übergriff ausgeht (Störer). Diese Klassifizierung könnte für die hierzu entscheidende Frage bei der Bestimmung des Verhältnisses zwischen der Medienfreiheit und dem Recht auf informationelle Selbstbestimmung entscheidend sein. Um ihrer Aufgabe nachgehen zu können, müssen die Medien Daten erheben. Damit dringen sie wiederum in das Recht der informationellen Selbstbestimmung des Betroffenen ein. Daher stellt sich von außen das Bild so dar, dass bei diesem Grundrechtskonflikt der Aggressor die Medien sind, demgegenüber sich der Betroffene nur abwehrend gegenüber stellen kann. Die Medien greifen damit in das Grundrecht des Einzelnen auf informationelle Selbstbestimmung ein.

Jedoch kann aus dieser Klassifizierung der Medienfreiheit als das aggressivere Grundrecht noch keine Schlussfolgerungen für die Ausgestaltung von Schutzpflichten gezogen werden. Interessenkonflikte zwischen gleichgeordneten Privaten beurteilen sich nicht nach denselben Maßstäben wie Interessenkonflikte im Über- bzw. Unterordnungsverhältnis zwischen Staat und Bürger. Denn das Verhalten des anderen, vor dem der Staat Schutz gewähren soll, ist wiederum regelmäßig auch grundrechtlich geschützte Freiheitsbetätigung[330]. Dies sind beispielsweise die Freiheit des Wissenschaftlers zur genetischen Forschung, die Freiheit des Eigentümers, sein Grundstück entsprechend der Eigentumsordnung zu nutzen, aber auch die Freiheit der Medien, die für ihre Arbeit Daten erheben und verarbeiten müssen. Hieraus kann nicht abgeleitet werden, dass dem Verhalten des vermeintlichen Störers von vornherein der Grundrechtsschutz nach der Regel zu versagen ist, dass derjenige der Rechte anderer tangiert, sein eigenes Recht überschreitet[331]. Weder im Privat- noch im Staatsrecht gilt der Grundsatz, dass bei einem Eingriff in ein Grundrecht die Rechtswidrigkeit indiziert ist[332]. Denn die Rechtmäßigkeit eines Eingriffes in ein Grundrecht beurteilt sich nach einer umfassenden Abwägung der sich gegenüberstehenden Interessen, ohne dass der Vertreter der einen Rechtsposition zum Beweis seines rechtmäßigen Handelns verpflichtet ist. Ob das Grundrecht des anderen verletzt oder und nicht bloß berührt oder beeinträchtigt ist, steht von vornherein überhaupt nicht fest, sondern bedarf gerade einer sorgfältigen, die beiden Grundrechte miteinander

---

329 Di Fabio, in: Maunz/Dürig, Art. 2 Abs. 1, Rn. 135.

330 Preu, JZ 1991, 265 (266); Martins, S. 57.

331 Preu, JZ 1991, 265 (266) ; Hermes, S. 247 ; Martins, S. 57 ; BVerfGE 39, 1 (43).

332 So aber Bleckmann, DVBl. 1988, 938 (943).

abwägenden Prüfung. Wer eine starre Grenze des Grundrechtsschutzes dort ziehen will, wo ein anderes Grundrecht mit seinem Schutzbereich anfängt, nimmt daher das Ergebnis vorweg. Der Satz, dass Verletzungen der Rechte anderer keinen Grundrechtsschutz genießen, kann allenfalls nur für offensichtlich rechtswidrige, insbesondere traditionell strafbare Eingriffe in Kernbereiche subjektiver Rechte gelten. Diese Voraussetzungen fehlen bei Handlungen, die nur auf mittelbarer Weise ein Schadensrisiko für ein Grundrechtsgut begründen oder erhöhen. Daher muss zunächst davon ausgegangen werden, dass grundsätzlich auch das möglicherweise beeinträchtigende Verhalten Grundrechtsschutz genießt[333].

Ebenso wenig kann die klassische Verhältnismäßigkeitsprüfung wie sie auf Eingriffe des Staates angewendet wird, auf das Verhältnis zwischen Privaten und damit auch nicht auf die hier vermeintlich eingreifenden Medien übertragen werden. Denn dies würde gerade den Störer, der letztendlich auch nur seinen grundrechtlich geschützten Freiraum ausnutzt, einseitig belasten. Das Handeln des Staates ist grundsätzlich rechtfertigungsbedürftig. Dies ergibt sich aus dem Gesetzesvorbehalt aus Art. 1 Abs. 3, 20 Abs. 3 GG, wonach jedes staatliche Handeln einer gesetzlichen und damit demokratisch legitimierten Grundlage bedarf. Im Gegensatz dazu ist das Verhalten des Privaten solange nicht rechtfertigungs- oder begründungsbedürftig, wie er nicht in die Grundrechte anderer eingreift.

Dies ergibt sich aus Art. 2 Abs. 1 GG, wonach jedes Tun oder Unterlassen nach dem eigenen Willen und damit letztlich auch jede Freiheitsausübung vor staatlichem Zwang grundsätzlich geschützt ist[334]. Aus diesem Grunde wäre es jedoch verfehlt, das Handeln des privaten Störers nur danach zu beurteilen, ob dies ein geeigneter, erforderlicher und verhältnismäßiger Eingriff sei, der verfassungsmäßig anerkannte Interessen verfolge. Damit würde das Handeln des Störers als einseitiger Fixpunkt behandelt werden und damit diesem eine Rechtfertigungslast aufbürden, die mit seiner grundsätzlichen Handlungsfreiheit nicht vereinbar ist. Lediglich das Handeln des Staates hat sich an diesen Kategorien zu messen. Wie der Staat das Grundrecht des einen vor Störungen des anderen schützen muss, kann er nur nach einer aufgrund einer umfassenden Abwägung der Interessen einschließlich von öffentlichen Belangen feststellen.

Aus der bereits beschriebenen Institutsgarantie wird deutlich, dass das Handeln der Medien und damit auch das „Stören" vom Staat und der Gesellschaft grundsätzlich gewollt ist. Damit wäre es unvereinbar, wenn diesem eine Störung vollkommen untersagt werden würde. Hierdurch würde die Grundrechtsposition des anderen in unzulässiger Weise gestärkt werden. Eine solche Bevorzugung des einen kann unter Privaten von vornherein nicht unterstellt werden. Sie kann erst das Ergebnis einer nach allen Seiten offenen Interessenabwägung sein. Wie dieses Resultat ausfällt, hängt letztendlich von der Art und Wertigkeit der beiderseitigen Interessen, der Intensität und/oder der Wahrscheinlichkeit einer Beeinträchtigung und der gesellschaftlichen Wertschätzung des beeinträchtigten Verhaltens ab[335].

---

333 Martins, S. 57 ; Preu, JZ 1991, 265 (266).

334 Di Fabio, in: Maunz/Dürig, Art 2 Abs. 1 Rn. 12; BVerfGE 20, 150 (154); 54, 143 (146); 70, 1 (25); Jarass/Pieroth, Art. 2, Rn 3; Kunig, in: v. Münch/Kunig, Art. 2, Rn. 12 ff.

335 Preu, JZ 1991, 265 (268).

Der Staat kann daher nur, um das Grundrechtsgut des Opfers zu schützen, eine Regelung nach umfassender Abwägung der Interessen und der öffentlichen Belange treffen. Die oben beispielhafte Klassifizierung in Störer und Opfer ist letztendlich eine Frage der Betrachtungsweise. Genauso wie hier den Medien die Störerrolle zugewiesen wurde, kann man diese letztendlich auch dem Betroffenen zuteilen. Dies gerade deshalb, wenn man das Handeln der Medien, hierbei insbesondere die Datenverarbeitung zu journalistisch-redaktionellen Zwecken, als eine vom Staat und der Gesellschaft grundsätzlich gewollte Tätigkeit ansieht. Man muss den Betroffenen, der sich gegen die Verarbeitung der ihn betreffenden Daten wehrt, nur als Hindernis der Medien ansehen. Damit sind beide Parteien stets sowohl Opfer als auch Täter, so dass letztendlich nur eine Abwägung zu einem sachgerechten Ergebnis führen kann.

In Erfüllung einer solchen Schutzpflicht, muss der Gesetzgeber Regelungen treffen, die geeignet sind, das Recht auf informationelle Selbstbestimmung auch vor Beeinträchtigungen von privater Seite durch den Erlass entsprechender Gesetze zu bewahren. Sie enthält den Auftrag an den Gesetzgeber, die Normen bereitzustellen, die zur Sicherung der Grundrechte gegen private Übergriffe geeignet und hinreichend sind. Dieser Auftrag aktualisiert sich, wenn neuartige Gefahren auftreten[336]. Freiheitsgrundrechte verpflichten den Staat auch, diese Freiheitssphären zu schützen und zu sichern. Denn das Grundgesetz will keine wertneutrale Ordnung sein, sondern hat in seinem Grundrechtsabschnitt objektive Grundentscheidungen getroffen, die für alle Bereiche des Rechts gelten. So darf zum Beispiel keine bürgerlichrechtliche Vorschrift im Widerspruch zu den Prinzipien stehen, welche in den Grundrechten zum Ausdruck kommen[337]. In der Schutzpflicht entfaltet sich dann dieser objektive Gehalt eines Grundrechtes. Wie auch bei der Abwehr von Eingriffen in Grundrechte können auch bezüglich einer Schutzpflicht bloße Unannehmlichkeiten, Belästigungen oder reine Vermutungen einer Gefahr nicht die Erheblichkeitsgrenze überspringen[338]. Oberhalb dessen kann als schutzpflichtauslösendes Gefahrenniveau auf bekannte Gefahren und auf Risiken abgestellt werden[339].

### 3.4.2. Der Inhalt der staatlichen Schutzpflicht

Die Schutzpflicht beinhaltet die Verpflichtung der staatlichen Gewalt, für ein bestimmtes Maß an positivem Schutz der Bürger auch in dem Verhältnis untereinander zu sorgen[340]. Aus ihrer Sicht kommt es nicht darauf an, ob der historische Gesetzgeber seine Regelung darauf angelegt hat, den Verfassungsauftrag zu erfüllen, sondern darauf, ob das Gesetz seinen objektiven Gehalt und damit die Schutzpflicht hinreichend verwirklicht. „Der verfassungsrechtlichen Forderung nach einem Tätigwerden des Gesetzgebers ist schon dann genügt, wenn objektiv eine gesetzliche Regelung vorhanden ist, die nach den allgemeinen Grundsätzen der Gesetzesauslegung den in Frage stehenden Sachverhalt erfasst und den Anforderungen der Schutz-

---

336 Isensee, in: HdBStR V, § 111, Rn. 153.
337 BVerfGE 81, 242 (255).
338 Faber, DVBl. 1998, 745 (748).
339 Brüning, JuS 2000, 955 (956).
340 Di Fabio, in: Maunz/Dürig, Art. 2 Abs. 1, Rn. 135.

pflicht inhaltlich genügt."[341] Der Schutzauftrag ist dynamisch zu verstehen. Die gesetzlichen Schutzvorkehrungen müssen wechselnden Herausforderungen standhalten. Je weiter und elastischer die Schutzgesetze formuliert sind, desto leichter vermögen sie veränderte Sachlagen zu erfassen. Dichte und starre Normen können sich im Einzelfall als unanwendbar erweisen mit der Folge, dass sich eine Regelungslücke zeigt und dass der gesetzliche Schutz der Grundrechte ausbleibt oder der erforderliche Schutz nicht mit gesetzlichen Mitteln erbracht wird[342]. Gebot dieses dynamischen Rechtsgüterschutzes ist es, dass der Gesetzgeber, soweit Schutzvorkehrungen fehlen, diese schafft und – soweit die vorhandenen den grundrechtlichen Anforderungen nicht genügen – diese ersetzt oder nachbessert[343].

Das Bundesverfassungsgericht erkennt dem Gesetzgeber einen weiten Einschätzungs-, Wertungs- und Gestaltungsspielraum zu, um etwa konkurrierende öffentliche und private Interessen zu berücksichtigen[344]. Die Schutzpflicht überlässt es dem politischem Ermessen des Gesetzgebers zu bestimmen, wie er einer Gefahr begegnet. Denn im Gegensatz zum Abwehranspruch, bei dem es um einen dem Staat zurechenbaren Eingriff in ein Grundrecht geht, steht der Gegenstand der Schutzpflicht von vornherein eben nicht fest. Wenn es darum geht, gegensätzliche Grundrechtspositionen auszugleichen und jeder angemessenen Regelung Geltung zu verschaffen, gibt das Grundgesetz nur den Rahmen, nicht aber bestimmte Lösungen vor. Hier geht es um erfolgsabwendendes Handeln des Staates, das lediglich final bestimmt ist, so dass regelmäßig verschiedene Wege und Mittel zum Ziel der Schutzgewährung führen. Hieraus ergibt sich daher eine nicht festlegbare Anzahl verfassungsmäßiger Alternativen[345]. Schutzpflichten entfalten somit keine vorbestimmte verfassungsmäßige Handlungsrichtlinie, sie gebieten lediglich einen bestimmten Erfolg. Wie der Staat innerhalb seines Gestaltungsspielraums diesen Erfolg erreicht, obliegt seinem rechtspolitischen Ermessen. Im Falle eines Falles kann das Bundesverfassungsgericht auch nur die Grundrechtsverletzung feststellen, ohne dem Gesetzgeber eine bestimmte Handlung vorschreiben zu können. Eine bestimmte Handlung ergibt sich nämlich nicht aus der Schutzpflicht selber, da diese erst vollzugs- und umsetzungsbedürftig ist, und dies wiederum dem Gesetzgeber obliegt. Erst mit der Ausgestaltung und Konkretisierung wird der Schutz in der Rechtsordnung verankert[346]. Dieser Rahmen steckt die Grenzen so ab, dass der Staat notwendige Schutzvorkehrungen treffen muss[347]. Ziel des gesetzgeberischen Ermessens ist die effektive Erfüllung der Schutzpflicht. Im Ergebnis muss jedoch der verfassungsgebotene Mindeststandard an Grundrechtssicherheit gewährleistet sein. Sie geben eine Vielzahl möglicher Handlungsalternativen für den Gesetzgeber vor, welche sich nur im Extremfall zu einer einzigen gebotenen Handlung verdichten können. Die verschiedenen Möglichkeiten können sich mit einer unterschiedlichen Eingriffsintensität an verschiedene Adressaten richten. Sie sind auch nebeneinander anwendbar.

---

341 BVerfGE 77, 381 (404).
342 Isensee, in: HdBStR V, § 111, Rn. 153.
343 BVerffGE 49, 89 (130ff.).
344 BVerfGE 56, 54 ( 80 f.); 77, 170 (214 f.); 77, 381 (405).
345 Wahl/Masing, JZ 1990, S. 353.
346 Brüning, JuS 2000, 955 (957).
347 BVerfGE 92, 26, (46).

Wenn der Staat diese vielen Handlungsalternativen hat, kann er sich trotzdem nicht in einem unbegrenzten Ermessen bewegen. Der Spielraum ist verfassungsrechtlich zum einen durch die Zielbestimmung der Effektivität des Schutzes begrenzt, lässt sich darüber hinaus aber noch durch weitere Komponenten einengen. Denn dieser sehr weite Rahmen der gesetzgeberischen Schutzpflichten gewinnt dann an Konturen, wenn er auf die klassischen Funktionen der Grundrechte – Verletzungen abwehren – zurückbezogen wird. Diese Funktion verlangt vom Staat, Grundrechtsgefährdungen in folgenden Fällen immer dann schützend entgegenzutreten: wenn die Verletzung, die sich aus der Gefährdung zu entwickeln droht, irreparabel[348]ist, wenn die Entwicklung, welche aus der Gefährdung die Verletzung hervorzubringen droht, unbeherrschbar zu sein scheint, wenn das Schadenspotential besonders groß ist, wenn die potentiellen Schäden und ihre Eintrittswahrscheinlichkeit nicht ausreichend vorhersehbar sind oder wenn das konflikt- und kollisionsreiche Zusammenspiel der Einzelnen, in dem Grundrechtsverletzungen geschehen können, von den Betroffenen nicht mehr autonom regulierbar ist. Jedes Mal käme in diesen Fällen ein Grundrechtsschutz, wenn er erst an den Grundrechtsverletzungen ansetzen würde, zu spät und wäre damit nicht mehr effektiv[349]. Dies ist am ehesten dann der Fall, wenn es um irreparable Schäden an Leben und Gesundheit, unbeherrschbare technische Entwicklungen und nicht hinreichend autonom regulierbare Bereiche wie die Universitäten und die Medien geht. Hier können auch die Verletzungen, die ohne schützendes Eintreten des Staates nicht vorbeugend abgewehrt werden können, identifiziert werden[350]. Wenn nun aber wie bereits festgestellt, der Gesetzgeber bei mehreren verfassungsmäßigen Handlungsalternativen einen großen Gestaltungsspielraum hat, hat die Schutzkomponente stets eine schwächere Wirkungsintensität als die Abwehrfunktion[351].

Wenn mehrere geeignete Schutzmittel vorhanden sind, kann der Gesetzgeber das nach seiner Einschätzung geeignete auswählen. Da der Gesetzgeber einen Ermessenspielraum hat, kann ihm das Bundesverfassungsgericht im Regelfall nicht ein bestimmtes Mittel vorschreiben. Wenn dem Gesetzgeber jedoch nur ein Schutzmittel zu Verfügung steht, reduziert sich sein Ermessen auf Null, er muss dieses Mittel auswählen[352]. Der Staat muss mindestens ein effektives Mittel einsetzen. Hat er nur ein effektives, so muss er dieses auswählen[353]. Letzteres wird jedoch wohl die Ausnahme sein. Letztendlich darf der Gesetzgeber demzufolge nach seinem Ermessen darüber entscheiden, wie er seine Schutzpflicht erfüllt, nicht aber darüber, ob er sie erfüllt.

### 3.4.2.1. Das Untermaßverbot, die Untergrenze der Schutzpflicht

Das oben angesprochene Kriterium der „Effektivität" weist auch auf den Minimumschutz hin, den der Gesetzgeber beachten muss, das so genannte Untermaßverbot[354]. Die öffentliche Ge-

---

348 Isensee, S. 38.
349 Pieroth/Schlink, Rn. 98; Brüning, JuS 2000, 955 (956); so auch BVerfGE 88, 203 (261).
350 Pieroth/Schlink, Rn. 98.
351 Hubert, S. 251.
352 So beim Schwangerschaftsabbruch, vgl. BVerfGE 88, 203 (253).
353 Alexy, S. 22.
354 BVerfGE 88, 203 (254); Isensee, in: HdBStR V, § 111, Rn. 165 f.

walt muss Vorkehrungen zum Schutz des Grundrechts ergreifen, die nicht gänzlich ungeeignet oder völlig unzulänglich sind[355]. Diese Definition des Untermaßverbotes lässt den unrichtigen Eindruck zu, dass keine inhaltliche Übereinstimmung zwischen dem objektiven Inhalt der Schutzpflicht und dem grundrechtlichen Schutzanspruch bestünde[356]. Daher setzt das Bundesverfassungsgericht in neuerer Rechtsprechung fest, dass zur Erfüllung einer Schutzpflicht staatliche Maßnahmen normativer und tatsächlicher Art erforderlich sind. Diese müssen dazu führen, dass ein angemessener und als solcher wirksamer Schutz erreicht wird[357]. Er muss ausreichende Maßnahmen ergreifen, die dazu führen, dass unter Berücksichtigung entgegenstehender Rechtsgüter eine angemessene und als solcher wirksame Sicherung erreicht wird. Dazu bedarf es eines „Elemente des präventiven und repressiven Schutzes miteinander verbindenden Schutzkonzepts“[358].

Gegenstand des Untermaßverbotes als Kontrollmaßstab sind die vom Staat ergriffenen Mittel – bzw. im Extremfall völliger Untätigkeit – das Unterlassen. Eine Prüfung der Verhältnismäßigkeit im eigentlichen Sinne des begehrten Schutzmittels würde nur dessen verfassungsrechtliche Möglichkeit, nicht jedoch seine Gebotenheit erweisen. Das Untermaßverbot setzt aber nicht die Erfüllung, sondern die Grenzen der Verletzung von Schutzpflichten fest. Das begehrte Mittel ist nicht Gegenstand der Kontrolle, allenfalls die Gebotenheit Folge der Prüfung. Als Zwecke sind der grundrechtliche Schutzzweck gegenüber dem Einzelnen, aber auch gegenüber der Gesamtheit aller Bürger[359], sowie die mit dem Schutze kollidierenden Interessen herauszuarbeiten[360].

Bei der Frage der Geeignetheit ist festzustellen, ob das vom Staat gewählte Mittel dem Schutzzweck oder anderen Zwecken förderlich ist. Dies wird wohl regelmäßig der Fall sein, da es ja gerade um den Schutz von Grundrechten geht. Darüber hinaus muss der Gesetzgeber den Effektivitätserfordernissen genügen. Dies ist das Gegenstück zur Erforderlichkeit im Rahmen der Verhältnismäßigkeitsprüfung eines staatlichen (eingreifenden) Hoheitsaktes. Während die Erforderlichkeit nach milderen, gleich effektiven Alternativen sucht, sind hier bei der Effektivitätsprüfung nach effektiveren, gleich milden Mittel zu fragen[361]. Ein Verstoß liegt danach vor, wenn es Mittel gibt, die besseren Schutz gewähren als die bereits vorhandenen, ohne die Rechte Dritter bzw. öffentliche Interessen stärker zu beeinträchtigen[362]. Schließlich ist zu prüfen, ob der Schutz des gewählten Mittels hinreicht oder ob die Schutzdefizite unter Abwägung mit den kollidierenden Zwecken hinnehmbar sind. Hierbei darf die Hinnahme der nach geltendem Recht verbliebenen Störung oder Gefährdung des Schutzgutes bei Abwägung mit den entgegenstehenden privaten und öffentlichen Interessen nicht unzumutbar

355 BVerfGE 77, 170 (215).
356 Brüning, JuS 2000 955, (957).
357 BVerfGE 88, 203 (254).
358 BVerfGE 88, 203 (261); Pieroth/Schlink, Rn. 98.
359 BVerfGE 46, 160 (165).
360 Michael, JuS 2001, 148 (151).
361 Michael, JuS 2001, 148 (151).
362 Brüning, JuS 2000, 955 (957).

sein[363]. Mit anderen Worten ist zumutbar das, was dem Störer in nicht gerechtfertigter Weise verboten werden darf.

Dabei stellt sich die Frage der Kontrolldichte. Insbesondere stellt sich hier die Prognosefrage, welchen Schutz staatliche Maßnahmen bieten. Grundrechtliche Schutzmaßnahmen führen nur ganz ausnahmsweise dazu, dem zuständigen Hoheitsträger ein bestimmtes Mittel vorzuschreiben[364]. Das Bundesverfassungsgericht kann aufgrund des Gewaltenteilungsgrundsatzes nur feststellen, dass eine Schutzpflicht verletzt ist, und nicht ein bestimmtes Mittel einfordern, wie diese zu erfüllen wäre. Daher kann grundsätzlich nicht ein begehrtes und alternatives Mittel gerichtlich eingefordert werden. Nur wenn offensichtlich ist, dass ein Mittel in geeigneter, effektiver und angemessener Art dem Schutz genügt, d.h. wenn jedes andere Mittel das Untermaßverbot verletzten würde, kann das Auswahlermessen reduziert werden.

### 3.4.2.2. Das Übermaßverbot, die Obergrenze der Schutzpflicht

Da solche Maßnahmen zum Schutze grundrechtlicher Positionen typischerweise zu Beeinträchtigungen von kollidierenden Rechten Dritter führen, ist es Aufgabe des Staates, „zwischen den einander gegenüberstehenden Grundrechten abzuwägen und die negativen Folgen zu berücksichtigen, die eine bestimmte Form der Erfüllung der Schutzpflichten haben könnte“[365]. Dies markiert eine Obergrenze, die der Staat bei der Umsetzung seiner Schutzpflicht nicht überschreiten darf.

Die Schutzpflicht richtet dem Gestaltungsermessen ein Untermaßverbot auf, das mit dem Übermaßverbot des Abwehrechtes korreliert. Die obere Grenze, die der Staat bei der Schaffung eines Schutzes nicht überschreiten darf, ist bei der hier zu beurteilenden Frage das negatorische Abwehrrecht der Medienfreiheit. Beim zwiespältigen Schutzeingriff gegen den Störer gilt es daher, einerseits dessen Abwehrrecht und anderseits das Schutzbedürfnis des Opfers zu wahren, so dass die gegenläufigen Zielrichtungen zum Ausgleich zu bringen sind. Dies hat nach den Grundsätzen der Lösungen von Grundrechtskollisionen, wie es das Grundgesetz erfordert, zu erfolgen. Eine Umsetzung des Schutzes der informationellen Selbstbestimmung muss daher dem qualifizierten Gesetzesvorbehalt des Art. 5 Abs. 2 GG genügen.

Die Eingriffe, die sich aufgrund von gesetzlichen Regelungen aus Schutzgründen in das Freiheitsrecht des Störers ergeben, haben sich an dem Verhältnismäßigkeitsgrundsatz zu messen. Es ist festzustellen, ob ein legitimer öffentlicher Zweck verfolgt wird. Dies wird regelmäßig der Fall sein, da der Gesetzgeber sich ja gerade veranlasst sieht, grundrechtlich geschütztes Verhalten zu ermöglichen, zu erleichtern oder zu sichern[366]. Die Schutzintention auf der einen Seite ist der Eingriffszweck auf der anderen. Sodann ist zu fragen, ob der Gegenstand der Schutzpflicht geeignet ist, dieses Ziel zu erreichen und ob dies für den Störer das mildeste und

363 Brüning, JuS 2000, 955 (957).
364 Michael, JuS 2001, 148 (151).
365 BVerfGE 96, 56 (64).
366 Wahl/Masing, JZ 1990, S. 560.

genauso geeignete Mittel darstellt. Schließlich ist festzustellen, ob ein angemessenes Verhältnis zwischen der solcherart geschützten und der vom Eingriff betroffenen Grundrechtsposition besteht. Damit sind die kollidierenden grundrechtlichen Interessen im Verfahren praktischer Konkordanz zu optimaler Wirkung zu bringen. Da die Abwägung aber nur danach fragt, welche Eingriffsintensität zur Zweckerreichung noch angemessen ist, sagt das Ergebnis der Verhältnismäßigkeitsprüfung nichts darüber aus, ob das eingesetzte Mittel auch verfassungsrechtlich einforderbar ist, ob nicht ein Mittel mit geringerer Eingriffsintensität gleichfalls die staatliche Schutzpflicht erfüllt hätte, das verbleibende Gefahrenpotential also zumutbar gewesen wäre.

Der grundrechtliche Schutzanspruch des Bürgers darf nicht mit dem grundrechtlichen Abwehranspruch gleich geordnet werden. Bei der Schutzpflichtlehre geht es darum, dass der Staat Störungen der Grundrechtsgüter des einen Bürgers durch das Verhalten eines anderen Bürgers verhindern muss. Schutzpflichtadressat ist der Staat. Die Schutzpflichtlehre ist mit der Lehre über die Drittwirkung von Grundrechten verwandt. Es geht bei ihrer Anwendung um die Bewältigung von Interessenkonflikten Privater. Das unterscheidet die Schutzpflicht grundlegend von dem auf den Grundrechten beruhenden Abwehranspruch[367]. Der Schutzanspruch wird durch abwehrechtliche Funktion der Grundrechte nach oben begrenzt. Es sind daher diejenigen Nachteile, Risiken und Einwirkungen in Kauf zu nehmen, welche für die Freiheitsausübung des anderen unabdingbar sind. Damit bildet die Verhältnismäßigkeitsprüfung eines Eingriffs die Obergrenze für die verfassungsgemäße Erfüllung einer Schutzpflicht. Eine Gleichstellung von Abwehr- und Schutzfunktion würde daher dem Unterschied ihrer Wirkungsweise nicht gerecht und hätte zur Folge, dass jede staatliche Instanz gem. Art. 1 Abs. 3 GG dem Abwehranspruch des einen auch den Schutzanspruch des anderen entgegenhalten könnte und müsste.

Die grundsätzliche Anerkennung einer staatlichen Schutzpflicht für die Grundrechte seiner Bürger darf nicht darüber täuschen, dass stets ein unvermeintliches Restrisiko übrig bleibt. Der freiheitliche Staat hat weder die Macht noch das Recht, in allen privaten und gesellschaftlichen Bereichen präsent zu sein, um jede mögliche Gefahr abzuwehren. Sie ist schon allein der Freiheit wegen unzumutbar[368]: Schutz und Sicherheit für den einen bedeuten auch immer Freiheitseinbußen für den anderen. Ein totaler Schutz bringt daher auch Unfreiheit mit sich. Das Grundgesetz garantiert daher auch nur Schutz und Freiheit, soweit diese beiden Positionen miteinander in Einklang gebracht werden können. Denn der Gesetzgeber kann nur die widerstreitenden Interessenlagen zum Ausgleich bringen, ohne sich eines von diesen kompromisslos und vollkommen zu Eigen zu machen[369].

Auch darf die Schutzpflicht aufgrund eines objektiv-rechtlichen Wertgehalts eines Grundrechts nicht in ein Eingriffsrecht des Staates umgedeutet werden[370]. Die Pflicht des Staates, private Eingriffe zu verbieten, darf nicht weiter gehen als seine Verpflichtung, selbst staatli-

---

367 Preu, JZ 1991, 265 (267).
368 Isensee, S. 41.
369 Isensee, S 41.
370 BVerfGE 39, 86 (73).

che Eingriffe zu unterlassen. Der Staat darf aus den Grundrechten in der Erfüllung einer Schutzpflicht nicht zu etwas verpflichtet werden, was den Grundrechten widerspricht. Aus der Schutzpflicht kann nicht gefolgert werden, dass sie staatliche Eingriffe in Grundrechte rechtfertigt, die dem Staat selbst als Hoheitsträger verwehrt werden. Wenn der Gesetzgeber das Persönlichkeitsrecht schützen will, so kann er damit nicht Eingriffe in die Pressefreiheit verfolgen, die mit dem Grundrecht schlechthin unvereinbar sind[371], auch wenn dies das einzig effektive Mittel zum Schutz des Persönlichkeitsrechts wäre.

Zu berücksichtigen ist weiterhin, inwieweit der Einzelne in der Lage ist, die Gefahr mit zumutbaren eigenen Mitteln abzuwehren. Wegen der ebenfalls grundrechtlich abgesicherten Privatautonomie besteht dort ein Vorrang eigenverantwortlicher Interessenwahrnehmung, der nicht durch staatliche Regelungen konterkariert werden kann. Hierbei hat der staatliche Schutz zurückzutreten. Dies gilt in den Bereich, in dem die Gefährdung grundrechtlicher Güter in einem privaten Gleichordnungsverhältnis geschieht. Wo alle am Rechtsverhältnis Beteiligten die Freiheit der Entscheidung haben, bedarf es keines staatlichen Schutzes, weil auch die freiwillige Verfügung über grundrechtliche Güter Teil der individuellen Freiheitsbetätigung ist[372]. Denn soweit ein Selbstschutz des Einzelnen vor ungebetenen Engriffen in seine informationelle Selbstbestimmung möglich ist, bedeutet dies einen geringeren Eingriff in die Medienfreiheit, so dass ein staatlicher Eingriff zu unterbleiben hat. Aber umgekehrt steigt die staatliche Schutzpflicht mit abnehmender Selbsthilfemöglichkeit des Bürgers[373]. So muss in einer Regelung berücksichtigt werden, inwieweit der schutzsuchende Bürger sich in eine Selbstgefährdung begibt oder eine Gefahr provoziert. Auf staatlichen Schutz seines Rechts auf informationelle Selbstbestimmung vor den Medien wird sich der einzelne nur noch eingeschränkt berufen können, wenn er selbst dieses aufgegeben hat. Wer eine öffentliche Rede hält, muss damit rechnen, dass sich die Zuhörer seine Worte merken, sie mit dem Inhalt früherer Äußerungen vergleichen und seinem Auftreten beurteilen. Damit muss bezogen auf den selbst gewählten öffentlichen Auftritt ein abgestufter Schutz stattfinden. Denn hier kann der Einzelne sich am besten selbst durch Zurückhaltung in der Öffentlichkeit schützen.

In der Offlinewelt, d.h. außerhalb des Internets, kann der Bürger dies leicht verfolgen, da er sich ohne Schwierigkeiten anonym oder auch pseudonym bewegen kann. Im Internet und in der künftigen Welt allgegenwärtiger Datenverarbeitung besteht diese Selbstverständlichkeit nicht mehr, weil jede Handlung mit technischer Notwendigkeit Datenspuren hinterlässt. Da der Staat und seine Gesetze insbesondere in globalen Netzen und einer Welt allgegenwärtiger Datenverarbeitung nur begrenzt in der Lage sind, die informationelle Selbstbestimmung ihrer Bürger zu schützen, ist es erforderlich, dass zu deren Schutz es dem Bürger ermöglicht wird, Mittel zu ergreifen, um seine informationelle Selbstbestimmung selbst zu schützen[374]. Es genügt für die Onlinewelt jedoch nicht, sich darauf zu beschränken, den betroffenen Personen ein Maßnahmenbündel anzubieten und es ihnen im Übrigen zu überlassen, die zu ihrem

371 Isensee, S. 46.
372 BVerfGE 81, 242 (255).
373 Hermes, S. 245.
374 Roßnagel, ZRP 1997, 26 ff.; Roßnagel/Pfitzmann/Garstka, Gutachten, S. 148

Schutz notwendigen Vorkehrungen zu treffen[375]. Soweit jedoch die Möglichkeiten der normativen Verhaltenssteuerung und des Systemdatenschutzes ausgeschöpft sind, kann auf die Möglichkeiten des Selbstdatenschutzes als ergänzende Maßnahmen nicht verzichtet werden.

Ein notwendiger Schutz der einen Grundrechtsposition gegenüber der anderen ist dann erforderlich, wenn aufgrund von mangelndem Kräftegleichgewicht kein sachgerechter Ausgleich zwischen den Interessen gewährleistet ist. Wenn bei einer solchen Sachlage über grundrechtlich verbürgte Positionen verfügt wird, müssen staatliche Regelungen ausgleichend eingreifen, um den Grundrechtsschutz zu sichern[376]. Dem Grundgesetz ist nicht zu entnehmen, wann Ungleichgewichtslagen so schwer wiegen, dass der Gesetzgeber tätig werden muss. Merkmale, an denen etwa erforderliche Schutzvorkehrungen ansetzen können, lassen sich nur typisierend erfassen. Die getroffenen Regelungen und Maßnahmen müssen grundsätzlich geeignet und ausreichend sein, das gebotene Schutzziel zu erreichen bzw. nicht erheblich dahinter zurückbleiben[377].

### 3.5. Zusammenfassung

Aus dem Grundgesetz lässt sich abgesehen von Art. 1 Abs.3 GG als Grundlage aller Grundrechte keine höhere Wertigkeit eines einzelnen Grundrechts gegenüber anderen herleiten. Erst recht kann sich aus dem Verhältnis zwischen der informationellen Selbstbestimmung und der Presse- bzw. Rundfunkfreiheit kein besonderer Vorrang für ein Grundrecht schlussfolgern. Beide sichern in gleichem Maße die freiheitlich-demokratische Grundordnung, da sowohl ohne das Recht auf informationelle Selbstbestimmung als auch ohne die Medienfreiheit eine freie Selbstentfaltung des Menschen nicht möglich wäre.

Soweit die Bürger in ihrer Grundrechtsausübung aus diesen beiden Rechten miteinander kollidieren, ergibt sich im Bereich der Umsetzung von datenschutzrechtlichen Medienprivilegien die Frage, inwieweit der Gesetzgeber verpflichtet ist, durch die Umsetzung entsprechender Regelungen das informationelle Selbstbestimmungsrecht des Bürgers zu schützen. Bei der Umsetzung einer solchen Schutzpflicht hat der Gesetzgeber einen weiten Einschätzungs-, Wertungs- und Beurteilungsspielraum. Hierbei gibt das Grundgesetz grundsätzlich nur den Rahmen, nicht aber bestimmte Lösungen vor, d. h. der Gesetzgeber darf nach seinem Ermessen entscheiden, wie er seine Schutzpflicht, nicht jedoch darüber, ob er sie erfüllt. Auch wenn der Staat einen weiten Ermessensspielraum hat, ist dieser nicht unbegrenzt. Bei der Umsetzung des Schutzes ist er durch das Unter- und Übermaßverbot begrenzt.

Der Gesetzgeber ist zum einen gehalten, Vorkehrungen zu treffen, die nicht gänzlich ungeeignet oder völlig unzulänglich zum Schutze des Grundrechts sind. Hierzu bedarf es präventiver und repressiver Schutzelemente. So darf es kein Mittel geben, welches einen besseren

---

375 Roßnagel/Pfitzmann/Garstka, Gutachten, S. 148; Simitis, DuD 2000, 725.

376 BVerfGE 81, 242 (256).

377 BVerfGE 92, 26, (46).

Schutz erreicht, ohne die Rechte Dritter oder öffentliche Interessen stärker zu beeinträchtigen. Nach oben ist die Schutzpflicht durch die kollidierenden Rechte Dritter begrenzt. So muss die Umsetzung des Schutzes für den Dritten das mildeste und für den Schutz das genauso geeignete Mittel darstellen. Nur wenn ein Mindestmaß an Schutz im Sinne des Untermaßverbots und zugleich der Obergrenze des Eingriffs im Sinne des Übermaßverbots genügt ist, ist die Gesetzgebung demnach verfassungsgemäß.

Es besteht ein grundlegender Unterschied in der Wertigkeit zwischen dem grundrechtlichen Schutzanspruch und dem Abwehrecht des Bürgers. Schutz für den einen bedeutet auch stets Freiheitseinbußen für den anderen. Ein totaler Schutz zieht daher auch stets die Unfreiheit nach sich. Die Schutzpflicht darf nicht in ein neues Eingriffsrecht des Staates umgedeutet werden. Sie rechtfertigt nicht Eingriffe, die dem Staat im Übrigen als Hoheitsträger verwehrt wären.

Die sich für den Staat ergebende Schutzpflicht ist um so geringer, je mehr der Einzelne z. B. in einem privaten Gleichordnungsverhältnis seine Rechte eigenverantwortlich wahrnehmen kann, aber um so höher, wenn aufgrund mangelndem Kräftegleichgewichts kein sachgerechter Ausgleich zwischen den Privaten möglich ist. Schon allein aus Verhältnismäßigkeitserwägungen tritt die staatliche Schutzpflicht zurück, soweit der einzelne in der Lage ist, die Gefahr alleine abzuwehren oder sich zumutbar dieser zu entziehen.

## 4. Das Entstehungsgeschichte des Medienprivilegs im BDSG

Der bundesdeutsche Gesetzgeber hat mehrfach versucht, den geeigneten Ausgleich zwischen der Medienfreiheit und dem Recht auf informationelle Selbstbestimmung zu finden. Die Regelungen im Bundesdatenschutzgesetz für die Medien sind häufig geändert worden. In jeder neuen Gesetzesfassung des Bundesdatenschutzgesetz hat der Gesetzgeber auch das Medienprivileg geändert.

Die Geburtsstunde des Datenschutzrechts in Deutschland liegt im Jahre 1970. In diesem Jahr verabschiedete Hessen als erstes Land der Welt ein Datenschutzgesetz. Dieses Gesetz war geprägt durch die amerikanische Debatte um Recht auf „Privatheit" sowie durch den Mikrozensus-Beschluss[378] des Bundesverfassungsgerichts vom 16. Juli 1969. In diesem heißt es, dass es mit der unantastbaren Würde des Menschen aus Art. 1 Abs. 1 GG nicht vereinbar sei, wenn der Staat das Recht für sich in Anspruch nehmen könnte, den Menschen zwangsweise in seiner ganzen Persönlichkeit zu registrieren und zu katalogisieren.
Erst 1974 schuf der amerikanische Gesetzgeber ein erstes Datenschutzgesetz. In dem *„Privacy Act"* untersagte er den staatlichen Bundesbehörden eine Zweckentfremdung von gespeicherten personenbezogenen Daten. Darüber hinaus räumte er Betroffenen Benachrichtigungs-, Auskunfts- und Berichtigungsansprüche gegenüber diesen Behörden wie auch ein Schadensersatzrecht ein.

Mit der Verabschiedung des „Gesetzes zum Schutz vor Missbrauch personenbezogener Daten bei der Datenverarbeitung" vom 27.1.1977 beginnt als Reaktion auf die zunehmende Automatisierung der Datenverarbeitung die bundeseinheitliche Datenschutzgesetzgebung. Daran anschließend haben alle Bundesländer bis 1981 Datenschutzgesetze erlassen.

### 4.1. Das Medienprivileg in der Fassung von 1977

In der ersten Fassung des Bundesdatenschutzgesetzes regelte der Gesetzgeber die Anwendbarkeit des Datenschutzes auf die Medientätigkeiten wie folgt:

> *„Dieses Gesetz schützt personenbezogene Daten nicht, die durch Unternehmen oder Hilfsunternehmen der Presse, des Rundfunks oder des Films ausschließlich zu eigenen publizistischen Zwecken verarbeitet werden; § 6 Abs. 1 bleibt unberührt."*

Der Wortlaut entstammt § 1 Abs. 3 BDSG in der damaligen Fassung[379]. Dieser Paragraph trug die Überschrift „Aufgaben und Gegenstand des Datenschutzes". Indem der Gesetzgeber den Datenschutz für die Medien in dem Paragraph über die Anwendbarkeit des Gesetzes geregelt hat, hat er für diese den Datenschutz für grundsätzlich unanwendbar erklärt. Nur § 6 Abs. 1 BDSG-1977 soll für die Medien noch gelten. Diese Norm verpflichtete jeden, der Daten ver-

---

378 BVerfGE 27, 1 ff.
379 Im Folgenden BDSG-1977.

arbeitete, den größtmöglichen ihm zumutbaren technisch-organisatorischen Schutz zu schaffen, um den Schutz dieser Daten zu gewährleisten.

In dieser Fassung ging der Gesetzgeber davon aus, dass das Rechtsverhältnis zwischen den Daten verarbeitenden Medien und den Betroffenen durch das Grundrecht aus Art. 5 Abs. 1 Satz 2 GG und dessen Schranken aus Art. 5 Abs. 2 GG wie sie durch die damalige Rechtsprechung, insbesondere durch das Bundesverfassungsgericht verdeutlicht wurden, bereits strukturiert und geregelt war. Damit hatte die Freistellung der Medien eine auf das soweit geltende Sonderrecht verweisende Funktion[380]. Mit diesem Verweis auf die damals existierende Auslegung der Rechtsprechung wurde jedoch für die Gesetzesanwendung eine generelle sowie eine konkrete Abwägung der sich gegenüberstehenden Rechtsgüter erforderlich[381].

Da § 1 Abs. 3 BDSG-1977 auf die nach der Rechtsprechung entwickelte Anwendung des Art. 5 Abs. 1 GG ausgerichtet war, mussten die maßgeblichen Begriffe diesem Grundrecht entsprechend verstanden werden. Datenverarbeitung erfolgte daher nur dann zu publizistischen Zwecken, wenn sie in den Bereich von der Beschaffung bis zur Verbreitung der Nachrichten und Meinungen fiel. Weiterhin durfte die Datenverarbeitung nicht gegen die Belange der Betroffenen verstoßen, die sich bei einer Abwägung gegenüber dem publizistischen Zweck als schutzwürdig erwiesen. Die verfassungsrechtliche Rückbindung des § 1 Abs. 3 BDSG-1977 führte dazu, den publizistischen Zweck im Sinne des verfassungsrechtlich legitimierten publizistischen Zweckes zu verstehen[382]. Nicht erfasst waren daher widerrechtlich erlangte oder verschaffte Informationen[383] oder Fälle, in denen die publizistische Verwertung der Information den Betroffenen in seinem allgemeinen Persönlichkeitsrecht verletzt hat[384]. Von dem publizistischen Verarbeitungszweck waren schon begrifflich nicht die Fälle erfasst, in denen die Verarbeitung anderen Geschäftszwecken diente, wie z. B. der Verwaltung einer Abonnementendatei. Hierfür galt das Datenschutzrecht in vollem Umfang.

Unternehmen und Hilfsunternehmen der Presse, des Rundfunks und des Films konnten sich nur auf § 1 Abs. 3 BDSG-1977 berufen, wenn sie ausschließlich für publizistische Zwecke Daten verarbeiteten. Folglich konnte sich auf diese Norm nicht derjenige berufen, der daneben noch andere Zwecke verfolgt.

§ 6 Abs. 1 BDSG-1977, der in § 1 Abs. 3 BDSG-1977 ausdrücklich als einzige datenschutzrechtliche Norm für anwendbar erklärt worden ist, legte die Grenzen dieser Privilegierung der Medien fest. Durch diese Maßnahme wollte der Gesetzgeber sicherstellen, dass die zu publizistischen Zwecken verarbeiteten Daten wegen unzureichender Datensicherheit durch Eingriffe von außen nicht anderen Zwecken zugeführt werden. Des Weiteren sollte dafür gesorgt

380 Gallwas/Schneider/Schwappach/Schweinoch/Steinbrinck, BDSG, § 1, Rn. 43.

381 Gallwas/Schneider/Schwappach/Schweinoch/Steinbrinck, BDSG, § 1, Rn. 44; BVerfGE 35, 202 (223 f.).

382 Gallwas/Schneider/Schwappach/Schweinoch/Steinbrinck, BDSG, § 1, Rn. 45.

383 Hanseatisches OLG, AfP 77, 346 ff.

384 BVerfGE 35, 202 (225).

werden, dass es nicht zu den oben geschilderten verfassungsrechtlich bedenklichen Datenverarbeitungsvorgängen (widerrechtlich verschaffte oder erlangte Informationen) kommt[385].

Bereits die erste Fassung des Medienprivileges sah sich verfassungsrechtlichen Bedenken ausgesetzt[386]. Es sei nicht zu vertreten, warum sich die Ausnahmen wegen des Art. 5 Abs. 1 S. 2 GG auf Medienunternehmen beschränken und nicht ebenso z. B. für Banken, Versicherungen oder andere wirtschaftliche Unternehmen gelten solle, für deren grundsätzliche Freiheit der Datenverarbeitung ebenso Grundrechte wie beispielsweise Art. 12 Abs. 1, 14, 2 Abs. 1 GG stritten und kein geringeres Gewicht besäßen. Darüber hinaus stellen gerade Medienunternehmen unter Gesichtspunkten des informationellen Selbstbestimmungsrechts eine besondere Grundrechtsgefahr dar[387]. Die Medien seien gerade den sozialen Mächten zuzurechnen, denen der Einzelne sehr viel stärker ausgesetzt sein könne als der staatlichen Macht. Die Archive von Presse und Rundfunk als Sammlungen auch und vornehmlich veröffentlichter und unveröffentlichter personenbezogener Daten seien ihrer Struktur und ihrem Zwecke nach gerade darauf angelegt, teilweise oder weitgehend vollständige Persönlichkeitsbilder entstehen zu lassen. Häufig handele es sich dabei um Dateien, womit sich die Bedrohung der Privatsphäre und des allgemeinen Persönlichkeitsrechts entsprechend erhöhe und intensiviere[388]. Wegen dieser intensiven persönlichkeitsrechtsprägenden Wirkung von Medienpublikationen und der Eigenart von Medienarchiven, durch die Zusammenführung einzelner Lebens- und Personaldaten möglichst vollständiger Persönlichkeitsprofile zu erstellen, könne die Beschränkung der Ausnahmeregelung in § 1 Abs. 3 BDSG-1977 auf die Datenverarbeitung zu eigenen publizistischen Zwecken und die Bindung an § 6 Abs. 1 BDSG-1977 nicht genügen. Gegenüber den Medien müsse dem Datenschutz das gleiche Gewicht eingeräumt werden wie gegenüber datenverarbeitenden öffentlichen Stellen. Der Gesetzgeber habe insbesondere der Erstellung von teilweisen oder gar weitgehend vollständigen Persönlichkeitsprofilen entgegenzuwirken[389]. § 1 Abs. 3 BDSG-1977 würde diesen Anforderungen nicht gerecht werden. Die Bestimmung sei daher verfassungswidrig und daher nichtig[390].

## 4.2. Das Medienprivileg in der Fassung von 1990

Mit dem Volkzählungsurteil des Bundesverfassungsgerichts vom 15. Dezember 1983, in welchem es dem Recht auf informationelle Selbstbestimmung Verfassungsrang[391] zuerkannte, hat sich das bis dahin geltende Datenschutzrecht grundlegend geändert. Dies hatte zur Folge, dass der Gesetzgeber das Bundesdatenschutzgesetz auf der Grundlage der Vorgaben des Bundesverfassungsgerichts zu novellieren hatte. Mit der Neufassung des Bundesdatenschutzgesetzes vom 20. Dezember 1990 versuchte der Bundesgesetzgeber den Vorgaben des Volkszählungs-

385 Gallwas/Schneider/Schwappach/Schweinoch/Steinbrinck, BDSG, § 1, Rn. 49.
386 Schmitt Glaeser, in; HdBStR § 129, Rn. 94.
387 Simitis, in: Simitis, 4. Aufig., § 1, Rn. 43; Schmitt Glaeser, in: HdBStR VI, § 129, Rn. 94.
388 Schmitt Glaeser, in: HdBStR VI, § 129, Rn. 94.
389 Vgl. BVerfGE 65, 1 (53).
390 Schmitt Glaeser, in: HdBStR VI, § 129, Rn. 94.
391 Vgl. hierzu bereits oben Ziffer 3.1.

urteils und der voranschreitenden technischen Entwicklung auf diesem Sektor gerecht zu werden.

In der Fassung des Bundesdatenschutzgesetzes von 1990[392] hat der Gesetzgeber in § 41 BDSG-1990 die Verarbeitung und Nutzung personenbezogener Daten durch die Medien wie folgt geregelt:

> *„(1) Soweit personenbezogene Daten von Unternehmen oder Hilfsunternehmen der Presse oder des Films oder von Hilfsunternehmen des Rundfunks ausschließlich zu eigenen journalistisch-redaktionellen Zwecken verarbeitet oder genutzt werden, gelten von den Vorschriften dieses Gesetzes nur die §§ 5 und 9. Soweit Verlage personenbezogene Daten zur Herausgabe von Adressen-, Telefon-, Branchen- oder vergleichbaren Verzeichnissen verarbeiten oder nutzen, gilt Satz 1 nur, wenn mit der Herausgabe zugleich eine journalistisch-redaktionelle Tätigkeit verbunden ist.*
>
> *(2) Führt die journalistisch-redaktionelle Verarbeitung oder Nutzung personenbezogener Daten durch die Deutsche Welle zur Veröffentlichung von Gegendarstellungen des Betroffenen, so sind diese Gegendarstellungen zu den gespeicherten Daten zu nehmen und für dieselbe Zeitdauer aufzubewahren wie die Daten selbst.*
>
> *(3) Wird jemand durch eine Berichterstattung der Deutschen Welle in seinem Persönlichkeitsrecht beeinträchtigt, so kann er Auskunft über die der Berichterstattung zugrunde liegenden, zu seiner Person gespeicherten Daten verlangen. Die Auskunft kann verweigert werden, soweit aus den Daten auf die Person des Verfassers, Einsenders oder Gewährsmannes von Beiträgen, Unterlagen und Mitteilungen für den redaktionellen Teil geschlossen werden kann. Der Betroffene kann die Berichtigung unrichtiger Daten verlangen.*
>
> *(4) Im Übrigen gelten für die Deutsche Welle von den Vorschriften dieses Gesetzes die §§ 5 und 9. Anstelle der §§ 24, 25 und 26 gilt § 42, auch soweit es sich um Verwaltungsangelegenheiten handelt."*

### 4.2.1. Änderungen gegenüber der Fassung von 1977

Nach § 1 Abs. 3 BDSG-1977 fiel wie bereits dargestellt die Datenverarbeitung für „ausschließlich eigene publizistische Zwecke" nicht in den Anwendungsbereich des Bundesdatenschutzgesetzes. Lediglich die Bestimmung zur Datensicherung (§ 6 Abs. 1 BDSG-1977) war ausnahmsweise anwendbar. Mit dem Bundesdatenschutzgesetz in der Fassung von 1990 war das Datenschutzgesetz grundsätzlich für die Medien anwendbar, es hat jedoch weiter hinten im Gesetz durch den § 41 BDSG-1990 die materielle Geltung wieder weitgehend einge-

392 Im folgenden BDSG-1990.

schränkt. Die neue Stellung im Gesetz und die grundsätzliche Anwendbarkeit des Datenschutzes auch für die Medien hat wohl in erster Linie etwas mit einer symbolischen Wertentscheidung des Gesetzgebers zu tun. Es zeigt aber, dass hierdurch der Gesetzgeber von der grundsätzlichen Immunität der Medien abgewichen ist[393]. Praktische Unterschiede ergaben sich hieraus jedoch nicht[394].

Mit der neuen Regelung hat sich der Gesetzgeber in einer gegenüber der Gesetzesfassung von 1977 erheblich erweiterten Umfang der Datenschutzproblematik bezüglich der Medien und auch der seiner Gesetzgebungskompetenz unterliegenden Rundfunkanstalten des Bundesrechts angenommen. In dieser Neuregelung entstand eine begriffliche Präzisierung des Medienprivilegs.

Der Gesetzestext von 1990 spricht nicht mehr von publizistischen Zwecken, sondern knüpft an die Verarbeitung zu eigenen journalistisch-redaktionellen Zwecken an. Damit hatte der Gesetzgeber eine Entscheidung über eine damalige Streifrage getroffen. Für Verlage, die Adressbücher oder Branchenverzeichnisse herausgeben, trat die Privilegierung nur dann ein, wenn mit der Herausgabe dieser Werke zugleich eine journalistisch-redaktionelle Tätigkeit verbunden war[395].

Neu aufgenommen wurden die Regelungen für den Bundesrundfunk, d. h. für die aufgrund von Bundesgesetzen tätigen Rundfunkanstalten. Dies ist damals wie heute nur die Deutsche Welle. § 41 BDSG-1990 enthält keine Regelung für die Rundfunkanstalten der Bundesländer oder private Rundfunkanbieter. In § 41 Abs. 1 BDSG-1990 ist nur von Hilfsunternehmen des Rundfunks die Rede. Die datenschutzrechtliche Privilegierung der öffentlich-rechtlichen Landesrundfunkanstalten ergab sich aus den jeweiligen Staatsverträgen[396], den Landesdatenschutz- oder den Landesrundfunkgesetzen[397]. Die Sonderbehandlung der redaktionellen Datenverarbeitung der privaten Rundfunkanbieter resultiert aus den jeweiligen Landesmedien- oder Landesrundfunkgesetzten[398].

Neu war auch die datenschutzrechtliche Verwirklichung eines Gegendarstellungsrechts und eines Auskunftsrechts sowie eines Korrekturrechts gegen den Rundfunk[399]. Hieraus ergab sich nun die Verpflichtung zur Speicherung von diesen Gegendarstellungen zu dem der Berichterstattung zugrunde liegenden Faktenmaterial und zur Berichtigung entsprechender Falschinformationen.

---

393 Kloepfer, AfP 2000, 511 (516).
394 Walz, in: Simitis, 4. Aufl., § 41, Rn. 4.
395 Walz, in: Simitis 4. Aufl., § 41, Rn. 4.
396 z. B. § 17 Abs. 1 ZDF-StV; § 42 Abs. 1 NDR-StV.
397 z. B. Art. 21 Abs. 1 BayRG; § 31 Abs. 1 BlnDSG; § 1 Abs. 6 BrDSG; § 50 Abs. 1 WDR-G.
398 vgl. § 80 LMedienG BW; § 47 Abs.1 BremLMG.
399 Gola/Schomerus, BDSG, 6. Aufl., § 41 Ziff. 1. Missverständlich, da hier der Verfasser von der Verwirklichung des presserechtlichen Gegendarstellungsrechts und einem Auskunftsrecht spricht, die beide für die Presse aus dieser Gesetzesfassung nicht zu entnehmen sind.

Für die Deutsche Welle als bislang einzige Rundfunkanstalt des Bundesrechts hat sich im Gegensatz zu der ersten Fassung des BDSG eine Änderung hinsichtlich der Kontrollzuständigkeit ergeben: Während nach dem BDSG-1977 der Bundesbeauftragte für den Datenschutz diese überwachte, hat dies nun ab Geltung des BDSG-1990 als „anstaltsautonome Überwachung" der interne Datenschutzbeauftragte (§ 41 Abs. 4 Satz 2 BDSG-1990) übernommen. Dies folgte dem Vorbild der meisten Landesdatenschutzgesetze mit entsprechenden Reglungen für die Landesfunkhäuser.

Die Literatur kritisierte an diesem Gesetz die Regelung in Abs. 1 Satz 2, wonach die Verlage, die personenbezogene Daten zur Herausgabe von Adressen-, Telefon-, Branchen- oder vergleichbaren Verzeichnissen verarbeiten oder nutzen, sich nur auf die in Satz 1 niedergelegte Ausnahme vom Datenschutzrecht berufen können, wenn mit der Herausgabe zugleich eine journalistisch-redaktionelle Tätigkeit verbunden ist. Die verfassungsrechtlich niedergelegte Pressefreiheit umfasse den Anzeigenteil einer Zeitung mit. Außerdem stehen der Anzeigen- und der Redaktionsteil einer Zeitung nicht beziehungslos neben einander, so dass eine Aufsplitterung in einen journalistisch-redaktionellen Teil und einen datenschutzrechtlich anders zu beurteilenden Teil nicht richtig sei. Mit dieser Unterscheidung verstoße die Gesetzesfassung gegen den verfassungsrechtlichen formalen Pressebegriff, der den redaktionellen wie auch den Anzeigenteil gleichermaßen schütze[400]. Alles in allem sei der Gesetztesentwurf mit seinem zusätzlich in den Absätzen 2 und 3 für den Bundesrundfunk niedergelegten Speicherungspflicht von Gegendarstellungen und dem Auskunftsanspruch bezüglich der gespeicherten Daten bei Persönlichkeitsrechtsverletzungen ein Einstieg in eine Kontrolle aller Daten in Medienarchiven bedeute. Diese Kontrolle werde irgendwann einmal auch vor nicht veröffentlichtem Material nicht Halt machen können[401].

### 4.2.2. Die Regelung des § 41 BSDG-1990

Inhaltlich setzt § 41 BSDG-1990 fest, dass für Unternehmen und Hilfsunternehmen der Presse oder des Films sowie für Hilfsunternehmen des Rundfunks Daten, die ausschließlich zu eigenen journalistischen-redaktionellen Zwecken verarbeitet oder genutzt werden, nur den Verpflichtungen der §§ 5 und 9 BDSG-1990 unterliegen.

Unter den Pressebegriff fielen ausgehend vom formalen Pressebegriff alle zur Verbreitung bestimmte Druckerzeugnisse. Die Presse war nur hinsichtlich der mit journalistisch-redaktioneller Zweckbestimmung gespeicherten Daten privilegiert. Fehlen die Elemente der redaktionellen Bearbeitung völlig, wie dies zum Beispiel bei Verlagen, die nur Druckwerke mit amtlichen Mitteilungen oder sonstigen aus anderen Quellen unverändert übernommenen Dokumenten herausgeben, entfällt die Anwendbarkeit des § 41 Abs. 1 BDSG-1990. Satz 2 stellt dies noch einmal ausdrücklich für die Adress- und Telefonbuchverlage durch das materielle Erfordernis einer journalistisch-redaktionellen Tätigkeit klar. Als Unternehmen der

---

400 Damm, AfP 1990, 7 (10).
401 Damm, AfP 1990, 7 (14).

Presse sind in erster Linie Zeitungs-, Zeitschriften und Buchverlage sowie selbständige Journalisten gemeint. Die Herausgeber von Werks-, Kunden- oder Mitgliederzeitungen können sich auf das Medienprivileg berufen, soweit sie eine von der übrigen Unternehmensverwaltung abgetrennte Organisationseinheit bilden[402]. Unter Hilfsunternehmen der Presse sind diejenigen Betriebe zu verstehen, deren Geschäftszweck auf die ständige Unterstützung von Verlagen und Redaktionen der Printmedien gerichtet ist[403].

§ 41 Abs. 1 BDSG-1990 privilegierte nur die Verarbeitung derjenigen Daten durch die Medien, welche zu eigenen journalistisch-redaktionellen Zwecken verarbeiten wurden. § 41 Abs. 1 BDSG-1990 erfasste alle personenbezogenen Informationen, die von Journalisten, Redakteuren und Filmemachern zu Zwecken der Recherche sowie der Vorbereitung und Herstellung von zur Veröffentlichung bestimmten Artikeln, Sendungen oder sonstigen redaktionellen Texten unmittelbar erhoben oder aus sonstigen Quellen beschafft oder auf einen andere Art und Weise verarbeitet wurden[404].

Analog zu den Hilfsunternehmen der Presse ist auch der Begriff des „Hilfsunternehmens des Rundfunks" zu verstehen. Darunter fallen diejenigen Firmen, deren Geschäftszweck auf die ständige Unterstützung von Verlagen und Redaktionen der Medien gerichtet ist[405]. Davon zu unterscheiden sind jedoch die Unternehmen des Rundfunks selbst, d.h. die Anstalten und Sender, welche die Programme gestalten, produzieren und ausstrahlen. Für die Landesfunkhäuser und die Privatsender entfaltete § 41 BDSG-1990 aufgrund der verfassungsrechtlich den Bundesländern zustehenden Gesetzgebungskompetenz keine unmittelbare Geltung.

Hinsichtlich der Rundfunkanstalten des Bundes enthält § 41 Abs. 2-4 BDSG-1990 noch einige weitere datenschutzrechtliche Vorgaben, die bereits angesprochenen Gegendarstellungs-, Auskunfts- und Korrekturrechte. Absatz 2 sah die Verpflichtung der Bundesrundfunkanstalten vor, falls sie zur Veröffentlichung einer Gegendarstellung oder eines Widerrufs des Betroffenen verpflichtet waren, diese zu den gespeicherten Daten zu nehmen, zu denen sie abgegeben wurden. Die Gegendarstellung war solange zu speichern wie die durch sie bestrittenen Daten. Dies galt unabhängig von der Art der Speicherung, d.h. es war unerheblich, ob die Daten in einer Akte oder automatisiert abgespeichert worden waren. Absatz 3 regelte das Auskunftsrecht, welches aber nur unter eingeschränkten Voraussetzungen zu realisieren war. Dieser Anspruch bestand erst dann, wenn eine Verletzung des Persönlichkeitsrechtes eingetreten war[406]. Dies konnte aber durchaus strittig sein. Weiterhin erstreckte sich die nicht auf Daten über den Verfasser oder Einsender von Beiträgen, d. h. das Auskunftsrecht versetzte den Betroffenen nicht einmal in die Lage, den Täter der Persönlichkeitsrechtsverletzung zu ermitteln[407]. Abs. 3 Satz 3 verpflichtet schließlich die Rundfunkanstalt, unrichtige Daten zu berichtigen. Falls der Betroffene die Unrichtigkeit der Daten nicht nachweisen konnte, blieb ihm im

402 Walz in Simitis 4. Aufl., § 41, Rn. 11.
403 Walz in Simitis 4. Aufl., § 41, Rn. 11.
404 Walz in Simitis 4. Aufl., § 41, Rn. 17.
405 Walz in Simitis 4. Aufl., § 41, Rn. 11.
406 Gola/Schomerus BDSG, 6. Aufl., § 41 Ziff. 4.2.
407 Gola/Schomerus BDSG, 6. Aufl., § 41 Ziff. 4.2.

Falle der Veröffentlichung das Mittel der Gegendarstellung, die auch zu den Daten zu speichern waren.

In den Rechtsfolgen verpflichtete § 41 BDSG-1990 trotz der ausgesprochenen Privilegierungen, die §§ 5 und 9 BDSG-1990 einzuhalten. § 9 BDSG-1990 entsprach dabei bis auf redaktionelle Änderungen wortgleich dem § 6 Abs. 1 BDSG-1977 und verpflichtete jeden, der Daten verarbeitete, für den größtmöglichen ihm zumutbaren Schutz zu sorgen, um den Schutz dieser Daten zu gewährleisten. Allerdings musste § 9 BDSG-1990 wiederum im Lichte des § 41 Abs. 1 BDSG-1990 ausgelegt werden. § 9 BDSG-1990 wollte gerade die Ausführung des Bundesdatenschutzgesetzes sicherstellen, § 41 Abs. 1 BDSG-1990 wollte aber gerade die Geltung der materiellen Zulässigkeitsnormen ausschließen. Daher bedeutete die Verweisung auf § 9 BDSG-1990 im Rahmen von des § 41 Abs. 1 BDSG-1990, dass speziell auf die spezifischen Bedingungen der Medienbranche zugeschnittene Vorkehrungen zur Wahrung der ausschließlich publizistischen Datennutzung zu treffen sind. Unbefugte Außenstehende und Nichtberechtigte innerhalb des Medienunternehmens sollen keine Kenntnis von den privilegiert verarbeiteten Daten erlangen.

Neu hinzugekommen ist die Verpflichtung zum Datengeheimnis gemäß § 5 BDSG-1990. Damit galt für Redaktionsmitglieder und alle übrigen publizistisch tätigen Personen das Verbot der unbefugten Verarbeitung und Nutzung personenbezogener Daten. Das Datengeheimnis war einzuhalten gegenüber Redaktionsmitgliedern und/oder Verlagsmitarbeitern, die nicht aus beruflichem Interesse, sondern aus privater Neugierde personenbezogene Angaben, die nach dem allgemeinen Datenschutzrecht nicht offenbart werden dürfen, beispielsweise aus Medienarchiven oder Pressedatenbanken erhalten wollen. Darüber ist § 5 BDSG-1990 insbesondere gegenüber den Mitarbeitern der kommerziell-administrativen Abteilungen des Medienunternehmens zu beachten. Alle bei der publizistischen Datenverarbeitung beschäftigten Personen müssen nach § 5 Abs. 2 BDSG-1990 auch förmlich auf das Datengeheimnis verpflichtet werden.

### 4.3. Das Medienprivileg in der Fassung des Referentenentwurfs von 1999

Am 24. Oktober 1995 hat der Rat der Europäischen Union und das Europäische Parlament die „Richtlinie zum Schutz der natürlichen Personen bei der Verarbeitung personenbezogener Daten und zum freien Datenverkehr“ verabschiedet. Art. 9 DSRL gibt den Mitgliedstaaten auf, für die Verarbeitung personenbezogener Daten, die allein zu journalistischen, künstlerischen oder literarischen Zwecken erfolgt, Abweichungen und Ausnahmen vorzunehmen, soweit sich dies als notwendig erweist, um das Recht auf Privatsphäre mit den für die Freiheit der Meinungsäußerung geltenden Vorschriften in Einklang zu bringen. In der Kommentarliteratur entschieden die Verfasser die Frage unterschiedlich, ob diese europäische Richtlinie eine

Änderung des § 41 BDSG-1990 erforderte, jeweils aber ohne ihre Ansicht näher zu begründen[408].

Das Bundesministerium des Inneren (BMI) hielt jedenfalls Änderungen für notwendig und legte im Sommer 1999 einen Gesetzesentwurf zur Novellierung des Bundesdatenschutzgesetzes vor[409]. Dieser sah für die weiter in § 41 BDSG-1999 enthaltene Vorschrift für die Medien folgende Regelungen vor:

> *(1) Die Länder haben in ihrer Gesetzgebung vorzusehen, daß für die Erhebung, Verarbeitung und Nutzung personenbezogener Daten von Unternehmen oder Hilfsunternehmen der Presse oder von Hilfsunternehmen des Rundfunks oder des Films ausschließlich zu eigenen journalistisch-redaktionellen oder literarischen Zwecken den Vorschriften der §§ 4f, 4g, 5, 6a, 7, 9, 31, 38a, 41 Abs. 2 und 3 und § 44 Abs. 1 Nr. 5 und Abs. 2 entsprechende Regelungen zur Anwendung kommen.*
>
> *(2) Führt die journalistisch–redaktionelle Erhebung, Verarbeitung oder Nutzung personenbezogener Daten durch die Deutsche Welle zur Veröffentlichung von Gegendarstellungen des Betroffenen, so sind diese Gegendarstellungen zu den gespeicherten Daten zu nehmen und für dieselbe Zeitdauer aufzubewahren wie die Daten selbst.*
>
> *(3) Wird jemand durch eine Berichterstattung der Deutschen Welle in seinem Persönlichkeitsrecht beeinträchtigt, so kann er Auskunft über die der Berichterstattung zugrunde liegenden, zu seiner Person gespeicherten Daten verlangen. Die Auskunft kann verweigert werden, soweit aus den Daten auf die Person des Verfassers, Einsenders oder Gewährsmannes von Beiträgen, Unterlagen und Mitteilungen für den redaktionellen Teil geschlossen werden kann. Der Betroffene kann die Berichtigung unrichtiger Daten verlangen.*
>
> *(4) Im Übrigen gelten für die Deutsche Welle von den Vorschriften dieses Gesetzes die §§ 5, 6a, 7, 9, 31 und 38a. Anstelle der §§ 24 bis 26 gilt § 42, soweit es sich nicht um Verwaltungsangelegenheiten handelt.*

### 4.3.1. Änderungen gegenüber den vorherigen Fassungen

Dieser Entwurf wandelte die in den beiden vorangegangenen Fassungen hinsichtlich der Medien enthaltene Vollregelung in eine Rahmenregelung um. Hierbei sollte das Datenschutzrecht in einem weitaus größeren Maß auch für Presse, Rundfunk und Film Anwendung finden. Der Bund gab den Ländern auf, die entsprechende Anwendung folgender Vorschriften

---

408 ablehnend: Walz in Simitis 4. Aufl., § 41, Rn. 6; Erforderlichkeit von Änderungen: Bergmann/Möhrle/Herb, 20. Ergänzungslieferung, § 41, Rn. 2.

409 im folgenden BDSG-1999

vorzusehen: Die Regelung über den betrieblichen oder behördlichen Datenschutzbeauftragten (§§ 4f, 4g BDSG-1999), über das Datengeheimnis (§ 5 BDSG-1999), über das Verbot einer völlig automatisierten Einzelentscheidung (§ 6a BDSG-1999), über einen Schadensersatzanspruch mit Beweislastumkehr (§ 7 BDSG-1999), über technische und organisatorische Maßnahmen (§ 9 BDSG-1999), über die besondere Zweckbindung von Kontroll- und Sicherungsdaten (§ 31 BDSG-1999), über Verhaltensregeln (§ 38 a BDSG-1999), über die Aufbewahrung von Gegendarstellungen und über Auskunftsrechte bei Persönlichkeitsrechtsverletzungen (§ 41 Abs. 2 und 3 BDSG-1999) sowie über Ordnungswidrigkeiten (§ 44 BDSG-1999). Durch diese Regelung wäre das Datenschutzrecht insbesondere auf die Presse im Vergleich zu den vorhergehenden Regelungen wesentlich stärker anwendbar und umgekehrt das Presseprivileg als eine datenschutzrechtliche Sektorenausnahme erheblich stärker eingeengt gewesen.

### 4.3.2. Die Regelungen des § 41 BDSG-1999

Durch die Anwendbarkeit der §§ 4f und 4g BDSG sollten die einzelnen Presseorgane verpflichtet werden, einen weisungsungebundenen internen Datenschutzbeauftragten einzusetzen. Der Beauftragte für den Datenschutz sollte die Ausführung des Bundesdatenschutzgesetzes sowie anderer Vorschriften über den Datenschutz überwachen. Zu diesem Zweck konnte er sich in Zweifelsfällen auch an die zuständige Aufsichtsbehörde wenden. Darüber hinaus sollte er die ordnungsgemäße Anwendung der Datenverarbeitungsprogramme, mit deren Hilfe personenbezogene Daten verarbeitet werden sollen, überwachen, die bei der Verarbeitung personenbezogener Daten tätigen Personen durch geeignete Maßnahmen mit den jeweiligen besonderen Erfordernissen des Datenschutzes vertraut zu machen sowie bei der Auswahl der bei der Verarbeitung personenbezogener Daten tätigen Personen beratend mitwirken.

§ 6a BDSG-1999 sah das Verbot automatisierter Einzelentscheidungen vor. Diese Vorschrift will den Betroffenen vor Entscheidungen schützen, die ausschließlich aufgrund von Persönlichkeitsprofilen ergehen. Dies würde aber darüber hinaus auch gegen die Sorgfaltspflichten von Presseorganen verstoßen[410].

§ 7 BDSG-1999 verpflichtete die Medienunternehmen zum Schadensersatz mit Beweislastumkehr. Hierbei hätte der verantwortliche Journalist beweisen müssen, dass er nicht schuldhaft gehandelt hat, als er dem Betroffenen durch eine unzulässige oder unrichtige Erhebung, Verarbeitung oder Nutzung seiner personenbezogenen Daten einen Schaden zugefügt hatte.

§ 31 BDSG-1999 sah vor, dass personenbezogene Daten, die ausschließlich zu Zwecken der Datenschutzkontrolle, der Datensicherung oder zur Sicherstellung eines ordnungsgemäßen Betriebes einer Datenverarbeitungsanlage gespeichert wurden, auch nur für diese Zwecke verwendet werden durften.

---

410 Kloepfer, AfP 2000, 511 (520).

§ 38a BDSG-1999 eröffnete Berufsverbänden und andere Vereinigungen, die bestimmte Gruppen von verantwortlichen Stellen vertreten, die Möglichkeit, Entwürfe für Verhaltensregeln zur Förderung der Durchführung von datenschutzrechtlichen Regelungen der zuständigen Aufsichtsbehörde zu unterbreiten. Diese Aufsichtsbehörde war verpflichtet, die Vereinbarkeit der ihr vorgelegten Entwürfe mit dem geltenden Recht zu überprüfen.

Führte die journalistisch–redaktionelle Erhebung, Verarbeitung oder Nutzung personenbezogener Daten durch die Medien zur Veröffentlichung von Gegendarstellungen des Betroffenen, so sollten diese gemäß § 41 Abs. 2 BDSG-1999 zu den gespeicherten Daten genommen und für dieselbe Zeitdauer aufbewahrt werden wie die Daten selbst.

Schließlich waren die Medien nach § 41 Abs. 3 BDSG-1999 auch verpflichtet, soweit sie einem Betroffenen in seinen Persönlichkeitsrechten verletzt hatten, diesen Auskunft über die der Berichterstattung zugrunde liegenden, zu seiner Person gespeicherten Daten verlangen. Dies sollte nur verweigert werden können, soweit aus den Daten auf die Person des Verfassers, Einsenders oder Gewährsmannes von Beiträgen, Unterlagen und Mitteilungen für den redaktionellen Teil geschlossen werden konnte. Schließlich vermochte der Betroffene die Berichtigung unrichtiger Daten verlangen.

Die auch für die Medien anwendbaren §§ 5 und 9 BDSG-1999 entsprechen den bereits dargestellten Gesetzesfassungen[411]. Im Übrigen sei hinsichtlich der Vorschriften über den Bundesrundfunk (§ 41 Abs. 2-4 BDSG-1999) auf die Ausführungen zu § 41 BDSG-1990[412] verwiesen.

Nachvollziehbarer Weise war die Reaktion der Presse entsprechend negativ. Die Zeitungen bezeichneten den Entwurf als überflüssig, gefährlich, pressepolitisch unbedarft, pressefeindlich und natürlich als verfassungswidrig[413].

Der Schadensersatzanspruch mit Beweislastumkehr, würde der Presse die Pflicht auferlegen, die Einhaltung des journalistischen Sorgfaltsmaßstabes in jedem einzelnen Punkt darzulegen. Dieser Beweis könne aber praktisch kaum erfüllt werden, da der Presse nur eingeschränkte Möglichkeiten zustehen, Daten zu Beweiszwecken zu speichern. Die Einbeziehung dieses Schadensersatzanspruches könne sich zu Lasten der journalistischen Arbeit und der Pressefreiheit bei den Journalisten als „Schere im Kopf" auswirken und käme daher einer staatlicherseits angeordneten, nach Art 5 Abs. 1 Satz 3 GG unzulässige Vorzensur gleich[414]. Außerdem werde der Persönlichkeitsrechtsschutz in den Medien durch spezifische Elemente (Recht auf Gegendarstellung, auf Widerruf, auf Unterlassung usw.) gewährleistet, so dass es insoweit des Datenschutzrechts nicht bedürfe[415].

---

411 Siehe oben 4.2.2.
412 Siehe oben 4.2.2.
413 Nach Kloepfer, AfP 2000, 511 (513).
414 Stellungnahme des Deutschen Presserates, AfP 1999, 458 (464).
415 Stellungnahme des Deutschen Presserates, AfP 1999, 458 (463, 465).

Die vorgesehene Regelungen in §§ 4 f und 4 g BDSG-1999, die unter anderem vorsahen, dass auch Presseunternehmen einen Datenschutzbeauftragten zu bestellen hatten und dessen Aufgabenbereich festlegten, wurden von der Presse besonders kritisch gesehen. Insbesondere die Möglichkeit, dass eine nicht an Weisungen gebundenen Aufsichtsperson in den Redaktionen existieren würde, bereitete der Presse großes Unbehagen und veranlasste sie dazu, die Erfüllbarkeit ihrer verfassungsrechtlich vorgesehenen öffentlichen Aufgabe als gefährdet anzusehen[416].

Die in § 41 Abs. 2 i V. m. § 41 Abs. 1 BDSG-1999 geplante Einführung der Archivierungspflicht von Gegendarstellungen auch für die Erhebung personenbezogener Daten wurde vom Deutschen Presserat abgelehnt: Diese Pflicht sei nicht geeignet, sicherzustellen, dass personenbezogene Daten inhaltlich zutreffend verarbeitet und gespeichert werden. Denn für die Veröffentlichung der Gegendarstellung käme es nicht auf den Wahrheitsgehalt des beanstandenden Berichts wie auch der Gegendarstellung selbst an.

---

416 Stellungnahme des Deutschen Presserates, AfP 1999, 458 (461 f.).

## 5. Das Medienprivileg in der heutigen Fassung

Nach dem heftigen Widerstand der Presse gegen den Referentenentwurf von 1999 sah sich das Bundesinnenministerium veranlasst, diesen zu überarbeiten. Hierbei band es die Betroffenen mit ein. Der am 9. Mai 2000 vorgelegte Entwurf beruht auf einer Einigung mit der Presse und den Bundesländern[417]. Das Bundesdatenschutzgesetz, in Kraft getreten am 23. Mai 2001, sollte nunmehr die EG-Datenschutzrichtlinie in nationales Recht umsetzen. § 41 BDSG sieht nunmehr folgende Regelung hinsichtlich des Datenschutzes für die Medien vor:

*(1) Die Länder haben in ihrer Gesetzgebung vorzusehen, dass für die Erhebung, Verarbeitung und Nutzung personenbezogener Daten von Unternehmen und Hilfsunternehmen der Presse ausschließlich zu eigenen journalistisch-redaktionellen oder literarischen Zwecken den Vorschriften der §§ 5, 9 und 38 a entsprechende Regelungen einschließlich einer hierauf bezogenen Haftungsregelung entsprechend § 7 zur Anwendung kommen.*

*(2) Führt die journalistisch-redaktionelle Erhebung, Verarbeitung oder Nutzung personenbezogener Daten durch die Deutsche Welle zur Veröffentlichung von Gegendarstellungen des Betroffenen, so sind diese Gegendarstellungen zu den gespeicherten Daten zu nehmen und für dieselbe Zeitdauer aufzubewahren wie die Daten selbst.*

*(3) Wird jemand durch eine Berichterstattung der Deutschen Welle in seinem Persönlichkeitsrecht beeinträchtigt, so kann er Auskunft über die der Berichterstattung zugrunde liegenden, zu seiner Person gespeicherten Daten verlangen. Die Auskunft kann nach Abwägung der schutzwürdigen Interessen der Beteiligten verweigert werden, soweit*

1. *aus den Daten auf Personen, die bei der Vorbereitung, Herstellung oder Verbreitung von Rundfunksendungen berufsmäßig journalistisch mitwirken oder mitgewirkt haben, geschlossen werden kann,*
2. *aus den Daten auf die Person des Einsenders oder des Gewährsträgers von Beiträgen, Unterlagen und Mitteilungen für den redaktionellen Teil geschlossen werden kann,*
3. *durch die Mitteilung der recherchierten oder sonst erlangten Daten die journalistische Aufgabe der Deutschen Welle durch Ausforschung des Informationsbestandes beeinträchtigt würde.*

*Der Betroffene kann die Berichtigung unrichtiger Daten verlangen.*

*(4) Im Übrigen gelten für die Deutsche Welle von den Vorschriften dieses Gesetzes die §§ 5,7, 9 und 38a. Anstelle der §§ 24 bis 26 gilt § 42, auch soweit es sich um Verwaltungsangelegenheiten handelt.*

---

[417] Kloepfer, AfP 2000, 511 (513).

### 5.1. Änderung gegenüber der Fassung von 1990

Die Neuregelung des Presseprivilegs steht nunmehr auf zwei Säulen: einer normativen Säule und der einer freiwilligen Selbstkontrolle. Die Vorschriften über Datengeheimnis und Datensicherheit (§§ 5 und 9 BDSG) gelten auch weiterhin für die Presse. Neu aufgenommen in den Anwendungsbereich ist der § 38a BDSG, der die Möglichkeit der unverbindlichen Verhaltensregelungen eröffnet. Neu eingeführt ist § 7 BDSG, der eine Schadensersatzpflicht vorsieht. Weiterhin hat der Gesetzgeber die Presse von dem weitaus größten Teil der Regelungen des Bundesdatenschutzgesetzes befreit. Die Rechte der Betroffenen sollen die freiwillige Selbstverpflichtung der Presse durch den Pressekodex sichern.

Gegenüber der vorher geltenden Gesetzesfassung änderte sich der Regelungsadressat. Angesprochen sind nur noch die Presse und deren Hilfsunternehmen. Heraus gefallen sind dagegen aus kompetenzrechtlichen Gründen die Hilfsunternehmen des Rundfunks sowie Unternehmen und Hilfsunternehmen des Films. Wie auch schon im Referentenentwurf von 1999 nimmt der Bund seine Rahmenkompetenz in Anspruch und verweist auf die Ländergesetzgebung. Damit wollte der Gesetzgeber der Änderung von Art. 75 GG Rechnung tragen[418]. Da die Ausgestaltung der zu den in Absatz 1 genannten Zwecken erfolgenden redaktionellen Datenverarbeitung mitprägend für die Rechtsgestaltung der Presse ist und somit nur in die Rahmenkompetenz des Bundes fällt, gelten insoweit die übrigen Regelungen des Bundesdatenschutzgesetzes nicht. Die Vorschrift, die damit lex specialis auf dem Gebiet des redaktionellen Datenschutzes zu § 1 Abs. 2 Nr. 3 ist, enthält damit auch keine unmittelbar geltenden Regelungen. § 41 Abs. 1 BDSG gibt vielmehr für die in die Zuständigkeit der Länder fallende Umsetzung lediglich einen Mindeststandard der in der Rechtsprechung[419] seit dem Volkszählungsurteil[420] geforderten datenschutzrechtlichen Regelungen im Bereich der Medien unter Berücksichtigung des aufgrund von Art. 9 EG-DSRL des bestehenden Änderungsbedarfs vor[421]. Wie der europäische Richtliniengeber es forderte, erweiterte der Bundesgesetzgeber in Absatz 1 den Anwendungsbereich der Datenschutzbestimmungen bei der Verarbeitung personenbezogener Daten durch die Presse. Art. 9 EG-DSRL sah keine Ausnahme von den Vorschriften des Dritten Kapitels der Richtlinie, der über Rechtsbehelfe, Haftung und Sanktionen geht vor. Somit war eine entsprechende Regelung in § 41 BDSG einzubeziehen. Gleiches gilt für das fünfte Kapitel der Richtlinie, welches die Verhaltensregeln zur Förderung der Durchführung datenschutzrechtlicher Regelungen behandelt.

Auf diesem aufbauend gibt der Bund in § 41 Abs. 1 BDSG den Ländern vor, in ihren Regelungen die §§ 7 und 38a BDSG, die Vorschriften über Schadensersatz und die freiwillige Verhaltensregeln, für anwendbar zu erklären und erweitert damit materiell den nach dem Bundesdatenschutzgesetz in der Fassung von 1990 von den Medien einzuhaltenden Rechtsnormen. Die privilegierten Verarbeitungszwecke erweiterte der Gesetzgeber auf die literarischen Zwecke. Die enthaltende Sonderregelung für Verlage, die Telefonbücher und Adress-

---

418 BT Drucksache 14/4329, S. 46

419 So die Gesetzesbegründung in BT Drucksache 14/4329, S. 46.

420 BVerfGE 65, 1.

421 BT-Drucksache 14/4329, S. 46.

verzeichnisse erstellen, ist ersatzlos gefallen. Die Einführung einer solchen Detailregelung ist aufgrund der Rahmengesetzgebung des Bundes nunmehr den Ländern überlassen. Eine Änderung in der Praxis ergibt sich hieraus jedoch nicht, da diese Verlage auch weiterhin privilegiert werden, wenn sie hierbei einer journalistisch-redaktionellen Tätigkeit nachgehen. Schließlich wird wie im gesamten Bundesdatenschutzgesetz die Phase der Datenerhebung und damit der journalistischen Recherche mit in den Anwendungsbereich einbezogen.

Zu dieser Regelung kam es vielfach zu Kritik von Seiten der Datenschutzrechtler. Es bestünden erhebliche Zweifel, ob § 41 Abs. 1 BDSG die Vorgaben der Datenschutzrichtlinie ausreichend umsetze und damit die gemeinschaftsrechtliche Anforderung der Erreichung der größtmöglichen Wirksamkeit von Richtlinien erfülle. Die zu der Gesetzesfassung ergänzenden Regelung im Rahmen der Selbstregulierung durch den Deutschen Presserat gewährleiste keine flächendeckende Anwendbarkeit, da die Regeln des Deutschen Presserates nur für seine Mitglieder gelten und die Mitgliedschaft wiederum freiwillig sei. Darüber hinaus sei keine staatliche Letztimplementationskontrolle eingerichtet, die über den von der Richtlinie gesetzten Spielraum hinausgeht[422].

## 5.2. Die Regelung des § 41 BDSG für die Presse

Die in § 41 Abs.1 BDSG genannten Unternehmen und Hilfsunternehmen der Presse haben generell den Status nicht-öffentlicher Stellen. Damit sieht das Bundesdatenschutzgesetz eine Regelungsverantwortung der Bundesländer gemäß § 41 Abs. 1 i. V .m § 1 Abs. 2 Nr. 3 BDSG generell nur bei der Verarbeitung und Nutzung unter Einsatz von Datenverarbeitungsanlagen bzw. in oder aus nicht automatisierten Dateien durch die Presse vor. Die Verarbeitung in Akten durch die Presse ist damit nur erfasst, wenn diese dem Dateibegriff unterfallen. Hierzu müssen diese nach Aktenzeichen geordnet und nach der Betreffsangabe bzw. dem Namen umgeordnet werden können[423]. Bei der journalistisch-redaktionellen Datenverarbeitung außerhalb von Dateien ist das Bundesdatenschutzgesetz von vornherein gar nicht anwendbar, so dass sich hierbei die Frage der Anwendbarkeit des § 41 BDSG gar nicht stellt. Dies gilt für die aktenförmige Bearbeitung genauso wie für Bild- und Tonträger, soweit diese nicht selbst wieder etwa aufgrund digitalisierter Programmierung die Voraussetzungen automatisierter Verarbeitung erfüllen[424].

Soweit in § 41 Abs. 1 BDSG von Presse die Rede ist, gilt der formelle Pressebegriff[425], da ja gerade die durch Art. 5 Abs. 1 Satz 2 GG verfassungsrechtlich geschützte Pressefreiheit gewährleistet werden soll. Hierunter fallen alle mittels Buchdruckerpresse oder eines sonstigen zur Massenherstellung geeigneten Vervielfältigungsverfahren hergestellten und zur Verbreitung bestimmte Schriften, besprochene Tonträger, bildliche Darstellungen mit und ohne

---

422 Walz, in: Simitis, BDSG, 5. Aufl., § 41, Rn. 6; Walz, Freundesgabe S. 301 ff.; kritisch auch Kloepfer, AfP 2000, 511 (517 f.).

423 Gola/Schomerus, BDSG 7. Aufl., § 3, Rn. 20.

424 Walz, in: Simitis, BDSG, 5. Aufl., § 41, Rn. 7.

425 Siehe hierzu oben unter 3.2.1.1.

Schrift, Bildträger und Musikalien mit Text oder Erläuterungen[426]. Wenn Presseunternehmen Artikel neben der gedruckten Form auch als Inhalt von Internetangeboten bereithalten, verlieren sie deswegen nicht den privilegierten Pressestatus. Dieser erfasst nämlich auch die mit dieser elektronischen Publikationsform verbundene journalistische Datenverarbeitung. Dann sind jedoch die zusätzlichen Datenschutzregelungen für Mediendienste einzuhalten[427].

Als Unternehmen der Presse sind vor allem Zeitungs-, Zeitschriften- und Buchverlage einzuordnen, aber auch selbständige Journalisten, soweit diese in irgendeiner Form in redaktionelle Strukturen eingebunden sind (Zuarbeit zu Redaktionen, Nachrichtenagenturen etc.)[428]. Presseabteilungen von Wirtschaftsunternehmen, Verbänden, Parteien und anderen Organisationen, die Werks-, Mitglieder- und Kundenzeitschriften herausgeben, fallen nur dann in den Schutzbereich, wenn sie von der übrigen Unternehmensverwaltung eine abgetrennte Organisationseinheit bilden. Zu den Hilfsunternehmen der Presse zählen diejenigen Betriebe, deren Geschäftszweck auf die ständige Unterstützung von Verlagen und Redaktionen der Printmedien gerichtet sind. Hierzu gehören Nachrichtenagenturen, Pressekorrespondenten und vergleichbare Stellen.

Nach einer wortwörtlichen Auslegung der Vorschrift müsste ein einzelner Journalist aus ihrem Anwendungsbereich herausfallen. Da jedoch nach herrschender Meinung der Schwerpunkt der Regelung bei der publizistischen Aktivität liegt und nicht bei organisatorischen Details fallen bei einer gebotenen funktionalen Betrachtung selbständige Journalisten gleichermaßen wie Presseunternehmen unter § 41 Abs.1 BDSG[429]. Im Gegensatz dazu können sich Privatpersonen, auch wenn sie selbständige Journalisten sind, nicht auf das Medienprivileg berufen, wenn sie auf einer Internetseite Daten der Öffentlichkeit bekannt geben[430]. Als Privatleute fallen sie gemäß § 1 Abs. 2 Nr. 3 a.E. BDSG aber nicht in den Anwendungsbereich des BDSG.

§ 41 Abs. 1 BDSG erlaubt die grundsätzliche Datenverarbeitung durch die Presse und ihre Hilfsunternehmen, soweit sie zu journalistisch-redaktionellen Zwecken Daten verarbeiten. Diese ist dem Anwendungsbereich des § 4 BDSG entzogen, d.h. dem im übrigen Datenschutzrecht grundsätzlich geltenden Erlaubnispflichtigkeit der Datenverarbeitung. Jedoch ist nur diejenige aus dem Anwendungsbereich des Bundesdatenschutzgesetzes herausgenommen und der landesgesetzlichen Normierung zugewiesen, die zu journalistisch-redaktionellen Zwecken geschieht. Dies sind die Informationen, die von Journalisten, Redakteuren zu Zwecken der Recherche sowie der Verbreitung und Herstellung von zur Veröffentlichung bestimmten Artikeln, Sendungen oder sonstigen redaktionellen Texten entweder unmittelbar erhoben oder aus anderen Quellen beschafft werden. § 41 Abs. 1 BDSG und damit auch die von den Ländern zu erlassenden Regelungen umfassen den gesamten Informationsfluss von

---

426 Nach § 7 Abs. 1 Bremer Pressegesetz; Walz, in: Simitis, BDSG, 5. Aufl., § 41, Rn. 9.

427 Siehe hierzu unten unter Ziff. 4.6.

428 Walz, in: Simitis, BDSG, 5. Aufl., § 41, Rn. 11.

429 Lazarakos, S. 116 f; Walz, in: Simitis, BDSG, 5. Aufl., § 41, Rn. 11.

430 Lazarakos, S. 116 f.; vgl. auch EuGH Urteil vom 6. 11. 2003 – C 101/01 – RDV 2004, 16 ff. mit Anmerkungen von Dammann.

der Beschaffung über die Speicherung bis zur Nutzung jener Daten[431]. Auf die Rechtmäßigkeit der Erhebung kommt es hierbei nicht an. Zielt diese auf einen Beitrag zum öffentlichen Meinungskampf in einer die Öffentlichkeit wesentlich berührende Frage ab, kommt dem durch die rechtswidrige Beschaffung verletzten Rechtsgut für die Frage der Verwertung der Daten ein geringeres Gewicht zu[432]. Eine Sonderregelung für die rechtswidrige Beschaffung der Daten schafft § 41 Abs. 1 BDSG freilich nicht.

Neu aufgenommen sind darüber hinaus die literarischen Zwecke. Dies beruht auf der durch Art. 9 EG-DSRL vorgesehenen Erweiterung der Privilegierung. Dieser Begriff umfasst die personenbezogene Datenverarbeitung für die Herstellung belletristischer, kultur- und geistesgeschichtlicher oder fachbezogener Literatur, soweit sie von Unternehmen oder Hilfsunternehmen der Presse durchgeführt wird. Eine trennscharfe Abgrenzung der literarischen von den journalistischen Zwecken ist kaum möglich[433]. Dies wird aber in der Praxis aufgrund der Gleichbehandlung auch nicht notwendig sein.

Nicht unter § 41 BDSG fallen die kommerziellen und administrativen Zwecke der Datenverarbeitung. Sie sind damit vom BDSG voll erfasst. Hierzu gehören insbesondere Vertrieb, Arbeitnehmerdaten, Honorar- und Lizenzverwaltungssysteme. Wie schon in Art. 9 EG-DSRL legt auch § 41 Abs. 1 BDSG eine scharfe publizistische Zweckbindung als Maßstab an, so dass Presseunternehmen die Datenverarbeitung ausschließlich zu eigenen journalistisch-redaktionellen Zwecken betreiben müssen, um der vollen Anwendung des Bundesdatenschutzgesetzes zu entgehen[434]. Mit anderen Worten ist § 41 Abs. 1 BDSG nicht mehr dann einschlägig, wenn neben den journalistisch-redaktionellen Zwecken noch andere hinzutreten. Bei beispielsweise einer Abonnenten- und Leseranalyse werden zweifelsohne auch redaktionelle Tätigkeiten verfolgt, dennoch steht das Vertriebsinteresse an der Optimierung der Produkte des jeweiligen Presseunternehmens im Vordergrund, so dass das Bundesdatenschutzgesetz ohne Einschränkung anwendbar ist.

Die der Presse und ihren Hilfsunternehmen zugewiesenen Sonderstellung entfällt auch, wenn diese ihre Datenbanken und Archive kommerziell verwerten, indem sie diese Dritte zur Nutzung für nicht journalistische Zwecke öffnen. Dies ist insbesondere dann der Fall, wenn individuelle Anfragen wahlloser Interessenten unter beliebigen Stichworten mit Hilfe des früher veröffentlichten oder auch unveröffentlichten Archivmaterials bearbeitet und beantwortet oder vielleicht sogar als Online-Recherche von außen zu gelassen werden[435]. Da die Anwendbarkeit des Medienprivilegs auf Pressedatenbanken seine Grundlage in der grundrechtlichen Gewährleistung der Pressefreiheit findet, muss der Zugang zu ihnen auf die interne publizistische Recherche beschränkt bleiben. Entscheidend ist auch hier die Ausschließlichkeit der publizistischen Zweckbestimmung.

---

431 Walz, in: Simitis, BDSG, 5. Aufl., § 41, Rn. 12.
432 BVerfGE 66, 116; Lerche, AfP 1976, 61.
433 Walz, in: Simitis, BDSG, 5. Aufl., § 41, Rn. 14.
434 Walz, in: Simitis, BDSG, 5. Aufl., § 41, Rn. 16.
435 Walz, in: Simitis, BDSG, 5. Aufl., § 41, Rn. 17.

In § 41 Abs. 1 BDSG macht der Bund die Vorgabe an die Länder, dass die Unternehmen und Hilfsunternehmen der Presse weiterhin gemäß §§ 5 und 9 zur Datensicherheit und dem Datengeheimnis verpflichtet bleiben sollen[436]. Die Anwendbarkeit von § 5 BDSG sichert das Datengeheimnis und greift immer dann ein, wenn Journalisten nicht aus beruflichem Erwägungen, sondern aus privaten Motiven personenbezogenen Daten, die nicht offenbart werden dürfen, in dem Medienarchiv suchen oder wenn Mitarbeiter der kommerziell-administrativen Abteilung eines Medienunternehmens Zugriff zu personenbezogenen Informationen des Medienarchivs haben wollen[437]. Dieses ist durch § 5 BDSG i.V.m § 41 Abs. 1 BDSG auch bei Presseunternehmen untersagt.

Die Anwendbarkeit von § 9 BDSG über technische und organisatorische Maßnahmen soll gerade die Datensicherheit auch im Zeitalter der heutigen Informations- und Kommunikationstechnologie und der damit verbunden Erscheinung neuer Verarbeitungs- und Übermittlungsmöglichkeiten sicherstellen. Medienunternehmen haben demnach die technischen und organisatorischen Maßnahmen zu treffen, die im verhältnismäßigen Maße gewährleisten müssen, dass personenbezogene Daten ausschließlich zu journalistisch-redaktionellen Zwecken verarbeitet werden. Unbefugte dürfen keinen Zugang zu den von der Presse erstellten Dateien haben bzw. Datenträger dürfen nicht von Unbefugten manipuliert oder entfernt werden können.

Neu aufgenommen gegenüber der vorher geltenden Gesetzesfassung hat der Bundesgesetzgeber hingegen die Anwendbarkeit von §§ 38 a und 7 BDSG. Diese waren aber bereits in dem Referentenentwurf vom 1999 enthalten[438].

Durch § 38 a BDSG eröffnete der Bundesgesetzgeber die Möglichkeit für die Presseverbände, datenschutzbezogene Verhaltensregen für ihre Mitglieder zu schaffen. In Folge dieser jüngsten Fassung des § 41 BDSG hat der Deutsche Presserat seine Publizistischen Grundsätze (Pressekodex) geändert und im Hinblick auf den Datenschutz reformiert. Dieser Kodex beinhaltet die Richtlinien für die publizistische Arbeit einschließlich einer Beschwerdeordnung. Hierdurch hat der Gesetzgeber der freiwilligen Selbstkontrolle des Datenschutzes durch die Presse eine gesetzliche Grundlage gegeben. Von dem Deutschen Presserat erwartete der Gesetzgeber, im Wege der Selbstregulierung[439] Regelungen zur Förderung des Datenschutzes bei der journalistisch-redaktionellen Arbeit zu treffen[440]. In der Präambel des Pressekodex heißt es hinsichtlich des Datenschutzes: „Die Regelungen zum Redaktionsdatenschutz gelten für die Presse, soweit sie personenbezogene Daten zu journalistisch-redaktionellen Zwecken erhebt, verarbeitet oder nutzt. Von der Recherche über Redaktion, Veröffentlichung, Dokumentation bis hin zur Archivierung dieser Daten achtet die Presse das Privatleben, die Intimsphäre und das Recht auf informationelle Selbstbestimmung des Menschen". Ziffer 4 des Pressekodex schreibt vor, dass bei der Beschaffung von personenbezogenen Daten, Nachrichten, In-

---

436 Siehe hierzu bereits oben unter 4.2.2.
437 Walz, in: Simitis, BDSG, 5. Aufl., § 41, Rn. 27.
438 Siehe hierzu oben unter 4.3.2.
439 Vgl. zum Instrument der Selbstregulierung untern Ziffer 6.
440 BT-Drucksache 14/4329, S. 46.

formationsmaterial und Bildern keine unlauteren Methoden verwandt werden dürfen. Soweit trotzdem unter Verstoß gegen den Pressekodex personenbezogene Daten erhoben worden sind, müssen diese von dem betreffenden Publikationsorgan gesperrt oder gelöscht werden[441]. Ziffer 8 setzt fest, dass die Presse das Privatleben und die Intimsphäre des Menschen achtet. Soweit jedoch das private Verhalten öffentliche Interessen berührt, so kann dies in der Presse im Einzelfall erörtert werden. Dann ist aber zu prüfen, ob durch eine Veröffentlichung Persönlichkeitsrechte Unbeteiligter verletzt werden. Im zweiten Absatz heißt es, dass die Presse das Recht auf informationelle Selbstbestimmung achtet und den redaktionellen Datenschutz gewährleistet. Auf Grundlage des Pressekodex räumt der Deutsche Presserat jedem das Recht ein, sich über die Presse zu beschweren. Eine solche Beschwerde ist begründet, wenn diese Berufsethik verletzt ist. Die Entscheidungen über diese Beschwerden trifft der Deutsche Presserat selbst nach Maßgabe dieses Pressekodex[442].

§ 7 BDSG gewährt einem Betroffenem einen Schadensersatzanspruch auch gegenüber Medienunternehmen. Hierbei braucht der Verletzte einer Datenübermittlung nicht mehr nachzuweisen, sondern lediglich behaupten, dass das Medienunternehmen sorgfaltswidrig gehandelt hat. Es liegt somit an diesem, die Einhaltung der Sorgfalt zu beweisen. § 7 BDSG sieht einen Schadensersatzanspruch des Geschädigten bei Verletzung der nach § 41 Abs. 1 BDSG anwendbaren Vorschriften vor. Da Art. 9 EG-DSRL zwar pressespezifische Abweichungen von den materiellen Zulässigkeitsvorschriften erlaubt, im übrigen aber die volle Einbeziehung der Medien in die Schadensersatzpflicht verlangt[443], ist auch die Verletzung von im Wege der Selbstregulierung gesetzten Verhaltensregeln in die Haftung hinein zunehmen[444]. Dies entspricht auch dem Wortlaut des § 41 Abs. 1 BDSG, der vorschreibt, dass die Haftungsregelung des § 7 BDSG auf die Vorschriften der §§ 5, 9, 38 a BDSG bezogen sein müssen.

Statt der Vorschriften des überwiegenden Teils des Bundesdatenschutzgesetzes gelten für die Datenverarbeitung im journalistisch-redaktionellen Bereich der Presse das Presse- und das sonstige pressebezogene Medienrecht. Individualansprüche auf Gegendarstellung und Widerruf bestehen ausschließlich nach dem jeweiligem Landespresse bzw. Landesmediengesetze sowie nach dem Schutz der Ehre und des Persönlichkeitsrechts nach §§ 823, 1004 BGB entwickelten Prinzipien des Richterrechts. Die im Bundesdatenschutzgesetz grundsätzlich vorgesehenen Rechte auf Auskunft, Berichtigung und Löschung sind für die Presse ausgeschlossen. Die Gesetzesbegründung verweist die Betroffenen stattdessen auf die durch die Selbstregulierung geschaffenen Rechte. Nach der Auffassung des Bundesgesetzgebers bestand keine Notwendigkeit, dass die Länder über die in § 41 Abs. 1 BDSG genannten Vorgaben hinausgehende Regelungen treffen[445].

---

441 Richtlinie 4.3. zu Ziffer 4 des Pressekodexes.

442 Siehe im Einzelnen zu dem Datenschutz durch den Deutschen Presserat im Wege der Selbstregulierung untern Ziffer 7.

443 Dammann/Simitis, Art. 9, Rn. 5; Ehmann/Helfrich, Art. 9, Rn. 12.

444 Anders § 22a Satz 2 BerlPresseG: „§ 7 des Bundesdatenschutzgesetzes gilt mit der Maßgabe, dass nur für Schäden gehaftet wird, die durch eine Verletzung des Datengeheimnisses nach § 5 des Bundesdatenschutzgesetzes oder durch unzureichende technische oder organisatorische Maßnahmen im Sinne des § 9 des Bundesdatenschutzgesetzes eintreten."

445 BT-Drucksache 14/4329 zu Nr. 45, 46 f.

## 5.3. Die Regelung des § 41 BDSG für den Bundesrundfunk

Wie auch in § 41 BDSG-1999 betrifft § 41 BDSG in der neuen Fassung nicht die Landesrundfunkanstalten sowie private Rundfunksender. Dies beruht auf der den Bundesländern diesbezüglich zustehenden Gesetzgebungskompetenz. Die datenschutzrechtlich privilegierte Situation der öffentlichen Landesrundfunkanstalten ergibt sich aus den jeweiligen Staatsverträgen bzw. den Landesdatenschutz oder Landesrundfunkgesetzen. Dabei ist für die Reichweite des Medienprivilegs bei den Privatsendern zu beachten, dass § 47 Abs. 1 Rundfunkstaatsvertrag (RStV) abweichend vom sonstigen nicht-öffentlichen Bereich die Geltung der jeweils anzuwendenden Ländervorschriften und ergänzend das Bundesdatenschutzgesetz ausdrücklich auch auf die Datenverarbeitung und Datennutzung auch außerhalb von Dateien ausdehnt.

§ 41 Abs. 2 BDSG regelt das Verhältnis der Deutschen Welle zum Datenschutz. Bei diesem Bundesrundfunksender handelt es sich um einen Anstalt des öffentlichen Rechts und damit um eine öffentliche Stelle i. S. d. § 1 Abs. 2 Nr. 1 bzw. § 2 Abs. 1 BDSG. Daher besteht anders als bei den nicht öffentlichen Presseunternehmen keine Einschränkung auf die Datenverarbeitung in automatisierter Form oder in bzw. aus nicht automatisierten Dateien. Dies bedeutet, dass die in Abs. 2 bis 4 des § 41 BDSG sowie die dort in Bezug genommenen BDSG-Normen auch für die Datenverarbeitung in Akten einschließlich Bild- und Tonträger anzuwenden sind.

§ 41 Abs. 2 BDSG erlaubt wie auch Abs. 1 für die Presse die grundsätzliche Datenverarbeitung durch die Deutsche Welle, diese ist dem Anwendungsbereich des § 4 BDSG entzogen und damit auch den im übrigen Datenschutzrecht geltenden Verbot mit Erlaubnisvorbehalt der Datenverarbeitung. Damit gewährt auch diese Norm grundsätzlich nur repressiven Schutz:

§ 41 Abs. 2 BDSG verpflichtet die Deutsche Welle zur Speicherung von Gegendarstellungen zu den über den Betroffenen gespeicherten Daten. Diese Gegendarstellung ist für dieselbe Zeitdauer aufzubewahren wie der Originaldatensatz. Hierdurch soll die mit dem Gegendarstellungsanspruch intendierten kommunikativer Chancengleichheit in die Datenverarbeitung des Senders umgesetzt werden[446]. Indem der Betroffene den Sender verpflichten kann, die von ihm formulierte Version zu der aus seiner Sicht unzutreffenden Behauptung beizufügen, kann er vor dieser wirksam geschützt werden. Dem Betroffenen soll auch nicht zugemutet werden, bei jedem anderen Sender, an den der Beitrag weitergeben worden ist, erneut sein Recht auf Gegendarstellung durchsetzen zu müssen. Der materielle Gegendarstellungsanspruch selbst ergibt sich aus § 18 DWG (Deutsche Welle Gesetz). § 41 Abs. 2 BDSG regelt nur die auf die Datenverarbeitung bezogenen Konsequenzen erfolgter Gegendarstellungen. Parallelregelungen für Landes- und Privatsender gibt es in den Rundfunkstaatsverträgen in den Datenschutz-, Rundfunk- bzw. Mediengesetzen der Länder[447].

---

446 BVerfGE 63, 131 (142 ff.).

447 Siehe hierzu unten unter 4.5.2.

§ 41 Abs. 3 Sätze 1 und 2 BDSG regelt den Auskunftsanspruch gegenüber der Deutschen Welle. Dieser weicht insofern von den übrigen Bestimmungen des Bundesdatenschutzgesetzes ab, da er erst nach erfolgter Berichterstattung eingefordert werden kann. Weitere Voraussetzung für die Geltendmachung dieses Anspruches ist die Beeinträchtigung des Persönlichkeitsrechts des Betroffenen. Diese muss durch die Berichterstattung und damit durch die Kenntnisgabe an die Allgemeinheit erfolgt sein. Konkrete Anhaltspunkte für eine mögliche Persönlichkeitsrechtsverletzung durch eine unmittelbar bevorstehende Berichterstattung reichen grundsätzlich nicht aus. Damit wird die Wertungsentscheidung des Gesetzgebers deutlich: Solange der Journalist das - unter Umständen auch unrichtige - Material sammelt, überwiegt die ihn bei seiner Arbeit schützende Rundfunkfreiheit, die das Redaktionsgeheimnis mit einschließt. Ist die Verletzung des Persönlichkeitsrechts erst einmal eingetreten, überwiegt das informationelle Selbstbestimmungsrecht des Betroffenen gegenüber dem Geheimhaltungsinteresse des Journalisten bzw. des Rundfunksenders. Der Inhalt des Auskunftsanspruchs beschränkt sich ausschließlich auf die zur Person des Betroffenen in Dateien und Akten des Senders bzw. seiner Redakteure gespeicherten Daten. Es besteht jedoch keinen Anspruch auf Auskunft über die Quelle der Informationen[448].

In den in Abs. 3 genannten Fällen kann die Deutsche Welle die Auskunft verweigern. Nach § 41 Abs. 3 Nr. 1 BDSG können zur Eigensicherung der angestellten oder freien Mitarbeiter selbst oder Dritter an der Sendung beteiligten professionellen Journalisten die Identität von Skriptautoren, Archivdokumentatoren und sonstigen redaktionellen Sendepersonal vor Offenlegung aufgrund von Auskunftsansprüchen schützen. § 41 Abs. 3 Nr. 2 BDSG dient der Auskunftsverweigerung zum Schutze von Einsendern bzw. Personen, die in sonstiger Weise der Redaktion des Senders bzw. seinen Journalisten Auskünfte, Mitteilungen, Dokumente, etc. zugänglich gemacht haben[449]. Durch diese Fallgruppe sollen die Nachrichtenquellen derjenigen Redakteure, welche die Sendung entweder selbst hergestellt haben oder ihre Ausstrahlung verantworten, geheim gehalten werden können. In beiden Fallgruppen kommt es darauf an, ob bei objektiver Betrachtung der Betroffene im konkreten Einzelfall mit seinem Zusatzwissen auf den Informanten oder Journalisten schließen kann. § 41 Abs. 3 Nr. 3 BDSG dient dem Ausforschungsschutz, der auf die journalistische Aufgabe abzielt. Hierdurch will der Gesetzgeber verhindern, dass die Auskunft an den Betroffenen z.B. die Recherchemethoden der Redaktion oder Herkunft, Umfang und Zusammensetzung ihres Informationsbestandes aufgedeckt wird.

Die Auskunftsverweigerung steht unter den einschränkenden Voraussetzungen, dass sie dem Betroffenen nur nach einer Abwägung der schutzwürdigen Interessen der Beteiligten entgegengehalten werden kann. Je größer die Beeinträchtigung des Persönlichkeitsrechts des Betroffenen durch die Berichterstattung, desto stärker ist sein Auskunftsinteresse gegenüber den Ablehnungsmotiven des Senders. Auch dann, wenn berechtigte Verweigerungsgründe bestehen, muss der Sender überprüfen, inwieweit nicht teilweise eine Auskunft erteilt werden kann.

---

448 Walz, in: Simitis, BDSG, 5. Aufl., § 41, Rn. 39; Gola/Schomerus, BDSG, § 41, Rn. 15; Auernhammer, § 41, Rn. 18; Bergmann/Möhrle/Herb, BDSG, § 41, Rn. 78.

449 Walz, in: Simitis, BDSG, 5. Aufl., § 41, Rn. 39; Bergmann/Möhrle/Herb, BDSG, § 41, Rn. 78.; Auernhammer, § 41, Rn. 18.

In § 41 Abs. 3 Satz 3 BDSG ist schließlich noch ein Berichtigungsanspruch des Betroffenen festgesetzt, der sich auf die Korrektur der unrichtigen Daten bezieht. Dieser wird in der Praxis wohl erst nach erfolgter Ausstrahlung der maßgeblichen Sendung geltend gemacht werden können, jedoch ergibt sich dies nicht ausdrücklich aus dem Gesetzeswortlaut. Grundsätzlich besteht der Berichtigungsanspruch auch dann, wenn der Betroffenen auf andere Art und Weise Kenntnis von den betreffenden Daten über seine Person erlangt hat, oder der Auskunftsanspruch nach § 41 Abs. 3 Satz 2 BDSG verweigert worden ist.

Unklar ist jedoch, ob der Betroffene oder der Sender die Beweislast für die Unrichtigkeit bzw. Richtigkeit der Daten trägt[450]. Grundsätzlich hat der Anspruchsteller seinen von ihm geltend gemachten Anspruch zu beweisen. Teilweise wird auf § 20 BDSG verwiesen[451]. Die Speicherung personenbezogener Daten sei ein die schutzwürdigen Belange des Betroffenen berührender und deshalb nur unter den Voraussetzungen des BDSG zulässiger Vorgang. Zulässige Speicherung schließe aber die Speicherung unrichtiger Daten aus. Deswegen habe die speichernde Stelle die Richtigkeit der Daten auf Bestreiten des Betroffenen zu beweisen[452]. Dies mag zwar für § 20 BDSG richtig sein, kann aber für die Deutsche Welle nicht überzeugen, da ja gerade § 20 BDSG hier nicht anwendbar ist, vgl. § 41 Abs. 4. BDSG. Zudem besteht aber in § 20 BDSG in Absatz 4 die Möglichkeit der Sperrung bei Streitigkeiten über die Richtigkeit der Daten, dies ist aber auf die Deutsche Welle nicht ohne weiteres übertragbar. Daher ist von einer Beweislast des Betroffenen auszugehen.

Für die Deutsche Welle gelten nach § 41 Abs. 4. BDSG wie für die Presse und deren Hilfsunternehmen auch die §§ 5, 9 und 38 a BDSG. Darüber hinaus auch der in § 7 BDSG festgelegte Schadensersatzanspruch. Im Gegensatz zu § 41 Abs. 1 BDSG ist dieser Anspruch nach dem Wortlaut des Abs. 4 nicht auf den Anwendungsbereich der §§ 5, 9 und 38 a BDSG beschränkt. Da aber § 7 BDSG eine Schadensersatzpflicht für Verletzungen der Vorschriften des Bundesdatenschutzgesetzes ausspricht, aber im Bereich der Deutschen Welle nur die §§ 5, 9 und 38 a BDSG anwendbar sind, ist aber der Anwendungsbereich des Schadensersatzes im Ergebnis der gleiche wie auch bei der Presse und damit auch auf §§ 5,9 und 38 a BDSG beschränkt.

Nach § 42 BDSG hat die Deutsche Welle einen Datenschutzbeauftragten zu bestellen. Dieser kommt aus dem Hause der Deutschen Welle und stellt damit mit dem Prinzip des anstaltsautonomen Beauftragten einen Gegensatz zu den übrigen öffentlichen Stellen des Bundes dar, für die der Bundesbeauftragte für den Datenschutz zuständig ist. Aufgrund der Staatsferne und der verfassungsrechtlich vorgegebenen Gewährleistung und Ausgestaltung des öffentlich-rechtlichen Rundfunks können Rundfunkanstalten nicht von einem staatlich beauftragten Datenschutzbeauftragten kontrolliert werden. Dies würde ansonsten der verfassungsrechtlichen Ausgestaltung der Rundfunkfreiheit zuwiderlaufen, die einen Rundfunk fern von staatlicher

450 Walz, in: Simitis, BDSG, 5. Aufl., § 41, Rn. 39 und Auernhammer, BDSG § 41 Rn. 19 sieht die Beweislast beim Sender – Gola/Schomerus BDSG, 7. Aufl., § 41 Rn. 16 beim Betroffenen.

451 Auernhammer, BDSG, § 41 Rn. 19; Walz, in: Simitis, BDSG, 5. Aufl., § 41, Rn. 39.

452 Auernhammer, BDSG, § 41 Rn. 19 und § 20, Rn. 9.

Kontrolle erfordert. Dem entsprechend darf er weder mittelbar noch unmittelbar dem Staat ausgeliefert werden[453]. Der Datenschutzbeauftragte der Deutschen Welle kontrolliert nach § 42 Absatz 2 Satz 1 BDSG die Einhaltung der Vorschriften des BDSG sowie der der rundfunkbezogenen oder sonstigen bereichsspezifischen Bestimmungen. Hinsichtlich der redaktionellen Datenverarbeitung hat er wegen § 41 Abs. 2, 3 und 4 BDSG nur für die Einhaltung der §§ 5, 9, 38 a BDSG zu sorgen. Soweit die Deutsche Welle als Mediendienstleister agiert und beispielsweise Programme über das Internet anbietet, gelten auch die Datenschutzregelungen des Mediendienstestaatsvertrages (MDStV)[454]. Die Einhaltung dieser Normen kontrolliert dann selbstverständlich auch der sendereigene Datenschutzbeauftragte. Er ist „unabhängig und nur dem Gesetz unterworfen" und unterliegt daher in seiner Funktion keiner Fachaufsicht und auch nur der Dienst- und Rechtsaufsicht durch den des Verwaltungsrates. Er ist daher vom Intendanten und damit Leiter der Deutschen Welle unabhängig[455].

## 5.4. Medienprivilegien in den Bundesländern

### 5.4.1. Landesrechtliche Regelungen der Presse

Die Bundesländer haben in der Regel von einer eigenständigen Umsetzung der Vorgaben aus § 41 BDSG abgesehen und auf die einschlägigen Normen des Bundesdatenschutzgesetzes verwiesen oder den Wortlaut übernommen. Das Bundesland Schleswig-Holstein hat es bisher versäumt, den § 41 Abs. 1 BDSG in das Landesrecht umzusetzen. In allen übrigen Bundesländern fand die Umsetzung nicht in den Landesdatenschutzgesetzen, sondern in den Presse- bzw. Landesmediengesetzen[456] statt[457]. In ihren Regelungen sahen die Landesgesetzgeber vor, dass soweit Unternehmen und Hilfsunternehmen der Presse personenbezogene Daten ausschließlich zu eigenen journalistisch-redaktionellen oder literarischen Zwecken erheben, verarbeiten und nutzen, nur die §§ 5, 9 und 38 a sowie § 7 BDSG gelten. Der Schadensersatzanspruch des § 7 BDSG ist ausschließlich auf eine Verletzung der §§ 5, 9 BDSG beschränkt. Ein auf Verletzung des § 38 a BDSG bezogener Anspruch haben die Länder damit ausgeschlossen. Bremen beschränkte den Schadensersatzanspruch sogar nur auf § 5 BDSG und sieht eine Beweislastumkehr zu Lasten des Schädigers vor[458]. Insoweit entsprechen diese Regelungen der Bundesländer nicht den Vorgaben des § 41 BDSG, welcher ausdrücklich verlangt, dass im Rahmen der journalistisch-redaktionellen Datenverarbeitung der gegen die Presseunternehmen gerichtete Schadensersatzanspruch die §§ 5, 9 und 38 a BDSG umfassen muss[459].

---

453 BVerfGE 83, 238 (333); Herb, in: Roßnagel, HdB DatensR, 5.3 Rn. 4.
454 Siehe hierzu unten Ziff. 4.6.
455 Walz, in: Simitis, BDSG, 5. Aufl., § 42, Rn. 3.
456 So nur im Saarland.
457 § 12 BWPresseG; Art. 10 a BayPrG; § 22 a BerlPresseG; § 16 a BrandenbPresseG; § 5 BremPresseG; § 11a HHPresseG; § 10 a HPresseG; § 18 a LPrG M-V; § 19 NdsPresseG; § 12 LPresseG NRW; § 7 LPresseG R-Pf; § 11 SMR; § 11 a SächsPresseG; § 10 a LPresseG S-A; § 11 a TPG.
458 § 5 Abs. 2 BremPressG.
459 Siehe oben Ziffer 4.4.2.

Einen Sonderweg ist Hamburg gegangen. Über die vorstehend angesprochene Regelung hinaus, sieht das dort geltende Pressegesetz eine analoge Anwendung des § 41 Abs. 3 und 4 Satz 1 BDSG vor, soweit Unternehmen nicht der Selbstregulierung durch den Pressekodex und die Beschwerdeordnung des Deutschen Presserates unterliegen[460]. Wenn also ein Unternehmen oder Hilfsunternehmen der Presse aus dem Geltungsbereichs des Hamburger Pressegesetzes nicht die Selbstverpflichtungserklärung des Deutschen Presserates unterzeichnet, und sich damit nicht dessen Jurisdiktion unterworfen hat, ist es den um den Auskunfts- und Berichtigungsanspruch erweiterten Regelungen ausgesetzt.

### 5.4.2. Landesrechtliche Regelungen für den Rundfunk

In den §§ 47 ff. RStV ist der Datenschutz für die Rundfunkanstalten geregelt. § 47 Abs. 1 RStV stellt klar, dass es sich bei den in diesem Staatsvertrag enthaltenen Regelungen um bereichsspezifische Ausnahmen handelt. Soweit in §§ 47 ff. RStV nichts anderes geregelt ist, sind die jeweiligen allgemein geltenden Vorschriften über den Datenschutz anzuwenden. Diese allgemeinen Regelungen unterscheiden auf der einen Seite zwischen öffentlich-rechtlichen und privaten Rundfunk und enthalten auf der anderen Seite wiederum bereichsspezifische Sonderregelungen[461].

Es existiert keine einheitliche Regelung für den Datenschutz bei den öffentlich-rechtlichen Rundfunkanstalten. Das Bundesdatenschutzgesetz ist nicht anwendbar, da es sich bei den Landesrundfunkanstalten um öffentliche Stellen der Länder handelt. Daher gelten die Landesdatenschutzgesetze. Es findet grundsätzlich das Gesetz desjenigen Landes, in dem die Rundfunkanstalt ihren Sitz hat, Anwendung. Dieses Prinzip gilt auch bei den so genannten Mehrländeranstalten. Obwohl sie in mehrere Bundesländer ihre Sendungen ausstrahlen, gilt das LDSG desjenigen Landes, indem die Rundfunkanstalt ihren Sitz hat.

Für den privaten Rundfunkveranstalter gelten grundsätzlich die Vorschriften des Bundesdatenschutzgesetzes, insbesondere diejenigen des dritten Abschnitts über die Datenverarbeitung nicht öffentlicher Stellen und öffentlich-rechtlicher Wettbewerbsunternehmen.[462]. Die Landesdatenschutzgesetze finden grundsätzlich auf private Rundfunkanbieter keine Anwendung, da sie sich grundsätzlich nur an öffentliche Stellen der Länder wenden[463].

Es finden sich jedoch in den Landesmediengesetzen zahlreiche rundfunkspezifische Sondervorschriften. Die Regelungen über den von den Landesrundfunkanstalten sowie privaten Rundfunksendern einzuhaltenden Datenschutz ist an die Bestimmungen des BDSG angelehnt. Hier verpflichten die Landesgesetzgeber die privaten Rundfunkanbieter lediglich zum Datengeheimnis und zur Datensicherheit, soweit sie Daten zu journalistisch-redaktionellen zwecken

460 § 11 a Satz 2 HambPresseG.
461 Hartstein/Ring/Kreile/Dörr/Stettner, RStV, § 47, Rn. 2.
462 Hartstein/Ring/Kreile/Dörr/Stettner, RStV, § 47, Rn. 6.
463 Vgl. § 2 Abs. 1 LDSG BW, § 2 Abs. 1 LDSG NW.

verarbeiten oder nutzen[464]. Für den Fall, dass diese Verarbeitung oder Nutzung der personenbezogenen Daten zur Veröffentlichung von Gegendarstellungen führt, müssen diese zu den gespeicherten Daten genommen und für dieselbe Zeit aufbewahrt werden, wie die Daten selbst[465]. Darüber hinaus besteht zum Teil die Verpflichtung, alle Erklärungen und Entscheidungen, wie etwa Unterlassungen und Widerrufe mit dem jeweiligen Beitrag zu archivieren[466]. Über die Archivierung von Gegendarstellungen hinaus besteht zum Teil die Pflicht, dem Betroffenen eine Auskunft darüber zu erteilen, welche ihn betreffenden personenbezogenen Daten der Berichterstattung zugrunde liegen[467]. Hier besteht jedoch die grundsätzliche Möglichkeit, in Abwägung der schutzwürdigen Interessen die Auskunft zu verweigern. Zusätzlich hat der Betroffene gegenüber den meisten Rundfunkanstalten einen Anspruch auf Berichtigung unrichtiger Daten[468].

## 5.5. Die Regelungen für die Mediendienste in dem MDStV

Auf Grundlage der Telekommunikation werden Tele- und Mediendienste erbracht. Mit diesen beiden Begriffen werden insbesondere über das Internet dargebotene Dienstleistungen bezeichnet. Deren gesetzliche Ausgestaltung ist auf die Gesetzgebungskompetenz des Bundes und der Länder aufgeteilt. Durch die Nutzung des Internets kann der Benutzer nahezu alle seine sozialen Handlungen auf Basis dieses Mediums ausführen. Die Abwicklung wirtschaftlicher, gesellschaftlicher, politischer und persönlicher Beziehungen wird wie in der Vergangenheit auch weiter in der Zukunft zunehmen.

Soweit Verlage ihre Erzeugnisse nicht nur als Presseprodukt anbieten, sondern zum Abruf im Internet bereithalten, sind sie Anbieter eines Mediendienstes und müssen bei ihrer Datenverarbeitung in erster Linie das Recht des Mediendienstestaatsvertrages (MDStV) beachten[469]. Dessen Geltungsbereich erstreckt sich auf solche Dienste, die gem. § 2 Abs. 1 MDStV ihr Informations- und Kommunikationsangebot „in Text, Ton oder Bild (...) unter Benutzung elektromagnetischer Schwingungen ohne Verbindungsleitung oder längs oder mittels eines Leiters" an die Allgemeinheit richten.

Der Mediendienstestaatsvertrag schafft unmittelbar geltendes Landesrecht für die in seinen Anwendungsbereich fallenden Mediendienste. Die Regelungen des Staatsvertrages zielen auf die Schaffung einheitlicher Rahmenbedingungen für die an die Allgemeinheit gerichteten Multimediadienste. Der regulatorische Rahmen des Staatsvertrages beschränkt sich abgesehen von einer Festlegung der Zulassungs- und Anmeldefreiheit -§ 4 MDStV- für Mediendienste

464 Z. B.: § 57 ThürLMG, § 88 LRGSaarl, § 69 LRG SH, § 67 NdsLRG.
465 § 67 Abs. 2 u. 3 Nds.LRG, § 57 Abs. 2 ThürLMG etc.
466 § 67 Abs. 2 Nds.LRG, § 56 Abs.1 HMG, § 57 ThürLMG, § 69 LRG SH.
467 § 67 Abs. 2 Nds.LRG, § 57 ThürLMG, § 49 Abs. 2 LMG i. V. m. § 37 Abs. 2 LDSG BW, § 49 Abs. 3 WDR-Gesetz, § 82 Abs.7 SaarlLRG, § 45 Abs.3 ORB-Gesetz.
468 § 49 Abs. 2 LMG i. V. m. § 37 Abs. 2 LDSG BW, § 57 ThürLMG, § 45 Abs. 2 BremLMG.
469 Walz, in: Simitis, BDSG, § 41, Rn 2.

im Wesentlichen auf die Schaffung eines medienrechtlichen Mindeststandarts in den Bereichen des Jugend-, Daten- und Verbraucherschutzes.[470]

In dieser Onlinewelt erzeugt jede Lebensregung Datenspuren, die in unmittelbar verarbeitender Form entstehen. Mit dem zunehmenden Datenverkehr im Internet werden auch die Datenspuren seiner Nutzer im enormen Maße zunehmen[471]. Dem entsprechend steht das Datenschutzrecht in der Onlinewelt auch vor größeren Herausforderungen als in der Offlinewelt: Wenn Verlage ihre Erzeugnisse zum Abruf im Internet bereithalten, sind die darin verbreiteten Inhalte einem weitaus größeren Kreis von Lesern bzw. Nutzern zugänglich als dies bei einer Zeitung bzw. einer Zeitschrift aber auch bei Rundfunk und beim Fernsehen der Fall ist. Denn der Inhalt ist von nahezu jedem Punkt der Welt abzurufen. Zusätzlich bietet das Internet durch die zahlreichen Suchmaschinen die Möglichkeit die verschiedenen Daten im Internet unschwer mit einander zu verknüpfen und zu einem umfassenderen Gesamtbild zusammenzustellen. Dadurch kann sich aus den Mediendiensten ein durchaus höheres datenschutzrechtliches Gefährdungspotential ergeben, als es dies bei den übrigen Medien der Fall ist.

### 5.5.1. Journalistisch-redaktionelle Datenverarbeitung im Mediendienstestaatsvertrag

§ 14 Abs. 1 MDStV gewährt einer betroffenen Person den Anspruch auf die Aufnahme einer Gegendarstellung. Demnach ist jeder Diensteanbieter von journalistisch-redaktionell gestalteten Angeboten i. S. d. § 10 Abs. 3 MDStV[472] verpflichtet, unverzüglich eine solche Gegendarstellung der betroffenen Person ohne Kosten für den Betroffenen in sein Angebot ohne Abrufendgelt aufzunehmen[473].

Die Regelungen über den Schutz personenbezogener Daten der Nutzer bei der Erhebung, Verarbeitung und Nutzung dieser Daten durch Mediendiensten befinden sich in §§ 16-21 MDStV. § 16 Abs. 2 MDStV konkretisiert dabei den Grundsatz des Vorrangs speziellerer Regelungen gegenüber denen des Bundesdatenschutzgesetzes nach § 1 Abs. 3 BDSG, indem diese Norm klarstellt, dass die jeweils geltenden anderen Vorschriften erst dann anzuwenden sind, soweit der Mediendienstestaatsvertrag keine besonderen Regelungen trifft.

In § 16 Abs. 1 MDStV wird jedoch nur der Schutz der Daten, die im Zusammenhang des Angebotes und der Durchführung der Mediendienste erhoben, verarbeitet oder genutzt werden, geregelt[474]. Die Verarbeitung von Bestands-, Nutzungs- und Abrechnungsdaten, die Datenverarbeitung zur Mißbrauchsverhinderung, der Einsatz von Cookies etc. fällt in den Anwendungsbereich des Mediendienstestaatsvertrages. Soweit personenbezogenen Daten nicht durch Nutzung des Dienstes selbst anfallen, sondern über das Nutzungsverhältnis hinausgehend gesonderter Inhalt des Angebots sind, greifen wieder die allgemeinen Datenschutzbestimmun-

---

470 Paschke, Rn 80.
471 Roßnagel, in: Roßnagel HdB DatensR, 1. Rn. 100.
472 Urkow, in: Roßnagel, Recht der Multimediadienste, § 10 MDStV, Rn. 123 ff.
473 Vesting, in: Roßnagel, Recht der Multimediadienste, § 14 MDStV, Rn. 13 ff.
474 Roßnagel, in: Roßnagel HdB DatensR, 7.9. Rn. 36 f.

gen[475]. Dieser Staatsvertrag gilt nämlich nicht für die Inhaltsdaten, welche mit Hilfe des Mediendienstes transportiert werden[476].

§§ 16 ff. MDStV erfassen nur den Schutz der Bestands-, Nutzungs- und Abrechnungsdaten, welche der Gesetzgeber in § 19 MDStV erwähnt und teilweise legal definiert. Bestandsdaten sind die personenbezogenen Daten des Nutzers, welche die Begründung, Ausgestaltung oder Änderung eines Vertragsverhältnisses mit ihm über die Nutzung von Mediendiensten betreffen[477]. Nutzungsdaten sind gemäß § 19 Abs. 2 MDStV Daten, um die Inanspruchnahme von Mediendiensten zu ermöglichen und abzurechnen. Beispielhaft führt der Gesetzgeber auf: Merkmale zur Identifikation des Nutzers, Angaben über Beginn und Ende der Nutzung, etc.. Abrechnungsdaten sind die personenbezogenen Daten, welche die Abrechnung eines Mediendienstes betreffen. In Abgrenzung zu den vorgenannten Daten sind Inhaltsdaten alle die, welche mit Hilfe eines Mediendienstes übermittelt werden[478]. Dies sind die Daten, welche beispielsweise die Aussagekraft eines in einem Mediendienst veröffentlichten Artikels ausmachen. Dieser Begriff ist weder im Mediendienstestaatsvertrag noch im Bundesdatenschutzgesetz erwähnt. Er wird jedoch benötigt, um die personenbezogenen Daten, welche Gegenstand der Mediendienste sind, zu umschreiben[479].

§ 20 Abs. 2 und 3 MDStV regelt den Fall, dass über Angebote in Mediendiensten personenbezogene Daten von einem Diensteanbieter zu eigenen journalistisch-redaktionellen Zwecken verarbeitet werden, dem Nutzer - soweit er hierbei in seinen schutzwürdigen Interessen verletzt ist - ein Auskunftsanspruch zusteht. Auch diese Vorschrift bezieht sich nur auf die Daten, welche bei der Nutzung von Mediendiensten verarbeitet, erhoben oder genutzt werden. § 20 Abs. 2 und 3 MDStV bezieht sich damit namentlich nicht auf die Inhaltsdaten[480]. Dies ergibt sich zum einen aus der Einleitung dieses 3. Abschnitts des Mediendienstestaatsvertrages - § 16 Abs. 1 MDStV – und zum anderen aus dem Wortlaut des § 20 Abs. 3 MDStV. Diese Norm regelt den Fall, dass „über" Angebote personenbezogene Daten verarbeitet werden. Für eine Ausweitung des Anwendungsbereichs auf Inhaltsdaten hätte es „in" den Angeboten heißen müssen. Mit dem Gesetzeswortlaut ist daher auch die Ansicht[481] abzulehnen, § 20 Abs. 3 MDStV umfasse nicht die Daten, die für die technisch oder administrative Abwicklung eines Mediendienstes erhoben, verarbeitet oder genutzt werden, namentlich nicht die Bestands-, Nutzungs- und Endgeltdaten der Nutzer nach § 19 MDStV. Hinsichtlich dieser Daten solle im Gegensatz zu den Absätzen 2 und 3 des § 20 MDStV ein uneingeschränktes Auskunftsrecht nach § 20 Abs. 1 MDStV bestehen[482]. Ausschließlich diese Daten umfasst die Vorschrift.

---

475 Roßnagel, in: Roßnagel, Recht der Multimediadienste, Einf. Rn. 119; Gola/Müthlein, RDV 1997, 196; Scholz, S. 156.

476 Roßnagel, in: Roßnagel, HdB DatensR, 7.9. Rn. 37; Gola/Müthlein, RDV 1997, 193 (196).

477 Roßnagel, in: Roßnagel, HdB DatensR, 7.9. Rn. 54.

478 Roßnagel, in: Roßnagel, HdB DatensR, 7.9. Rn. 59.

479 Roßnagel, in: Roßnagel, HdB DatensR, 7.9. Rn. 59.

480 Roßnagel, in: Roßnagel HdB DatensR, 7.9. Rn. 37; Gola/Müthlein, RDV 1997, 193 (196); a.A. Schaar, in: Roßnagel, Recht der Multimediadienste, § 20 MDStV, Rn. 4, 57.

481 Schaar, in: Roßnagel, Recht der Multimediadienste, § 20 MDStV, Rn. 57.

482 Schaar, in: Roßnagel, Recht der Multimediadienste, § 20 MDStV, Rn. 57.

Denn im Gegensatz zu Abs. 1 beziehen sich die Absätze 2 und 3 eben auf die journalistisch-redaktionelle Datenverarbeitung.

Unklar bleibt jedoch, für welche Fälle der Gesetzgeber § 20 Abs. 3 MDStV vorgesehen hat. Die Erforderlichkeit und Bedeutung von § 20 Abs. 3 MDStV ist nicht verständlich. In äußerst seltenen Fällen werden Diensteanbieter Bestands-, Abrechnungs- und/oder Nutzerdaten für die reine journalistisch-redaktionelle Recherche verarbeiten[483]. Wie auch schon in Art. 9 EG-DSRL und § 41 Abs. 1 BDSG legt auch § 20 Abs. 3 MDStV eine scharfe publizistische Zweckbindung als Maßstab an, so dass Mediendienste die Datenverarbeitung ausschließlich zu eigenen journalistisch-redaktionellen Zwecken betreiben müssen, um in die Anwendung dieses Medienprivilegs zu kommen[484]. § 20 Abs. 3 MDStV ist daher nicht mehr dann einschlägig, wenn neben den journalistisch-redaktionellen Zwecken noch andere hinzutreten. Bei beispielsweise einer Abonnenten- und Leseranalyse werden zweifelsohne auch redaktionelle Tätigkeiten verfolgt, dennoch steht das Vertriebsinteresse an der Optimierung der Produkte des jeweiligen Mediendienstes im Vordergrund, so dass das dies die Anwendung von § 20 Abs. 3 ausschließen würde. Der daneben verbleibende Anwendungsbereich für die journalistisch-redaktionelle Datenverarbeitung von Bestands-, Abrechnungs- und/oder Nutzerdaten ist äußerst gering.

Der Informantenschutz nach § 20 Abs. 3 Nr. 1 und 2 MDStV hat ebenfalls keinen praktischen Wert. Wenn es bei den datenschutzrechtlichen Vorschriften ausschließlich um Bestands-, Abrechnungs- und/oder Nutzerdaten geht, macht auch ein Informantenschutz keinen Sinn, denn diese Daten sind von dem Mediendienst selbst erhoben worden. Dies wird jedem annähernd verständigen Nutzer auch bekannt sein, so dass auf den Informanten von vornherein geschlossen werden kann. Ein in dieser Art und Weise gestalteter Informantenschutz ist daher hinfällig.

### 5.5.2. Regelungen für Inhaltsdaten

Da der Mediendienstestaatsvertrag wie aufgezeigt keine Regelungen hinsichtlich des Schutzes der Inhaltsdaten enthält, ist in anderen Gesetzen nach einer solchen Vorschrift zu suchen.

In § 16 Abs. 2 MDStV wie auch in § 1 Abs. 3 BDSG verdeutlichte der Gesetzgeber, dass der Vorrang einer anderweitigen Bundesnorm nur dann in Betracht kommen kann, wenn die einzelne eventuell zu berücksichtigende Spezialregelung genau den Sachverhalt anspricht, der auch Gegenstand der Regelung des Bundesdatenschutzgesetzes ist[485]. Die Datenschutzregelungen des Mediendienstestaatsvertrages sind bereichsspezifische Spezialvorschriften, die gemäß § 1 Abs. 3 BDSG bzw. § 16 Abs. 2 MDStV den allgemeinen Normen des Bundesdatenschutzgesetzes vorgehen. Das Bundesdatenschutzgesetz kann jedoch dann eingreifen,

---

483 Schaar, in: Roßnagel, Recht der Multimediadienste, § 20 MDStV, Rn. 57.
484 Walz, in: Simitis, BDSG, 5. Aufl., § 41, Rn. 16.
485 Scholz, S. 155, Walz, in: Simitis, BDSG, 5.Aufl., § 1, Rn 281.

wenn der Mediendienstestaatsvertrag zu den jeweiligen Fragen keine Antwort gibt[486]. Da wie bereits ausgeführt vorliegend keine Regelungen hinsichtlich der Inhaltsdaten zu finden sind, kommen gemäß § 16 Abs. 2 MDStV die jeweiligen anderen Datenschutzvorschriften zur Anwendung.

Die Suche nach der jeweiligen andern Datenschutzvorschrift gestaltet sich hier jedoch als äußerst schwierig. § 41 Abs. 1 BDSG beinhaltet nur eine Rahmenregelung, die zur konkreten Umsetzung grundsätzlich noch der Ausführung durch die Landesgesetzgeber bedarf. Diese Vorschrift entfaltet daher keine unmittelbaren Rechtsfolgen auf den Bürger, sondern nur das diese Rahmenvorschrift ausfüllende Landesgesetz. Die Länder haben die Rahmenvorschrift des § 41 BDSG hinsichtlich der Printmedien in den Pressegesetzen umgesetzt[487]. Der Anwendungsbereich der Landespressegesetze ist jedoch ausdrücklich auf Druckwerke beschränkt[488]. Druckwerke sind alle mittels der Buchdruckerpresse oder eines sonstigen zur Massenherstellung geeigneten Vervielfältigungsverfahrens hergestellten und zur Verbreitung bestimmten Schriften, besprochenen Tonträgern, bildlichen Darstellungen Bildträgern etc.[489]. Diese Formulierung ist zwar weit genug, um auch der technischen Weiterentwicklung auf dem Pressesektor Rechnung zu tragen und redaktionell bearbeitete Texte und Informationen auch z. B in Form von Disketten oder CD-Roms oder sonstigen audio-visuellen Trägern einzubeziehen. Damit fallen trotzdem Mediendienste grundsätzlich zunächst einmal nicht unter den Anwendungsbereich des Presserechts, da diesen die Eigenschaft der Körperlichkeit fehlt. Die Medien- und Rundfunkgesetze der Bundesländer schließen eine Anwendbarkeit auf die Mediendienste aus. Ebenso fehlen entsprechende Regelungen in den Landesdatenschutzgesetzen. Damit ist festzuhalten, dass es in den deutschen Gesetzen keine Regelung für die Verarbeitung von Inhaltsdaten durch Mediendienste gibt. Hinsichtlich dieser Daten führt die Generalverweisung des § 16 Abs. 2 MDStV ins Leere[490]. Insofern führt eine Suche nach einem einfachgesetzlichen Medienprivileg für die journalistisch-redaktionelle Verarbeitung von Inhaltsdaten ins Nichts.

Dies führt aber nicht dazu, dass hinsichtlich der Inhaltsdaten das Datenschutzrecht voll zur Geltung kommen würde, mit der Folge, dass das Regel-Ausnahme-Prinzip des § 4 BDSG Anwendung finden würde. Nur nach der geltenden einfachgesetzlichen Rechtslage betrachtet, wäre dies so der Fall. In Anbetracht von Art. 5 Abs. 1 GG wäre es aber nahezu absurd, die journalistisch-redaktionelle Datenverarbeitung von Inhaltsdaten innerhalb der Presse und des Rundfunks zu privilegieren, jedoch die Mediendienste diesbezüglich dem vollen Anwendungsbereich der Datenschutzrechtes auszusetzen. Aus dem Fehlen einer Privilegierung die-

---

486 Roßnagel, in: Roßnagel, HdB DatensR, 7.9. Rn. 35.

487 § 12 BWPresseG; Art. 10 a BayPrG; § 22 a BerlPresseG; § 16 a BrandenbPresseG; § 5 BremPresseG; § 11a HHPresseG; § 10 a HPresseG; § 18 a LPrG M-V; § 19 NdsPresseG; § 12 LPresseG NRW; § 7 LPresseG R-Pf; § 11 SMR; § 11 a SächsPresseG; § 10 a LPresseG S-A; § 11 a TPG.

488 § 7 BWPresseG; Art. 6 BayPrG; § 6 BerlPresseG; § 7 BrandenbPresseG; § 7 BremPresseG; § 7 HHPresseG; § 5 HPresseG; § 6 LPrG M-V; § 7 NdsPresseG; § 7 LPresseG NRW; § 7 LPresseG R-Pf; § 2 SMR; § 15 SächsPresseG; § 7 LPresseG S-A; § 6 TPG.

489 Nach § 7 BWPresseG.

490 Ebenso Schulz/Korte, AfP 2000, 530 (532); Schulz/Korte, KritV 2001, 113 (119 f); andere Ansicht Walz in Simitis, § 41 Rn. 2, Fn. 7; Bergmann/Möhrle/Herb § 41 Rn. 14 c.

ses Mediums hinsichtlich ihrer Inhaltsdaten auf einfachgesetzlicher Ebene kann damit nicht geschlossen werden, dass eine Privilegierung gar nicht vorliegt. Eine gesonderte Behandlung der Mediendienste im Datenschutzrecht kann sich auch aus dem Verfassungsrecht ergeben. Denn der verfassungsrechtliche Pressebegriff ist von dem soeben aufgezeigten einfachgesetzlichen Pressebegriff zu unterscheiden. Wenn sich eine Privilegierung von verfassungswegen ergeben muss, kann diese durch einfaches Gesetz nicht ausgeschlossen werden.

Der verfassungsrechtliche Pressebegriff und der Schutzbereich des Grundrechts als höherrangiges Recht ist eigenständig und nicht auf den Pressebegriff der Landespressegesetze fixiert auszulegen[491]. Ähnlich wie bei der Presse findet auch bei Mediendiensten die Streuung der Informationen und Meinungen jenseits von irgendwelchen technischen Frequenzbegrenzungen mittels eines zur Massenherstellung geeigneten Vervielfältigungsverfahrens statt, hier nur nicht im Wege des herkömmlichen Druckverfahrens, sondern über ein moderneres technisches Verfahren.

In ständiger Rechtsprechung hat daher das Bundesverfassungsgericht den Pressebegriff stets weit und formal ausgelegt[492]. Es kommt auf die Funktion des Grundrechts an, eine staatlich nicht reglementierte, offene Kommunikation zu ermöglichen. Den für die Presse maßgeblichen verfassungsrechtlichen Schutz genießen vielmehr alle Herstellungsmethoden, die zum visuellen Eindruck des gedruckten Wortes führen. Entscheidend neben dessen Eindruck ist nur noch, dass mit dem Verfahren allgemein und im konkreten Falle ein Vervielfältigungszweck verfolgt wird. Denn die gesamte Garantie der Pressefreiheit beruht darauf, dass die Verbreitung von Tatsachenberichten und Meinungen gegenüber der Öffentlichkeit, d.h. gegenüber einer unbestimmten Anzahl an Personen, ein schutzwürdiges Anliegen ist[493].

Diese Freiheit ermöglicht auch die Nutzung von Mediendiensten. Vor diesem Hintergrund ist daher wohl offensichtlich, dass dieser vom Gesetzgeber geschaffene einfachgesetzliche Zustand - dass es für die Verarbeitung von Inhaltsdaten reiner Mediendienste keine Privilegierung geben soll - nicht den verfassungsrechtlichen Anforderungen entspricht. Andernfalls wären die Mediendienste bei der Verarbeitung von Inhaltsdaten auch dann der vollen Anwendung des Datenschutzrechts ausgesetzt, wenn diese Inhaltsdaten ausschließlich zu journalistisch-redaktionellen Zwecken verarbeiten. Es würde insbesondere das im Datenschutz geltende Regel-Ausnahme-Prinzip des § 4 BDSG zur Anwendung kommen, wonach jede Datenverarbeitung einer Erlaubnis bedarf.

Damit stellt sich die Frage, wie diese verfassungsrechtlich gebotene Privilegierung hergestellt werden kann. Zunächst ist zu untersuchen, ob die Pressegesetze insoweit verfassungskonform ausgelegt werden können, dass die Mediendienste in den Anwendungsbereich dieser Landesgesetze mit hineinbezogen werden können. Hierbei ist zu prüfen, ob diese Gesetze hinsichtlich ihres Anwendungsbereichs mehrere mögliche Auslegungsmethoden bieten. Um den Ge-

---

491 Paschke, Rn. 195 und 39 ff; BVerfGE 36, 321 (338); vergleiche auch oben Ziffer 3.2.1.1.

492 BVerfGE 95 28, (34 ff.); 34, 269 (283); 66, 116 (134).

493 Herzog, in: Maunz/Dürig, Art. 5 Abs. I, II, Rn. 130 f., vgl. auch bereits oben unter Ziff. 3.2.1.1.

halt wichtiger Verfassungsbestimmungen – dazu gehört auch Art. 5 GG - möglichst wirksam werden zu lassen, ist in diesem Falle nach derjenigen Auslegungsmöglichkeit zu suchen, die den Prinzipien des Grundgesetzes am ehesten entspricht[494]. Hierbei darf jedoch der normative Gehalt einer einfachgesetzlichen Vorschrift nicht grundlegend neu bestimmt werden. Denn eine solche grundlegend neue Bestimmung einer Vorschrift ist ausschließlich dem Gesetzgeber vorbehalten. Würde die Gesetzesinterpretation einer Neu- oder Umschreibung des entsprechenden Gesetzes gleichkommen, indem unter Berufung auf das Grundgesetz die eigenen Vorstellungen des Interprets hinterlegt werden, so würde man in unvertretbarer Weise in die legislativen Kompetenzen eingreifen[495].

Vor dem Hintergrund, das der Unterschied zwischen Mediendiensten und der Presse ein rein technischer ist, der sich lediglich auf das Transportmittel zur Verbreitung der Informationen und Meinungen bezieht, darüber hinaus diese beiden Medien weitgehende Gemeinsamkeiten aufweisen, in dem sie beide - mangels technischer Frequenzbeschränkungen – zulassungsfrei sind und beide den visuellen Eindruck des gedruckten Wortes vermitteln, kann dieser einfachgesetzliche Unterschied zwischen Mediendiensten und der Presse nicht fortbestehen. Da diese beiden Medien diese für ihre Art wesentlichen Gemeinsamkeiten ausweisen, ist auch eine verfassungsrechtliche Gleichbehandlung geboten. Weil auch der verfassungsrechtliche Pressebegriff beide Medien umfasst, ist auch der einfachgesetzliche Pressebegriff in den Landespressegesetzen –zumindest bezüglich der jeweiligen Vorschriften[496], welche die Anwendbarkeit des Datenschutzrechts regelt - dahingehend verfassungskonform auszulegen, dass er auch Mediendienste mit umfasst. Bei dieser verfassungskonformen Auslegung sind keine Anhaltspunkte ersichtlich, welche die Annahme rechtfertigen würden, dass hierdurch eine Neu- oder Umschreibung der Pressegesetze vorgenommen werden würde, die dem erklärten Zwecke des jeweiligen Landesgesetzgebers zuwiderlaufen würde. Damit finden die jeweiligen Vorschriften in den Landespressegesetzen über die Anwendbarkeit des Datenschutzrechts auch entsprechend auf die Mediendienste Anwendung[497].

---

494 BVerfGE 8, 28 (34); 8, 71 (78 f.); 9, (87); 11, 77 (84 ff.); 18, 97 (111); 33, 52 (69); 34, 165 (200); 35, 263 (280); 54, 227 (299 f.); Lüdermann, JuS 2004, 27 (28); Larenz/Canaris, S. 160.

495 Lüdermann, JuS 2004, 27 (28); BVerfGE 90, 263 (275).

496 § 12 BWPresseG; Art. 10 a BayPrG; § 22 a BerlPresseG; § 16 a BrandenbPresseG; § 5 BremPresseG; § 11a HHPresseG; § 10 a HPresseG; § 18 a LPrG M-V; § 19 NdsPresseG; § 12 LPresseG NRW; § 7 LPresseG R-Pf; § 11 SMR; § 11 a SächsPresseG; § 10 a LPresseG S-A; § 11 a TPG.

497 Vergleiche hierzu oben Ziffer 4.5.1.

## 6. Das Instrument der Selbstregulierung

Indem der Gesetzgeber den § 38 a BDSG in den Anwendungsbereich des von der Presse einzuhaltenden Datenschutzes eingeführt hat, drückte er die Erwartung aus, dass die Deutsche Presse von der damit auf eine gesetzliche Grundlage gestellten Aufforderung zur Selbstregulierung Gebrauch machen wird[498].

Unter Selbstregulierung wird die Regelsetzung durch den Regelungsadressaten selbst verstanden. Dieser bestimmt den materiellen Maßstab der Kontrolle, insbesondere durch Ausgestaltung und Auslegung der Verhaltensregeln selbst. Dies führt zu einer Entlastung des Staates von seinen legislativen und judikativen Funktionen. Selbstregulierung ist von der Selbstkontrolle zu unterscheiden, die den allein oder vorrangig von Regelungsadressaten kontrollierten Vollzug von Regelungen betrifft, die aus der Gesetzgebung oder der Selbstregulierung hervorgegangen sind. Dies führt zu einer Entlastung des Staates von seinen exekutiven und judikativen Funktionen[499].

Selbstregulierung ermöglicht es der Wirtschaft, relativ schnell passgerechte branchen- oder unternehmensbezogene Regelungen zu entwickeln. Sie kann insbesondere eine globalisierte Datenverarbeitung vereinfachen, wenn ihre Regelungen weltweite Anwendung finden. Sie bietet die Chance, für die gefundenen normativen Vorgaben leichter die Akzeptanz bei den direkten Regelungsadressaten zu finden und erleichtert die Durchsetzung des Datenschutzes[500]. Ein weiterer Vorteil der Selbstregulierung kann die Mobilisierung von Sachverstand und die Gewinnung von Informationen sein, die nur von den Beteiligten selbst eingebracht und eingearbeitet werden können. Die weltweite wirtschaftliche Globalisierung und Netzoffenheit zeigen den nationalstaatlicher Einflussmöglichkeiten Grenzen und beschränken die Macht hoheitlicher Handlungsformen. Angesichts der wachsenden Gefahren eines Zurückbleibens des Rechts hinter den umwälzenden Herausforderungen der Informationsgesellschaft wird in der Reformdebatte um die Weiterentwicklung des Datenschutzes nicht nur gesetzlichen Maßnahmen, sondern auch Mechanismen der Selbstregulierung ein zunehmend höherer Stellenwert eingeräumt[501].

Die Frage, welcher Weg der Regulierung zu wählen ist, stellt sich gerade dann, wenn das Bedürfnis nach Zukunftssicherheit und Kontrolle derjenigen Risiken, die mit dem wissenschaftlich-technischen Fortschritt und der kommerziellen Nutzung seiner Fortschritte verbunden sind. Hierbei stößt das klassische Modell der staatlichen Regulierung an die Grenzen materialer und imperativer Steuerung[502]. Gegenstand der staatlichen Steuerung sind heute immer mehr komplexe Gestaltungsprozesse in einer Zeit, in der die Zielerreichung diese Steuerung von vielen Faktoren abhängt, die nur zu einem ganz geringen Teil der Verfügungsbefähigung

---

498 Vgl. zur Umsetzung der Selbstregulierung durch den Deutschen Presserat im einzelnen untern Ziffer 7.
499 Roßnagel, in: Roßnagel, HdB DatensR, 3.6. Rn. 2.
500 Siehe ähnlich Ukrow, S. 14 für den Jugendschutz.
501 Roßnagel/Pfitzmann/Garstka, Gutachten S. 153 ff.; Bull, S. 313 und Tauss/Özdemir, S. 144; Jacob/Heil, Freundesgabe, S. 213 mit weiteren Nachweisen.
502 Grimm, Symposium für Hoffmann-Riem, S. 15.

und der Verfügungsbefugnis des Staates liegen. Hierbei fehlen dem Staat zum einen häufig diejenigen Informationen, die er zur Formulierung eines effektiven Steuerungsprogramms für komplexe Prozesse erforderlich sind. Diese Informationen besitzt häufig nur das zu steuernde System, das freilich nicht zur Preisgabe dieser Informationen bereit ist. Die Globalisierung verstärkt dieses Problem, weil es die Möglichkeit eröffnet, sich der Verfügungsbefugnis eines Staates zu entziehen und trotzdem in diesem Staate zu wirken. So wurde für das Internet die Selbstregulierung als einzige dem globalen und virtuellen Charakter dieses Sozilaraumes mögliche und angemessene Form der Regelsetzung bezeichnet und für eine Regelfindung ohne Intervention eines Nationalstaates plädiert[503]. Rechtliche Steuerung wird durchaus vermehr benötigt, ist aber gleichzeitig schwerer zu bekommen.

In den Fällen, in denen das staatliche Modell der Regulierung an seine Grenzen stößt, kann die Selbstregulierung[504] neue Möglichkeiten eröffnen. An die Stelle der materiellrechtlichen Anordnungen treten dann Verfahren und Strukturen, die das erwünschte, aber staatlich-imparativ nicht erreichbare Ergebnis begünstigen, ohne es vollständig gewährleisten zu können. Die Selbstregulierung ist dabei in einem erheblichen Umfang auf Kooperation zwischen dem steuernden Staat und den zu steuernden gesellschaftlichen Akteuren angewiesen[505].

## 6.1. Erfahrungen aus dem Ausland

In den Vereinigten Staaten von Amerika hat die Regierung einen allgemeinen gesetzlichen Regelungsbedarf hinsichtlich des Datenschutzes überwiegend verneint und hierfür fast ausschließlich auf Selbstregulierung gesetzt. Branchen- und Unternehmensrichtlinien sind in den USA nur sporadisch vorhanden und wenn doch, sind sie vielfach den für die Datenverarbeitung Verantwortlichen unbekannt und ohne einen wirksamen Sanktionsmechanismus. Abgesehen von Ausnahmen mangelt es an Transparenz für die Betroffenen ebenso wie an durchsetzbaren Individualrechten oder einem wirksamen Schutz gegen zweckwidrige Datenverarbeitungen[506]. Neuere Untersuchungen belegen die beschränkte juristische Wirksamkeit der Selbstregulierung nach amerikanischem Vorbild, indem sie die zentralen Probleme - die immanente Unverbindlichkeit und die damit zusammenhängenden Kontroll- und Vollzugsdefizite - offen legen[507].

Im Juli 2000 haben sich nach gut zweijährigen Verhandlungen die EU und die USA grundsätzlich über gemeinsame Standards für den Schutz der Privatsphäre in dem sogenannten „Safe Harbour Abkommen" geeinigt. Dieses Abkommen soll den Austausch von grenzüberschreitenden Informationen ermöglichen und so den E-Commerce erleichtern. In diesem Abkommen haben die beiden Parteien einige wichtige Anforderungen für den Schutz der Privat-

503 Roßnagel, in: Roßnagel, HdB DatensR, 3.6. Rn. 7 m.w.N.
504 Vergl. dazu im Einzelnen unten Ziffer 6.2.
505 Grimm, Symposium für Hoffmann-Riem, S. 15.
506 Schwartz/Reidenberg 1996, S. 215 ff., 387 ff., 379 ff.
507 Jacob/Heil, Freundesgabe, S. 213 f.; Wuermeling, S. 187 ff.; Grimm/Roßnagel, S. 448 ff.; Schwartz, S. 349; S. 1609; Reidenberg, S. 717.

sphäre wie Informations- und Widerspruchsrecht des Bürgers niedergelegt. Mit dem Konzept verpflichten sich US-Unternehmen selbst, einige europäische Datenschutzanforderungen einzuhalten. Allerdings ist dieses Konzept freiwillig, d.h. es findet nur auf diese US-Unternehmen Anwendung, die sich in die dafür vom US-Handelsministerium geschaffene öffentliche Liste[508], eingetragen haben. Dadurch gehen die eingetragenen Unternehmen bindende rechtliche Verpflichtungen ein. Das US-Handelsministerium überwacht die Einhaltung der Prinzipien und es gibt rechtliche Konsequenzen für fehlbare Unternehmen. Europäische Konsumenten haben ein Recht von einem Unternehmen, das sich dem Safe Harbor Prinzip unterworfen hat, zu wissen, ob und an welche Dritte Personendaten übermittelt werden, was dem europäischen Auskunftsrecht gleichkommt. Zudem dürfen sensible Personendaten nur mit ausdrücklichem Einverständnis der Betroffenen an Dritte weitergegeben werden.

Die Einhaltung dieser Anforderungen wird jährlich vom US-Handelsministerium überprüft. Die Prinzipien des Safe Harbor genügen jedoch nicht allen europäischen gesetzlichen Anforderungen und berücksichtigen lediglich Grundprinzipien wie die Information und die Zustimmung des Betroffenen. Zudem sind die Prinzipien des Safe Harbor nicht zwingende Bestimmungen. Unternehmen können sich den Prinzipien freiwillig unterwerfen. Bisher haben sich (Stand Jan. 2001) nur ein Dutzend Unternehmen registrieren lassen. Somit haben die Safe Harbor Prinzipien auf die Mehrheit der US-Unternehmen keine Wirkung.

Selbstregulierungskonzepte werden auch in Asien verfolgt. In Japan liegen die entsprechenden Schwachstellen im Bereich der Durchsetzungsmöglichkeiten: Es ist keine allgemeine Beachtung der Verhaltenregeln sichergestellt, darüber hinaus erstreckt sich ihre Geltung auch nicht auf die Angestellten, der den Verhaltenregeln verpflichteten Unternehmen, welche ihnen infolgedessen – da Sanktionen nicht zu befürchten sind – keine besondere Aufmerksamkeit schenken[509]. Von Ernüchterung ist denn auch die Bilanz gekennzeichnet, welche die vom Electronic Privacy Information Center (EPIC) in Washington und von Privacy International (PI) in London gemeinsam verantwortete Studie „Privacy and Human Rights 1999" zieht. Die Studie zeigt, dass die bisherigen Anstrengungen zum Datenschutz durch Selbstregulierung unzureichend ausfallen. In vielen Ländern böten selbstregulierende Elemente nur geringen Schutz und mangelnde Durchsetzungsmöglichkeiten[510].

## 6.2. Das Konzept zu Selbstregulierung

Selbstregulierung ist das Gegenmodell zur staatlichen-imperativen (Fremd-) Regulierung[511]. Letztere ist dadurch gekennzeichnet, dass ein bestimmter Bereich durch staatlich gesetzte Normen geregelt ist. Der Staat überwacht die Einhaltung dieser Normen und lässt die Gerichte über etwaige Störfälle entscheiden. Im Gegensatz dazu kann die Selbstregulierung abstrakt als individuelle oder kollektive Verfolgung von Privatinteressen in Wahrnehmung grundrecht-

508 Siehe unter: http://export.gov/safeharbor/
509 Roßnagel/Scholz, DuD 2000, 454 (458), Fn. 61.
510 Jacob/Heil, Freundesgabe, S. 214 f.
511 Callies, AfP 2002, 465 (466).

licher Freiheiten zum legitimen Eigennutz definiert werden[512]. Dies bedeutet, dass die im jeweiligen Bereich tätigen Privaten den materiellen Maßstab ihres Verhaltens möglichst frei von staatlicher Einflussnahme selbst und damit möglichst autonom bestimmen. Dies hat in der Regel die Konsequenz, dass die Befolgung der selbst gesetzten Verhaltensmaßstäbe nicht der unmittelbaren staatlichen Durchsetzung unterliegen, welches zum Wesen staatlicher bzw. hoheitlich erlassener Rechtsnormen gehört[513]. Die Selbstregulierung als alternative zur staatlichen Steuerung kommt in den meisten Fällen auf Initiative von außen zu Stande. Typisch ist das Prinzip von „Zuckerbrot und Peitsche", bei dem der Staat mit dem Einsatz seiner Hoheitsgewalt droht, um private Maßnahmen anzuregen. Dies wirkt bereits dann besonders glaubwürdig, wenn ein bereits verabschiedungsreifer Gesetzentwurf in der Schublade liegt. So kam letztendlich ja auch das hier diskutierte Modell der Selbstregulierung des Datenschutzes im Pressebereich zustande, wie ein Blick auf die Gesetzeshistorie erkennen lässt[514].

Bei der Selbstregulierung wird die Regelsetzung durch den Adressaten selbst vorgenommen. Die Selbstregulierung verfolgt nicht das Ziel der Deregulierung, sondern hält im Gegenteil an der Notwendigkeit steuernder Regelungen fest. Dieses Instrument zielt aber auf einen anderen Akteur, der die Regeln aufstellt. Dies soll nicht mehr hoheitlich vom Staat erfolgen, sondern in Form von Selbstbestimmung durch die Regelungsadressaten oder deren Organisationen[515]. Die Selbstregulierung setzt daher in der Regel voraus, dass alle oder mindestens die wichtigsten Angehörigen des betroffenen Markts diese anwenden[516]. In solchen Situationen sichern die Unternehmen das von allen Mitbewerbern gewünschte Verhalten durch gegenseitige Verpflichtungserklärungen[517]. Damit stellt sich dann aber die Frage, wie das Verhältnis zu den üblichen staatlichen Gesetzen zu definieren ist. Hier sind drei Wege denkbar: Entweder haben die Ergebnisse der Selbstregulierung als unverbindliche Selbstverpflichtungen keine unmittelbare Bedeutung für die gesetzlichen Regelungen. Oder sie sind mit dem Anspruch verbunden, gesetzliche Regelungen zu ersetzen oder zu vermeiden. Schließlich besteht die Möglichkeit, beide Instrumente arbeitsteilig zu verbinden[518].

### 6.2.1. Unverbindliche Selbstverpflichtungen

Im Modell der unverbindlichen Selbstverpflichtungen sind die beiden von den jeweiligen regulierten Bereichen von Staat und Gesellschaft klar getrennt. Der Staat setzt verbindliches Recht und die gesellschaftlichen Kräfte schaffen für ihren Bereich Verhaltensregeln. Diese beiden Instrumente haben miteinander unmittelbar nichts zu tun. Auf der einen Seite wird die Durchsetzung der gesetzlichen Vorgaben durch die staatlichen Durchsetzungsmechanismen

512 Roßnagel, in: Roßnagel, HdB DatensR, 3.6. Rn. 16 ff.; Callies, AfP 2002, 465 (466); Schmidt-Preuß, VVDStRL 56, 160 (162 f.).
513 Ukrow, S. 22.
514 Siehe hierzu insbesondere oben Ziff. 4.3. f.
515 Roßnagel, in: Roßnagel, HdB DatensR, 3.6. Rn. 38; Ukrow, S. 14.
516 Schmidt-Preuß, VVDStRL 56 (1997), 215 für den Bereich des Umweltschutzes.
517 Roßnagel, Freundesgabe, S. 142.
518 Roßnagel, in: Roßnagel, HdB DatensR, 3.6. Rn. 2; Hoffmann-Riem, Öffentliches Recht und Privatrecht als wechselseitige Auffangordnungen, S. 300 ff.

garantiert. Unabhängig davon sind die selbst gesetzten Verhaltensregeln rechtlich unverbindlich und können zu ihrer Durchsetzung nicht den staatlichen Vollzugsapparat in Anspruch nehmen. Allenfalls kann es indirekt zu Berührungspunkten kommen, wenn bei einer funktionierenden Selbstverpflichtung der Staat von einer ansonsten für notwendig erachtete gesetzliche Regelung absieht.

### 6.2.2. Selbstregulierung statt gesetzlicher Regulierung

Bei der die gesetzliche Regulierung ersetzenden Selbstregulierung stehen die beiden Instrumente zwar ebenfalls unverbunden nebeneinander, doch können Verhaltensregeln staatliche Regelungsfuktionen ersetzen. Die Verhaltensregeln machen nicht von vornherein zentrale gesetzliche Regelungen überflüssig. Sie können die staatliche Regeln aber vermeiden und so weitgehend ersetzen, wenn sie funktional äquivalente Verhaltensregeln erlassen. Die beiden Regulierungsinstrumente stehen somit in einem Konkurrenzverhältnis. In einem reinen Selbstregulierungsmodell müssen die gesellschaftlichen Kräfte nicht nur die legislativen, sondern auch die judikativen und exekutiven Funktionen übernehmen.

Damit stellt sich aber das Problem der Sanktionsmöglichkeiten durch die Verbände, welche die Regeln aufstellen. Ein wesentlicher Nachteil der Selbstregulierung ist die mangelnde Allgemeinverbindlichkeit[519]. Die Regeln gelten nie allgemein, sondern nur gegenüber denjenigen, die sich ihnen unterworfen haben. Dies ist in der Regel immer nur eine Minderheit der notwendigen Regelungsadressaten[520]. Die selbst gesetzten Regeln können gegen Abweichende nicht oder nur schwer durchgesetzt werden, da die Regulierungsgremien in der Regel über keine wirksamen Kontroll- und Zwangsmechanismen verfügen[521]. Einer solchen privaten Organisation bleibt meist nur der Ausschluss oder satzungsmäßige Vertragsstrafen. Diese hat aber nur dann abschreckende Wirkung, wenn die Mitgliedschaft in diesem Verband mit erheblichen Vorteilen verbunden ist. Nicht selten fehlt es den regulierenden Verbänden jedoch an einer ausreichenden Durchsetzungsmacht gegenüber den Mitgliedern, insbesondere wenn andere Verbände um die Mitglieder konkurrieren oder der Ausschluss nicht mit empfindlichen Nachteilen verbunden ist[522].

Damit können hoheitliche Gesetze nur vermieden oder ersetzt werden, wenn durch die durchgängige Befolgung der Verhaltensregeln mangels Datenschutzproblemen kein Regelungsbedarf besteht. Dies wird aber in der Regel nur dann der Fall sein, wenn die Verhaltensregeln allgemein verbindlich sind und zum anderen einen gleich hohen Befolgungsgrad aufgrund der privaten Durchsetzungsmechanismen erreichen, der den staatlichen Durchsetzungsmöglichkeiten ebenbürtig ist. Da die für die Selbstregulierung zuständigen Verbände meist nicht so repräsentativ sind, dass sie alle notwendigen Adressaten verpflichten können und sie meist

---

519 Roßnagel, in: Roßnagel, HdB DatensR, 3.6. Rn. 65.
520 Grimm/Roßnagel DuD 2000, 446; Roßnagel, in: Roßnagel, HdB DatensR, 3.6. Rn. 65 f.
521 Roßnagel, in: Roßnagel, HdB DatensR, 3.6. Rn. 66, 45.
522 Roßnagel, in: Roßnagel, HdB DatensR, 3.6. Rn. 45.

auch nicht so stark sind, dass sie die selbst gesetzten Verhaltensregeln gegen jeden Abweichenden wirksam durchsetzen können, fehlt es meist an dieser Ebenbürtigkeit[523].

Ein Gesetz, welches ausschließlich auf die Selbstregulierung setzt und damit ein eigentliches Gesetz ersetzt, wäre im Bereich des Datenschutzrechts verfassungswidrig, soweit damit Eingriffe in das Grundecht auf informationelle Selbstbestimmung geregelt werden, die gemäß Art. 20 Abs. 3 GG einer gesetzlichen Erlaubnis bedürfen. Sie wäre auch europarechtswidrig, weil die Umsetzung der DSRL eine verbindliche und einklagbare gesetzliche Regelung fordert. Selbstregulierung kann daher nur in Ausfüllung solcher Regelungen erfolgen[524]. Nach dem Demokratieprinzip darf der Staat seine Bürger nicht schrankenlos der Norm setzenden Gewalt autonomer Gremien ausliefern, die ihm gegenüber nicht demokratisch bzw. mitgliedschaftlich legitimiert sind[525]. Um in dieser ein faires Verfahren, einen angemessenen Interessenausgleich, die Berücksichtigung von Gemeinwohlinteressen und eine gewisse demokratische Legitimation zu gewährleisten, muss der Gesetzgeber auch für diese Regelsetzung einen gesetzlichen Rahmen vorgeben[526].

### 6.2.3. Regulierte Selbstregulierung

Schließlich gibt es noch das dritte Modell der Coregulierung bzw. der regulierten Selbstregulierung[527]. Dies will die gerade beschriebenen Nachteile vermeiden und die Vorteile der staatlichen und gesellschaftlichen Regulierung verbinden. Dieses Modell geht dabei davon aus, dass die Selbstregulierung nicht als Ersatz für den hoheitlich regulierten Datenschutz stehen soll und kann, sondern will mit diesem gemeinsam die Herausforderungen des Datenschutzes bewältigen[528]. Hierbei suchen daher beide Parteien in gegenseitiger Arbeitsteilung zwischen gesellschaftlicher Selbstregulierung und staatlicher Intervention eine Kooperation. Der Staat nimmt auch im Datenschutz einige der ihm ansonsten zugewiesenen Aufgaben nicht mehr selbst wahr, sondern überträgt diese der Selbstregulierung durch den Regelungsadressaten. Er beschränkt sich auf einen gesetzlichen Rahmen, der die Grundsätze und einige inhaltlichen Vorgaben terminiert und überlässt die Ausgestaltung der Selbstregulierung[529]. Da aber nicht nur die Regelungsadressaten betroffen sind, sondern auch Dritte und das Allgemeinwohl, behält sich der Staat die Vorgabe der Spielregeln und die Kontrolle ihrer Einhaltung vor[530]. Damit steuert er nicht mehr nur durch verfahrensrechtliche Kontrolle und Überwachung oder verhaltensbeeinflussende materiell-rechtliche Anforderungen, sondern fördert freiwillige private Initiative und Aktivität als Beitrag zur Erfüllung von öffentlichen Aufgaben[531].

---

523 Roßnagel, in: Roßnagel, HdB DatensR, 3.6. Rn. 45 f.
524 Roßnagel/Pfitzmann/Garstka,Gutachten, S. 153.
525 BVerfG, AP 15 zu § 5 TVG, II 2 b) unter Verweis auf BVerfGE 33, 125 (158).
526 Roßnagel/Pfitzmann/Garstka, Gutachten, S. 44.
527 Siehe hierzu auch Hoffmann-Riem/Schulz/Held, Konvergenz und Regulierung S. 48ff.; Schulz/Held, Regulierte Selbstregulierung als Form modernen Regierens, S. A-3 f.; Schmidt-Preuß, VVDStRL 56 (1997), S. 160 ff.
528 Roßnagel/Pfitzmann/Garstka, Gutachten, S. 153.
529 Roßnagel, in: Roßnagel, HdB DatensR, 3.6. Rn. 47.
530 Roßnagel, ZRP 1997, 30; Heil DuD 2001, 134; Roßnagel, in: Roßnagel, HdB DatensR, 3.6. Rn. 47;
531 Ukrow, S. 27; Faber, S. 63 ff.

## 6.3. Motive für Selbstregulierung

Die Selbstregulierung zielt auf freiwillige private Initiative und Aktivität als Beitrag zur Erfüllung öffentlicher Aufgaben. Es kommt zu einer Verantwortungsteilung zwischen Staat und Privaten, bei der die Privaten innerhalb eines konkreten, staatlich vorgegebenen Rahmens autonom handeln. Aus staatlicher Sicht hat dies den Vorteil der konfliktfreien Steuerung privater Vorgänge. Darüber hinaus wird damit im Zusammenhang stehend eine Verringerung des Vollzugsdefizits angestrebt. Dies geschieht aufgrund der Erwartung, dass derjenige, der an der Entstehung einer Regelung mitgewirkt hat, wenig Widerstand gegen ihre Anwendung erheben wird. In der praktischen Umsetzung ist die Selbstregulierung dadurch gekennzeichnet, dass der Staat nicht einseitig umfassende Zielerwartung an die Bürger festlegt, sondern es ihnen innerhalb einer rechtlichen Rahmenordnung überlässt, die Nutzung des Rechts zur Verfolgung selbst gesetzter, eigennütziger Interessen in die Hand zu nehmen. Dabei besteht die Erwartung, dass autonom verwaltetes Eigeninteresse im Zusammenhang mit der staatlichen Rahmenordnung aber auch aufgrund der Notwendigkeit des Zusammenwirkens mit anderen zumindest reflexhaft durch Gemeinwohlinteressen zu verwirklichen hilft[532]. Dieses Zusammenspiel verdeutlicht die Rückbindung der Selbstregulierung an hoheitlich-rechtliche Normsetzung. Letztere schafft erst den Rahmen, im dem die Selbstregulierung überhaupt erst möglich wird.

Vor diesem Hintergrund hat die Selbstregulierung den Vorteil, dass sie als weiches Instrument der staatlichen Steuerung zu einer höheren Akzeptanz des Betroffenen und damit auch zu eine höheren Effektivität staatlichen Schutzes bedeuten kann, als eine vom Gesetzgeber vorgegebene Regelung[533]. Demgegenüber hat andererseits dieses Regelungsinstrument aber auch naturgemäß Mängel, wenn es um die rechtliche Durchsetzbarkeit und um die direkte inhaltliche Kontrolle des Regelungsgehaltes durch die Legislative geht. Daher muss der Gesetzgeber, wenn er Selbstregulierungen von grundrechtlichen Schutzaufträgen schafft, sich immer eine Kontroll-, Gewährleistungs-, und Auffangverantwortung vorbehalten. Er muss überprüfen, ob die Selbstverpflichtung inhaltlich überhaupt den Anforderungen der Grundrechtsschutzpflicht entspricht und ob sie tatsächlich inhaltlich eingehalten wird. Bei Nichteinhaltung des gebotenen Schutzniveaus muss der Gesetzgeber durch direkte Regelungen reagieren. Die Selbstverpflichtung zur Sicherung effektiven Grundrechtsschutzes ist ohne eine Letztverantwortung des Gesetzgebers nicht zulässig[534].

Der grundsätzliche Gedanke der Selbstregulierung kam auf, um der staatlichen Regulierung eine hauptsächlich durch den Markt regulierte Eigensteuerung gegenüberzusetzen[535]. Dieses Instrument aufgrund der Erfahrungen mit den begrenzten Steuerungswirkungen staatlichen

---

532 Hoffmann-Riem/Schmidt-Aßmann, S. 268.

533 Kloepfer, Umweltrecht § 5 Rn. 216 ff.

534 Kloepfer, AfP 2000, 511 (522).

535 Zu den Anreizen und Vorteilen der Selbstregulierung im Pressebereich für Zeitungen/Zeitschriften und Betroffenen vgl. unten Ziffer 7.5.

Rechts kam ins Spiel[536]. Die schnelle Entwicklung der Technik, die Komplexität ihrer Systeme und die Vielfalt ihrer Anwendungen haben zur Folge, dass der Gesetzgeber stets den aktuellen Entwicklungen hinterherläuft. Zudem sind die staatlichen Ressourcen begrenzt, die Befolgung der geltenden Vorschriften gegenüber dem Verpflichteten zu überprüfen und gegebenenfalls auch durchzusetzen. Die Selbstregulation soll auch dort Steuerung ermöglichen, wo imperatives Recht seine Funktionsgrenzen erreicht[537]. Sie soll gesellschaftliche Beobachtungs-, Unterscheidungs- und Problemlösungskapazitäten nutzbar machen und nutzen, die der staatlichen Verwaltung nicht ohne weiteres zur Verfügung stehen. Dies ist verbunden mit der Erwartung nach gesteigerter Steuerungseffektivität und –effizienz. Denn dieses Instrument ermöglicht es der Wirtschaft, relativ schnell passgerechte branchen- oder unternehmensbezogene Regelungen zu entwickeln, die insbesondere auch eine globalisierte Datenverarbeitung vereinfachen, wenn diese Regelungen weltweite Anwendung finden. Denn in den Fällen einer grenzüberschreitenden Datenverarbeitung sind nationale Regelungen faktisch wirkungslos[538]. Selbstregulative Regelwerke können beispielsweise in weltweit tätigen Konzernen oder Branchen bereit aufgrund ihrer Homogenität einen weitaus größeren Wirkungsgrad erreichen als zahlreiche divergierenden nationalen Regelwerke, die grenzüberschreitend häufig nicht oder nur mit Konzessionen durchgesetzt und kontrolliert werden können[539].

Der entscheidende Anreiz für Branchen, Verbände oder Unternehmen, eigene, durch Kontrollstellen anerkannte Verhaltensregeln zu erstellen, besteht in der Möglichkeit, die zu konkretisierenden Gesetzesvorgaben selbständig auszugestalten, für die Geltungsdauer der Regelungen über fest umrissene, klare Rahmenbedingungen der Datenverarbeitung zu verfügen und in diesem Rahmen nicht der Auslegungsprärogative der Kontrollstellen auf Grundlage der gesetzlichen Regelungen zu unterliegen[540].

## 6.4. Die Vorgaben aus Art. 27 EG-DSRL

Art. 27 EG-DSRL hat die Möglichkeit der verbandseigenen Verhaltensregeln und damit die grundsätzliche Möglichkeit der Selbstregulierung in der Datenschutzrichtlinie festgeschrieben. Diese Vorschrift verpflichtet Mitgliedstaaten und Kommission, die Ausarbeitung von Verhaltensregeln zu fördern. Art. 27 EG-DSRL will der gegen die Selbstregulierung hauptsächlich vorzubringenden Kritik der Unverbindlichkeit, jederzeitige Abänderbarkeit sowie mangelnde Durchsetzungsfähigkeit durch die Einführung eines Konsultationsverfahrens zwischen staatlichen bzw. europäischen Stellen und den Verfassern von Verhaltensregeln begegnen. Dabei liegt das Ziel ausdrücklich darin, die bereichsspezifische Relevanz der aufgrund

---

536 Roßnagel/Pfitzmann/Garstka,Gutachten, S. 153; Kloepfer, Gutachten D, S. 101 f.; Bizer in Simitis BDSG, 5.Aufl., § 38a, Rn. 7 m.w.N.

537 Rossen-Stadtfeld, AfP 2004, 1 (2) mit weitern Nachweisen.

538 Roßnagel/Pfitzmann/Garstka, Gutachten, S. 153; Bizer, in: Simitis BDSG, 5.Aufl., § 38 a, Rn. 8, Büllesbach, in: Jahrbuch Telekommunikation und Gesellschaft 2001, S. 269 ff.

539 Bizer, in: Simitis BDSG, 5.Aufl., § 38 a, Rn. 8 mit weiteren Nachweisen.

540 Roßnagel, in: Roßnagel, HdB DatensR, 3.6. Rn. 53 f.; Roßnagel/Pfitzmann/Garstka, Gutachten, S. 153; Ritter AöR 1979, 411; Ukrow S. 14.

der Richtlinie erlassenen einzelstaatlichen Vorschriften zu erhöhen[541]. Die Mitgliedstaaten dürfen sich daher gemäß Art. 24 EG-DSRL ihrer Verpflichtung, die volle Anwendung der Bestimmung dieser Richtlinie sicherzustellen, nicht dadurch entledigen, dass sie die Umsetzung in bestimmten Bereichen der autonomen Bestimmung durch Verbände und Organisationen überlassen. Der Wortlaut von Art. 27 EG-DSRL ist Begründung und Grenze der Selbstregulierung bei der Einführung in nationales Recht. Denn wenn diese Verhaltensregeln zur ordnungsgemäßen Durchführung der nationalen Vorschriften beitragen sollen, geht Art. 27 EG-DSRL von der notwendigen Existenz dieser nationalen Gesetze aus, auf denen diese Verhaltensregelungen fußen können. Dies bedeutet aber, dass dieses Selbstregulierungsinstrument nationale Vorschriften nicht vollständig ersetzen kann, da sie letztendlich der Unterstützung der nationalen Gesetzgebung bestimmt sind[542]. Im Gegensatz zum Verbandsrecht, das etwa in Form von Satzungen abdingbares Recht durch verbandrechtliche Vorschriften ersetzt, können datenschutzrechtliche Verhaltensregeln somit das Gesetz nicht substituieren oder inhaltlich abändern, sondern lediglich ausfüllen und vervollständigen. Diese Beschränkung bedeutet jedoch nicht, dass eine Ausgestaltung nur als Variation innerhalb der Grenzen des Bundesdatenschutzgesetzes möglich ist. Vielmehr kann der in den Verhaltensrichtlinien verbürgte Schutz auch über die Vorgaben des Gesetzes hinausgehen und somit ein Mehr an Absicherung darstellen[543].

Daher haben in erster Linie Gesetze den Datenschutz in einem Mitgliedsstaat herzustellen. Art 27 EG-DSRL verfolgt damit das oben beschriebene Konzept der regulierten Selbstregulierung[544].

Art. 27 Abs. 2 EG-DSRL regelt das Verfahren zum Erlass von Verhaltensregeln auf mitgliedstaatlicher Ebene und sieht eine Kooperation zwischen Berufsverbänden und staatlichen Stellen vor. Die Verhaltensregeln sind grundsätzlich unverbindlich, können aber von den Mitgliedstaaten für allgemeinverbindlich erklärt werden[545]. Die Verhaltensregeln bedürfen einer vorherige Genehmigung, sowie einer Überwachung ihrer Einhaltung durch eine Kontrollinstanz[546]. Die zuständige Kontrollstelle überprüft dabei die Regeln nach ihrer Vereinbarkeit mit dem Datenschutzrecht[547]. Am Ende dieses Wegs steht eine Entscheidung der Aufsichtsbehörde, die im Falle eines positiven Ausgangs die vorgelegten Regelungen bestätigend annimmt[548].

---

541 Jacob/Heil, Freundesgabe, S. 216 ff.; Dammann/Simitis, Art. 27, Anm. 3; Ehmann/Helfrich Art. 27, Rn. 8; Brühann, in: Grabitz/Hilf, A 30, Art. 27, Rn. 8.

542 Roßnagel/Pfitzmann/Garstka, Gutachten, S. 153; Roßnagel, in: Roßnagel, HdB DatensR, 3.6, Rn. 25; Heil, DuD 2001, 129 (131); Dammann/Simitis, Art. 27 Anm. 3; Ehmann/Helfrich Art. 27, Rn. 8; Brühann, in: Grabitz/Hilf, A 30, Art 27, Rn. 8.

543 Heil, DuD 2001, 129 (131).

544 Vgl. dazu oben unter Ziff. 6.2.

545 Roßnagel, in: Roßnagel, HdB DatensR, 3.6, Rn. 25.; Dammann/Simitis, Art. 27 Anm. 3

546 Jacob/Heil, Freundesgabe, S. 216; Dammann/Simitis, Art. 27 Anm. 5; Heil, DuD 2001, 129 (131).

547 Roßnagel, in: Roßnagel, HdB DatensR, 3.6, Rn. 25.; Heil, DuD 2001, 129 (131).

548 Jacob/Heil, Freundesgabe, S. 216; Dammann/Simitis, Art. 27 Anm. 8 f.; Brühann, in: Grabitz/Hilf, A 30, Art. 27 Rdn. 9 ff.

Art. 27 Abs. 3 EG-DSRL enthält Bestimmungen für Verhaltensregelungen auf der Ebene der Gemeinschaft. Ihnen wird im Hinblick auf den Binnenmarkt zunehmende Bedeutung prognostiziert, da sie die Harmonisierung erheblich voran bringen können[549]. Für die Prüfung und Stellungnahme ist die Art. 29-Datenschutzgruppe zuständig[550]. Als Vorbereitung auf die praktische Ausführung dieses Auftrags hat die Gruppe eine diesbezügliche Arbeitsunterlage verabschiedet[551]. Danach bestimmt sie, ob ihr unterbreitete Verhaltensregeln mit den Datenschutzrichtlinien und gegebenenfalls den zu deren Umsetzung erlassenen einzelstaatlichen Vorschriften in Einklang stehen und ob sie eine ausreichende Qualität und Kohärenz aufweisen sowie genügenden zusätzlichen Nutzen für die Richtlinien und andere geltende Datenschutzrechtsvorschriften liefern. Insbesondere stellt die Gruppe fest, ob der Entwurf der Verhaltensregeln ausreichend auf die spezifischen Fragen und Probleme des Datenschutzes in der jeweiligen Organisation oder auf dem spezifischen Sektor ausgerichtet ist und ob er für diese Fragen und Probleme ausreichend klare Lösungen bietet[552].

## 6.5. Die Umsetzung in § 38a BDSG

Im Rahmen der Umsetzung von Art. 27 EG-DSRL sollen nach § 38 a BDSG Verhaltensregeln von Berufs- und Branchenverbänden als interne Regelungen zur ordnungsgemäßen Durchführung datenschutzrechtlicher Vorschriften beitragen. Den in § 38 a Abs. 1 BDSG genannten Verbänden und Vereinigungen wird die Möglichkeit eingeräumt, von ihnen erarbeitete Verhaltensregeln der Aufsichtsbehörde zu unterbreiten[553]. Derartige Verhaltensregeln bieten einen Rahmen, in dem sich Verbände oder sonstige Repräsentanten von Datennutzern und Betroffenen über ihre jeweiligen Interessen verständigen und faire Verarbeitungsbedingungen aushandeln könnten. Diese Regelungen sind Vorschriften, denen sich die Mitglieder der Normadressaten freiwillig unterwerfen. Welche Folgen sich aus einem Verstoß gegen die Verhaltensregeln ergeben, folgt aus den Rechtsbestimmungen über das Verhältnis zwischen Berufsverband bzw. Vereinigung und seinem Mitglied. Datenschutzrechtlich ist das Mitglied jedoch nicht daran gehindert, die Verhaltensregeln nicht anzuwenden und ein eigenes Datenschutzkonzept zu verfolgen, solange dies nicht gegen die datenschutzrechtlichen Vorschriften verstößt[554]. Die Verbindlichkeit solcher Verhaltensregeln beschränkt sich auf das Rechtsverhältnis zwischen Mitglied und Verband. Damit enthält § 38 a ebenso wie Art. 27 EG-DSRL weiches Recht zur Erzeugung von weichem Recht, welches jedoch für die Anwendung von den regulären Gesetzen von Bedeutung ist[555].

Damit verfolgt auch § 38 a BDSG das Konzept der Coregulierung bzw. der regulierten Selbstregulierung. Gemäß § 38 a Abs. 2 BDSG ist die Aufsichtsbehörde grundsätzlich zur Überprüfung der vorgelegten Entwürfe anhand des geltenden Datenschutzrechts verpflichtet. Damit

549 Dammann/Simitis, Art. 27 Anm. 10.
550 Heil, DuD 1999, 471 (472).
551 Dok. GD XV D/5004/98 (WP13).
552 Jacob/Heil, Freundesgabe, S. 216.
553 Jacob/Heil, Freundesgabe, S. 219.
554 Bizer, in: Simitis, BDSG, § 38 a, Rn. 39.
555 Bizer, in: Simitis, BDSG, § 38 a, Rn. 39; Dammann/Simitis, Art. 27, Rn. 1.

soll der Staat die Ergebnisverantwortung für die selbst gesetzten Verhaltensregeln behalten[556]. Die Aufsichtsbehörde wird von der jeweiligen Landesregierung bzw. von diesen ermächtigten Stellen bestimmt. In der Regel sind dies die Landes- bzw. der Bundesdatenschutzbeauftragte[557]. Die in § 38 a Abs. 2 BDSG vorgesehene Vorlage zur Überprüfung durch die zuständige Aufsichtsbehörde ist allerdings nicht im hier zu beurteilenden Anwendungsbereich des § 41 Abs1 BDSG vollziehbar, da das Medienprivileg des § 41 Abs. 1 auch die Freiheit des Pressesektors von externer Datenschutzkontrolle umfasst[558]. Dies hindert Verbände von Presseunternehmen selbstverständlich nicht daran, die Aufsichtsbehörde informell einzuschalten und diese um eine Einschätzung freiwillig vorgelegter Verhaltensgrundsätze, Leitlinien oder ähnliches zum redaktionellen Datenschutz zu bitten. Es darf allerdings bezweifelt werden, und dies tut der Deutsche Presserat selbst, dass es ein nennenswertes Interesse daran gibt, über die vom Deutschen Presserat aufgrund des Inkrafttretens des BDSG 2001 geänderten Publizistischen Grundsätze (Pressekodex) und Richtlinien für die publizistische Arbeit und Beschwerdeordnung hinauszugehen[559].

## 6.6. Zusammenfassung

Unter Selbstregulierung wird die Regelsetzung durch den Regelungsadressaten selbst verstanden. Selbstregulierung ist von der Selbstkontrolle zu unterscheiden, die den allein oder vorrangig von Regelungsadressaten kontrollierten Vollzug von Regelungen betrifft, die aus der Gesetzgebung oder der Selbstregulierung hervorgegangen sind.

Erfahrungen aus dem Ausland (USA und Japan) legen die beschränkte juristische Wirksamkeit der Selbstregulierung offen, indem sie die zentralen Probleme die immanente Unverbindlichkeit und die damit zusammenhängenden Kontroll- und Vollzugsdefizite zeigen. Hier haben die Regierungen aber gesetzlichen Regelungsbedarf hinsichtlich des Datenschutzes überwiegend verneint und fast ausschließlich auf Selbstregulierung gesetzt.

Im Rahmen der Selbstregulierung sind drei Modelle zu unterscheiden: Unverbindliche Selbstverpflichtungserklärungen, die Gesetze ersetzende Selbstregulierung und die regulierte Selbstregulierung. Erfolgsversprechend und verfassungsrechtlich haltbar ist jedoch nur das letzte Modell, da hier die staatliche und gesellschaftliche Regulierung verbunden werden.

Selbstregulierung ermöglicht es der Wirtschaft, relativ schnell passgerechte branchen- oder unternehmensbezogene und insbesondere auch der schnellen Entwicklung der Technik, der Komplexität ihrer Systeme und der Vielfalt ihrer Anwendungen angepasste Regelungen zu entwickeln. Sie kann eine globalisierte Datenverarbeitung vereinfachen, wenn ihre Regelungen weltweite Anwendung finden. Sie bietet die Chance, für die gefundenen normativen Vor-

---

556 Roßnagel, in: Roßnagel, HdB DatensR, 3.6. Rn. 31.

557 Gola/Schomerus, BDSG, § 38a, Rn. 29.

558 Walz, Freundesgabe, S. 305 f.; Walz, in: Simits, BDSG § 41, Rn. 27.

559 Walz, in: Simits, BDSG § 41, Rn. 27; vgl. auch die Stellungnahme des Dt. Presserats zum BDSGRefE, AfP 1999, 458 (465).

gaben leichter die Akzeptanz bei den direkten Regelungsadressaten zu finden und erleichtert die Durchsetzung des Datenschutzrechts.

Art 27 EG-DSRL verfolgt das Konzept der regulierten Selbstregulierung. Dies bedeutet aber, dass dieses Selbstregulierungsinstrument nationale Vorschriften nicht ersetzen kann. Daher haben in erster Linie die Mitgliedsstaaten den Datenschutz durch Gesetze zu gewährleisten. Auch § 38a BDSG verfolgt das Konzept der der regulierten Selbstregulierung. Die in § 38a Abs. 2 BDSG vorgesehene Vorlage an und zur Überprüfung durch die zuständige Aufsichtsbehörde ist nicht im Anwendungsbereich des § 41 Abs. 1 BDSG vollziehbar, da das Medienprivileg des § 41 Abs. 1 BDSG auch die Freiheit des Pressesektors von externer Datenschutzkontrolle umfasst.

## 7. Der Schutz der Privatsphäre durch den Deutschen Presserat

### 7.1. Institution „Deutscher Presserat“

Die Institution „Deutscher Presserat“ stellt eine auf freiwilliger Basis beruhende privatrechtliche Institution der Presseselbstkontrolle dar. 1956 haben die Berufsverbände der Verleger (Bundesverband Deutscher Zeitungsverleger e.V., Verband Deutscher Zeitschriftenverleger e.V.) und der Journalisten (Deutscher Journalistenverband e.V. und die Fachgruppe Journalismus in den IG Medien) den Deutschen Presserat als Gremium des Trägervereins des Deutschen Presserates e.V. nach dem Vorbild des drei Jahre zuvor gegründeten englischen *„Press Council“* gegründet[560]. Während sich in England eine reine Beschwerdeinstanz herausbildete, ist der Deutsche Presserat neben seiner Funktion als Beschwerdeinstanz auch eine Standesorganisation und damit der Wahrung der Interessen der Presse verpflichtet. Dementsprechend sieht er seine Aufgabe darin, Missstände im Pressewesen festzustellen und ihnen abzuhelfen, Beschwerden über einzelne Zeitungen und Zeitschriften zu prüfen und zu sanktionieren, Empfehlungen für die publizistische Arbeit zu geben und auch die Pressefreiheit zu fördern[561].

Eine Aufwertung hat der Deutsche Presserat durch die letzte in dieser Arbeit behandelte Novellierung des Bundesdatenschutzgesetzes erfahren. Die neue Rahmenregelung des Bundes aus § 41 Abs. 1 BDSG nahm die Presse zum ganz großen Teil aus dem Anwendungsbereich des Bundesdatenschutzgesetzes heraus. Indem der Gesetzgeber im Gegenzug § 38a BDSG, eine Vorschrift über Verhaltensregeln zur Förderung des Datenschutzes, ausdrücklich für anwendbar erklärte, drückte er seine Erwartung aus, dass der Deutsche Presserat den Datenschutz in seinen Pressekodex für die Selbstregulierung mit aufnimmt[562]. Diese Erwartung konkretisierte der Gesetzgeber in der Begründung zu § 41 Abs. 1 BDSG, in dem er forderte, dass der Deutsche Presserat im Wege der Selbstregulierung ergänzende Regelungen treffen soll. Inhalte dieser Selbstregulierung solle insbesondere die Erarbeitung von – nicht notwendigerweise auf den Anwendungsbereich der §§ 5 und 9 BDSG beschränkten – Verhaltensregeln und Empfehlungen, eine regelmäßige Berichterstattung zum redaktionellen Datenschutz sowie ein Beschwerdeverfahren sein, das Betroffenen die Möglichkeit einer presseinternen Überprüfung beim Umgang mit personenbezogenen Daten eröffne. Der Bund verzichtete damit nicht nur bis auf wenige Ausnahmen auf konkretere Regelungsvorgaben für die zur Gesetzgebung aufgerufenen Länder, sondern darüber hinaus gehend verneinte er auch einen Regelungsbedarf auf Länderebene mit dem Hinweis auf die Eigenregulierung der Presse. Er vertraute auf den durch Bestimmungen zum redaktionellen Datenschutz angereicherten Pressekodex und die Beschwerdeordnung des Deutschen Presserates[563].

---

560 Löffler/Ricker, Kap 40, Rn. 14 f; Münch, AfP 2002, 18 (18); Callies, AfP 2002, 465 (467).

561 § 9 Satzung für den Trägerverein des Deutschen Presserates e.V. in der Fassung vom 6. Mai 1995.

562 BT-Drucksache 14/4329, S. 46 ;Gola/Schomerus § 41, Rn. 2.

563 Begründung zum RegE, BT-Drucks. 14/4329, zu Nr. 45, 46 f; vgl. auch. Walz, in: Freundesgabe, S. 302.

## 7.2. Der Pressekodex

Der Presserat hat im Juni 2001 nach Inkrafttreten des BDSG 2001 den Pressekodex und die Beschwerdeordnung des Deutschen Presserates um neue, wenngleich aus § 41 Abs. 2 und 3 BDSG sowie generell aus dem Rundfunkrecht wohl bekannte Elemente wie Zuspeicherungspflicht von Gegendarstellungen, Auskunftsanspruch nach Berichterstattung, Sperrung und Löschung kodexwidrig verarbeiteter Daten, Redaktionsgeheimnis und Beschwerderecht bei angenommenen Verstößen gegen das Recht auf Datenschutz erweitert. Im Bereich des Redaktionsdatenschutzes will er darüber hinaus nicht nur anlassbezogen auf konkrete Beschwerden eingehen, sondern auch präventiv tätig werden. Hierzu hat er Verhaltensregeln und Empfehlungen für den Umgang mit personenbezogenen Daten in den Redaktionen entwickelt. Des Weiteren erarbeitete er einen Präventivkatalog zur Gewährleistung von Datensicherheit. Für Beschwerden, die den Redaktionsdatenschutz angehen, hat er einen speziellen Beschwerdeausschuss eingerichtet.

Die Funktionsfähigkeit des Redaktionsdatenschutzes in freiwilliger Selbstkontrolle wollte der Presserat durch eine branchenweite Selbstverpflichtungserklärung der Verlage sicherstellen. Diese Selbstverpflichtungserklärung hat folgenden Wortlaut:

> *„Unser Verlagsunternehmen bekennt sich zum Pressekodex und den Grundsätzen zum Redaktionsdatenschutz. Gleichzeitig sind wir bereit, die von den zuständigen Unternehmen des Deutschen Presserates wegen des Verstoßes gegen den Pressekodex und die Grundsätze des Redaktionsdatenschutzes nach der Beschwerdeordnung ausgesprochenen Sanktionen zu befolgen.*
>
> *Wir verpflichten uns zudem, sicherzustellen, dass Entscheidungen, die unsere Publikationen bzw. Publikumsorgane von Tochterunternehmen betreffen und diesbezüglich derer der Deutscher Presserat auf Veröffentlichung erkannt hat, in dem jeweils betroffenen Medium aktualitätsnah publiziert werden*[564]*“.*

Mit dieser Erklärung bekannten sich Verlagsunternehmen von periodischen Druckwerken zum Pressekodex einschließlich den Grundsätzen zum Redaktionsdatenschutz und erklären sich bereit, die von den zuständigen Gremien nach der Beschwerdeordnung ausgesprochenen Sanktionen zu befolgen. Die Erklärung beinhaltete dabei auch die Verpflichtung, Entscheidungen, die sie betreffen und bezüglich derer der Deutsche Presserat auf Veröffentlichung erkannt hat, in ihren Medien aktualitätsnah zu publizieren.

Die Entscheidungen des Presserates und seines Beschwerdeausschusses stützen sich auf die Grundsätze des 1973 aufgestellten Verhaltenskatalogs, den „Publizistischen Grundsätzen“, dem Pressekodex. Diese werden durch die „Richtlinien für die publizistische Arbeit nach den Empfehlungen des Deutschen Presserates“ weiter konkretisiert. Nicht zuletzt bildet auch die Spruchpraxis des Presserates einen Anhaltspunkt für zukünftige Entscheidungen. Im Gegen-

---

564 Deutscher Presserat, Datenschutz in Redaktionen, 2003 S. 56.

satz zu der englischen Selbstkontrollinstitution, die auf eine schnelle gütliche Einigung abzielt, steht bei dem Deutschen Presserat das förmliche Beschwerdeverfahren im Vordergrund[565]. Der Presserat versteht die Publizistischen Grundsätze gemäß ihrer Präambel als Konkretisierung der Berufsethik der Presse. Diese umfasst die Pflicht, im Rahmen der Verfassung und der verfassungskonformen Gesetze das Ansehen der Presse zu wahren und für die Freiheit der Presse einzustehen. Pressekodex und Richtlinien sind damit berufsethische Grundsätze außerhalb von rechtlichen Haftungsnormen. Zuweilen charakterisiert der Presserat selbst den Pressekodex nicht nur als publizistische Berufsethik, sondern als Standesrecht der Presse[566].

## 7.3. Der Schutz der informationellen Selbstbestimmung durch den Pressekodex

Der Deutsche Presserat hat für den Schutz der informationellen Selbstbestimmung des Einzelnen eine Regelung in Ziff. 8 des Pressekodex vorgesehen:

> *„Die Presse achtet das Privatleben und die Intimsphäre des Menschen. Berührt jedoch das private Verhalten öffentliche Interessen, so kann es im Einzelfall in der Presse erörtert werden. Dabei ist zu prüfen, ob durch eine Veröffentlichung Persönlichkeitsrechte Unbeteiligter verletzt werden."*

Als Folge der Novellierung des Bundesdatenschutzgesetzes und der Erwartung des Gesetzgebers an die Presse, die Einhaltung des Datenschutzes selbst zu überwachen, ergänzte der Presserat die Ziff. 8 um den nachfolgenden Satz 2:

> *„Die Presse achtet das Recht auf informationelle Selbstbestimmung und gewährleistet den redaktionellen Datenschutz."*

In den Richtlinien erläutert der Presserat die Ziff. 8.:

> *„Alle von Redaktionen zu journalistisch-redaktionellen Zwecken erhoben, verarbeiteten oder genutzten personenbezogenen Datum unterliegen dem Redaktionsgeheimnis. Die Übermittlung von Daten zu journalistisch-redaktionellen Zwecken ist unzulässig. Sie soll bis zum Abschluss eines formellen datenschutzrechtlichen Beschwerdeverfahrens unterbleiben. Eine Datenübermittlung ist mit dem Hinweis zu versehen, dass die übermittelten Daten nur zu journalistisch-redaktionellen Zwecken verarbeitet oder genutzt werden dürfen".*

Darüber hinaus seien die Nennung der Namen und die Abbildung von Opfern sowie Tätern in der Berichterstattung über Unglücksfälle, Straftaten, Ermittlungs- und Gerichtsverfahren in

---

565 Münch, AfP 2002, 18 (18).

566 Schriftsatz an das Bundesverfassungsgericht vom 28. 4. 1995, aus Deutscher Presserat Jahrbuch 1994, S. 255 ff.

der Regel nicht gerechtfertigt. Es sei aber stets zwischen dem Informationsinteresse der Öffentlichkeit und dem Persönlichkeitsrecht des Betroffenen abzuwägen. Ebenso haben Opfer von Unglücksfällen und deren Familienangehörigen einen besonderen Anspruch auf den Schutz ihres Namens. Ausnahmen können nur bei Personen der Zeitgeschichte oder bei besonderen Begleitumständen gerechtfertigt sein.

Aus der Formulierung von Ziff. 8 wird deutlich, dass der Pressekodex eng an die geltende Rechtsprechung angelehnt ist. Der Pressekodex differenziert ebenfalls zwischen Privatleben, Intimsphäre und dem Recht auf informationelle Selbstbestimmung als unterschiedlich zu behandelnde Schutzgüter[567]. Nach der Formulierung von Ziffer 8 sind Berichte über das private Verhalten zulässig, soweit das Interesse der Öffentlichkeit im Einzelfall dadurch berührt wird. Demzufolge ist stets zwischen dem Privatsphärenschutz und dem Informationsinteresse der Öffentlichkeit bei der Frage der Zulässigkeit einer Berichterstattung abzuwägen. Damit erkennt auch der Presserat an, dass ein Eingriff in die informationelle Selbstbestimmung des Betroffenen nicht davon abhängig ist, ob die erhobenen oder verwerteten Daten thematisch in den Bereich der Privat- oder Intimsphäre gehören[568]. Das Recht auf informationelle Selbstbestimmung wird damit auch durch den Deutschen Presserat unabhängig von der qualitativen Aussagekraft der betroffenen persönlichen Daten gewährt.

Darüber hinaus sieht der Pressekodex in Ziff. 3 eine Richtigstellungsverpflichtung unrichtiger Presseberichte vor:

> *„Veröffentlichte Nachrichten oder Behauptungen, insbesondere personenbezogener Art, die sich nachträglich als falsch erweisen, hat das Publikumsorgan, das sie gebracht hat, unverzüglich von sich aus in angemessener Weise richtig zu stellen."*

Führt die journalistisch-redaktionelle Erhebung, Verarbeitung oder Nutzung personenbezogener Daten durch die Presse zur Veröffentlichung von Richtigstellungen, Widerrufen, Gegendarstellungen oder zu Rügen des Deutschen Presserats, so umfasst diese Verpflichtung zur Richtigstellung gemäß den Richtlinien zu Ziff. 4 des Pressekodex auch, dass diese Veröffentlichungen von dem betreffenden Publikationsorgan zu den gespeicherten Daten zu nehmen sind und für dieselbe Zeitdauer zu dokumentieren sind, wie die Daten selbst.

Wird jemand durch eine Berichterstattung in der Presse in seinem Persönlichkeitsrecht beeinträchtigt, so hat das verantwortliche Publikationsorgan dem Betroffenen auf Antrag Auskunft über die der Berichterstattung zugrunde liegenden, zu seiner Person gespeicherten Daten zu erstatten. Die Auskunft darf nach den Richtlinien verweigert werden, soweit aus den Daten auf Informanten oder auf Personen geschlossen werden kann, die bei der Recherche, Bearbeitung oder Veröffentlichung von Beiträgen mitwirken oder mitgewirkt haben. Die Auskunft darf ferner verweigert werden, wenn durch die Mitteilung der recherchierten oder sonst erlangten Daten die journalistische Aufgabe des Publikationsorgans durch die Ausforschung des

---

567 Vgl. zur dieser Differenzierung in der Rechtsprechung oben unter 3.1.5.

568 Vgl. hierzu die Rechtsprechung des Bundesverfassungsgerichts oben unter Ziff. 3.1.1.

Informationsbestandes beeinträchtigt würde oder es sich sonst als notwendig erweist, um das Recht auf Privatsphäre mit dem für die Freiheit der Meinungsäußerung geltenden Vorschriften in Einklang zu bringen.

Eine weitere Regelung ist in Ziff. 4 des Pressekodex niedergeschrieben:

> *„Bei der Beschaffung von Nachrichten, Informationsmaterial und Bildern dürfen keine unlauteren Methoden angewandt werden."*

Dies verpflichtet das betreffende Publikationsorgan auch personenbezogene Daten, die unter Verstoß gegen den Pressekodex erhoben wurden, zu sperren oder zu löschen.

Schließlich heißt es in der Präambel zum Pressekodex:

> *„[...] Die Regelungen zum Redaktionsdatenschutz gelten für die Presse, soweit sie personenbezogene Daten zu journalistisch-redaktionellen Zwecken erhebt, verarbeitet oder nutzt. Von der Recherche über Redaktion, Veröffentlichung, Dokumentation bis hin zur Archivierung dieser Daten achtet die Presse das Privatleben, die Intimsphäre und das Recht auf informationelle Selbstbestimmung des Menschen. [...]"*

### 7.4. Das Sanktionssystem

Die Beschwerdeordnung des Deutschen Presserates ermöglicht neben dem von einer Presseveröffentlichung unmittelbar Betroffenen auch jedem Dritten eine kostenlose und weitgehend entbürokratisierte Beschwerdemöglichkeit über eine den Pressekodex verletzende Presseveröffentlichung[569]. Nach der Anrufung des Presserates leitet dieser ein Beschwerdeverfahren ein. Falls die Beschwerde begründet ist, spricht der Presserat eine Sanktion in Form eine öffentlichen Rüge, einer u. U. aus Gründen des Opferschutzes nicht öffentlichen Rüge, einer Missbilligung oder einem Hinweis aus. Rügen des Presserates sind gemäß Ziff. 16 des Pressekodex in der betreffenden Zeitung abzudrucken. Den Fällen, in denen sich der Spruchkörper zu einer öffentlichen Rüge entschlossen hat, lagen meistens Persönlichkeitsrechtsverletzungen zu Grunde, die nach der Rechtsprechung einen Schadensersatzanspruch auslösen[570].

Der Deutsche Presserat hat gegen das jeweilige Presseorgan einen einklagbaren Anspruch auf Abdruck der von seinem Spruchkörper ausgesprochenen Rüge[571]. Dieser Anspruch ergibt sich aus der von dem jeweiligen Presseorgan abgegebenen Selbstverpflichtungserklärung[572]. Im Allgemeinen werden die Rügen zwar abgedruckt. Die Verweigerungsrate schwankte z. B. in dem Zeitraum von 1995 bis 1997 zwischen 30 % und 20 %. Immerhin werden die Verfahren

---

569 Münch, AfP 2002, 18 (18).
570 Münch, AfP 2002, 18 (21).
571 Vgl. hierzu ausführlich Schwetzler S. 188 ff.
572 Schwetzler S. 188 ff.; a. A. Callies, AfP 2002, 465 (467).

des Beschwerdeausschusses kaum ignoriert oder gar boykottiert, meist nehmen die Medien Stellung und beteiligen sich aktiv[573].

Der Anspruch auf Erfüllung der Rügenabdruckverpflichtung steht jedoch allein dem Deutschen Presserat bzw. seinem Trägerverein zu. Aus einem Vertrag entstehen gemäß § 311 Abs. 1 BGB regelmäßig nur Rechte und Pflichten zwischen den an der Vereinbarung Beteiligten. Ein eigenes Forderungsrecht Dritter, also von Personen die durch die Publikation betroffen sind, besteht nicht[574].

## 7.5. Kritik

Dem Pressekodex ist zu Gute zu halten, dass die im Pressekodex aufgenommen Regeln des Datenschutzes denen entsprechen, die ebenfalls in eine gesetzliche Regelung aufgenommen werden müssten. Wie in den hoheitlichen Regelungen zu dem vom Rundfunk einzuhaltenden Datenschutz sind hier auch die Vorschriften über eine Auskunfts-, Archivierungs- und Sperrungsverpflichtung aufgenommen. Mithin bieten der Pressekodex und das Beschwerdeverfahren zusätzlichen das ordentliche Recht ergänzenden Persönlichkeitsschutz[575]. Insofern ist an den in dem Pressekodex aufgenommenen Regelungen keine Kritik zu üben.

Die Entscheidungsgrundlagen der Sanktionen werden in § 11 der Beschwerdeordnung nur ansatzweise definiert. Denkbar wäre es, dass der Deutsche Presserat sein Sanktionssystem dahingehend verändert, dass eine begründete Beschwerde stets eine zu veröffentlichende Rüge zur Folge hat. Damit könnten Abgrenzungsschwierigkeiten bei der Wahl der einzelnen Sanktion vermieden werden und ein erhöhtes Maß an Glaubwürdigkeit erreicht werden. Die Möglichkeit der Wahl eines Hinweises oder einer Missbilligung gewährt dem Presserat eine zusätzliche Option, an sich begründeten Beschwerden keine Öffentlichkeitswirkungen zu verleihen und das Publikumsorgan aber auch den Betroffenen dadurch möglichst schonend zu behandeln. Da die Verhandlungen vor dem Beschwerdeausschuss des Presserates durchaus auch auf einvernehmliche Lösungen zwischen den Beteiligten abzielen, sollten Beschwerden, bei denen eine einvernehmliche Lösung aus irgendwelchen Gründen ausscheidet, bei deren Begründetheit stets eine öffentliche Rüge zur Folge haben[576].

Da die Selbstkontrolle auf der Rechtsfolgenseite ein wesentlich eingeschränkteres Spektrum zu Verfügung steht als dem ordentlichen Rechtsschutz und da der Presserat sich allein an der Berufsethik und somit am Anspruch der moralischen Verpflichtung der Presse orientiert, würde dies einen strengeren Maßstab bei der Beurteilung publizistischen Verhaltensweisen rechtfertigen. Es besteht der Eindruck der Alibiinstitution, da der Presserat sich gleichzeitig sowohl der Einhaltung des Pressekodex als auch der Wahrung der Pressefreiheit verpflichtet sieht. Dies lässt den Eindruck entstehen, dass hier Richter und Verteidiger in einer Person

573 Stürner, Bitburger Gespräche, S. 108.
574 Schwetzler S. 193.
575 Münch, AfP 2002, 18 (21).
576 Vgl. Münch, AfP 2002, 18 (21).

agieren, und daher die Presse nach dem Grundsatz „die eine Krähe hackt der anderen kein Auge aus" lediglich über sich selbst urteilt. Diesem Eindruck wirkt der Presserat nicht entgegen, indem er journalistische Verhaltensweisen nur in einem Maße rügt, das schon in der Rechtsprechung zwingend vorgegeben ist. Lediglich die Popularbeschwerde bietet ein Mehr gegenüber dem zivilrechtlichen Rechtsschutz[577].

Der vollständigen Erfüllung der Kriterien des Pressekodex steht jedoch entgegen, dass – soweit dies Presseberichten zu entnehmen ist – der Deutsche Presserat nur etwa 90 % der deutschen Zeitungs- und Zeitschriftenverlage als Mitgliedern haben soll, also keine flächendeckende Erfassung der deutschen Presse durch seine verbandseigenen Regeln zum redaktionellen Datenschutz und zum Beschwerdeverfahren gewährleisten kann. Was den fast ebenso wichtigen Aspekt der Sanktionierung von Regelverstößen angeht, hat eine neuere empirische Analyse der Reaktion des Presserates auf Beschwerden und Rügen – vorsichtig formuliert – eine erhebliche Zurückhaltung bei der Ausübung des verbandseigenen Instrumentariums enthüllt[578]. Die datenschutzrechtlichen Auskunfts- und Berichtigungsrechte sind – anders als für den Rundfunk – nicht einmal bei Berücksichtigung der legitimen pressespezifischen Verweigerungsmöglichkeiten gesetzlich gewährleistet und können dementsprechend auch nicht gerichtlich eingeklagt werden[579]. Da es in der Natur der Sache liegt, dass sich nicht alle Unternehmen einer Branche sich einer Standesorganisation anschließen, geschweige denn sich auch den Weisungen eines von dieser ins Leben gerufenen Spruchkörpers unterwerfen, ist hier der Gesetzgeber gefordert, der in § 41 Abs. 1 BDSG Auffangregelungen für uneinsichtige oder abtrünnige Presseunternehmen schaffen muss.

Selbstregulierung ist grundsätzlich ein wichtiger Ansatz, um im nicht-öffentlichen Bereich das Datenschutzrecht zu entlasten und zu verbessern[580]. Auch das vom Gesetzgeber gewählte Mittel der Selbstregulierung kann gegenüber einem gerichtlichen Verfahren für alle Beteiligten und damit insbesondere auch für den Betroffenen durchaus von Vorteil sein. Die Beschwerde beim Deutschen Presserat läuft in der Regel wesentlich „geräuscharmer" ab als ein öffentliches Verfahren vor den ordentlichen Gerichten. Dies kann gerade dann für den Betroffenen von Vorteil sein, wenn es um die Verletzung von Persönlichkeitsrechten geht. Wenn sich jemand in seinen Persönlichkeitsrechten welcher Art auch immer durch eine Berichterstattung in der Presse verletzt sieht, kann für den Fall, dass er ein Verfahren vor einem ordentlichen Gericht anstrengt, nicht das Risiko ausschließen, dass dann bei Schlag und Gegenschlag eine ganze Menge „schmutziger Wäsche" öffentlich gewaschen wird, die er gar nicht gerne öffentlich „waschen" möchte. Er wird sich nicht noch weiter öffnen und zieht darum im Zweifelsfall natürlich das diskretere Verfahren beim Presserat vor. Neben dieser Funktion könnte die Zukunft des Presserates auch in einer mediativen Rolle liegen[581]. Hier kann die Selbstkontrolle eine wirkliche Alternative zu der klassischen Form einer Auseinanderssetzung zwischen der Presse und dem Betroffenen bieten. Ein Schlichtungsverfahren vor dem Deut-

---

577 Stürmer, Bitburger Gespräche, S. 111; Münch , AfP 2002, 18 (21).
578 Vgl. Münch, AfP 2002, 18 ff.
579 Walz, Freundesgabe, S. 307.
580 Roßnagel/Pitzmann/Garstka, Gutachten, S. 153 mit weiteren Nachweisen.
581 Münch, AfP 2002, 18 (22).

schen Presserat hat für alle Beteiligten erhebliche Vorteile gegenüber einer gerichtlichen Auseinandersetzung. Das breite Spektrum an Lösungsmöglichkeiten, das in privatautonomen Verhandlungen gefunden werden kann, gerade wenn es darum geht, die Wiederholung von Schadensfällen zu vermeiden oder Wege zu eine einzelfallgerechten Wiedergutmachung des Schaden zu finden, kann durch ein erstrittenes Urteil nicht geleistet werden. Die angemessene Entschädigung kann beispielsweise in dem Abdruck eines richtig stellenden Leserbriefes oder der (öffentlichen) Entschuldigung des Redakteurs neben oder statt eines Widerrufes oder Schadensersatzes liegen.

Die Einhaltung dieser ethischen Standards für Journalisten und Presseunternehmen ist regelmäßig nur dann gewährleistet, wenn der Selbstbindungswille allgemein ist, die Öffentlichkeit Übertretungen des Pressekodex tatsächlich ahndet oder der Staat unter Einsatz des Gewaltmonopols empfindlichere Maßnahmen androht. Für den Erfolg der Selbstkontrolle nach dem Muster des Deutschen Presserates ist es maßgeblich, dass alle Marktteilnehmer erfasst werden, die Standesregeln von ihnen ernst genommen werden, die Verletzungen berufsethischer Standards nicht ohne Rüge bleiben. Außerdem muss Selbstkontrolle einfach und ohne zu große Bürokratie organisiert sein und schließlich muss den von den Persönlichkeitsrechtsverletzungen Betroffenen ein effektives Beschwerdeverfahren auf kurzem Wege offen stehen[582].

582 Di Fabio, AfP 1999, 126 (131).

## 8. Die Umsetzung der EG-Datenschutzrichtlinie im Bundesdatenschutzgesetz

Die Datenschutzrichtlinie, die der europäische Richtliniengeber am 24. Oktober 1995 verabschiedet hatte, hätte der bundesdeutsche Gesetzgeber bis zum 24. Oktober 1998 umsetzen müssen. Da weder die schwarz-gelbe Koalition unter dem damaligen Bundeskanzler Helmut Kohl noch die rot-grüne Koalition unter Bundeskanzler Gerhard Schröder dies erreichten, hat die Europäische Kommission ein Vertragsverletzungsverfahren eingeleitet. Das novellierte Bundesdatenschutzgesetz, in Kraft getreten am 23. Mai 2001, sollte die EG-Datenschutzrichtlinie in nationales Recht umsetzen. Daraufhin hat die Kommission den Antrag auf Einleitung eines Vertragsverletzungsverfahrens wieder zurückgezogen.

### 8.1. Die Adressaten der Umsetzungspflicht

Art. 249 Abs. 3 EGV legt fest, dass eine Richtlinie für jeden Mitgliedsstaat, an den sie gerichtet wird, hinsichtlich des zu erreichenden Ziels verbindlich ist, den innerstaatlichen Stellen jedoch die Wahl des Mittels überlassen bleibt. Da Art. 249 EGV von innerstaatlichen Stellen spricht, sind damit alle Verwaltungsträger zur Realisierung der jeweiligen Richtlinienergebnisse aufgefordert. Der Umsetzungsbefehl von Richtlinien gilt infolge ihrer Natur als Gemeinschaftsrecht unmittelbar in den nationalen Rechtsordnungen, ohne dass es eines Tätigwerdens des jeweiligen Mitgliedsstaates bedarf[583], jedoch ohne dass die Richtlinie im Gegensatz zu einer Verordnung (Art. 249 Abs. 2 EGV) unmittelbare Geltung erlangt. Die Rechtsfolgen von Richtlinien entstehen in der innerstaatlichen Rechtsordnung regelmäßig erst nach der pflichtgemäßen Umsetzung[584]. Die unterschiedliche Formulierung in Art. 249 Abs. 2 und 3 EGV bedeutet jedoch nicht, dass die Richtlinien ihre Wirkung erst entfalten, wenn diese in den Mitgliedsstaaten umgesetzt sind. Nach ständiger Rechtsprechung des Europäische Gerichtshof[585] und des Bundesverfassungsgerichtes können Richtlinien eine unmittelbare Wirkung entfalten, d.h. auch ohne einen mitgliedsstaatlichen Umsetzungsakt im innerstaatlichen Recht Rechte und Pflichten erzeugen. Dieser Gedanken beruht auf der Überlegung, dass andererseits die praktische Wirksamkeit („effet utile") einer Richtlinie erheblich beeinträchtigt werden würde, wenn es jeder Mitgliedsstaat in der Hand hätte, den Eintritt der in der Richtlinie beabsichtigten Rechtswirkung dadurch hinauszuzögern oder zu vereiteln, indem er mit der Umsetzung der Richtlinie wartet[586].

Die nationale öffentliche Gewalt hat unabhängig ihrer Binnenstruktur die Richtlinie in der vorgegebenen Qualität umzusetzen. In ständiger Rechtsprechung hat der Europäische Gerichtshof betont, dass es allen Trägern öffentlicher Gewalt eines Staates obliegt, die Richtlinie umzusetzen. Jedoch ist es den Mitgliedsstaaten erlaubt, die Umsetzungsaufgabe und die Kompetenzen zu ihrer Erfüllung so zu verteilen, wie sie es für zweckmäßig halten[587]. Den nationa-

---

583 Himmelmann, DÖV 1996, (145) 145.
584 Streintz, Rn. 395.
585 Seit EuGHE 1970, 825 (837 ff).
586 Streintz , Rn. 395.
587 EuGHE 1982, 1791 (1804); 1988, 1 (11); 1991, 825 (881).

len Organen obliegt daher die Verpflichtung zur Umsetzung nur insoweit, wie der ihnen durch das innerstaatliche Recht zugewiesene Aufgaben- und Kompetenzbereich eine Realisierung der Richtlinienziele erlaubt[588]. Das bedeutet, je nachdem, welcher Gesetzgeber im Bundesgebiet zur Gesetzgebung berechtigt ist, dieser verpflichtet ist, die Richtlinie umzusetzen. Da sich die Verpflichtung zur Durchführung von Richtlinien an den Mitgliedsstaat als Völkerrechtssubjekt richtet, wird der Bund allerdings durch die innerstaatliche Kompetenzverteilung zwischen Bund und Ländern nicht von seiner Verantwortlichkeit gegenüber der Gemeinschaft entbunden[589].

## 8.2. Inhaltliche Anforderungen an die Umsetzung von EG-Richtlinien

Gemäß Art 249 Abs. 3 EGV haben die Mitgliedsstaaten die Wahl, mit welchen Mitteln und in welcher Form sie die Richtlinie in innerstaatliches Recht umsetzen. Hierzu gehört auch die Entscheidung, welches Organ die Vorschrift erlässt, welches Verfahren anzuwenden ist und grundsätzlich auch welche Rechtsqualität einer Bestimmung zugute kommt[590].

Diesen prinzipiellen Entscheidungsspielraum hat der Europäische Gerichtshof aber zunehmend eingeschränkt. Die bedeutendste Grenze leitet der Europäische Gerichtshof aus dem Grundsatz der praktischen Wirksamkeit des Gemeinschaftsrechts her („effet utile“). Dies hatte er bei der Umsetzung von EG-Richtlinien durch Verwaltungsvorschriften entschieden. Hinsichtlich der Qualität des Umsetzungsaktes haben die Mitgliedsstaaten bei der Wahl der Form und Mittel diejenigen zu ergreifen, die für die Gewährleistung der praktischen Wirksamkeit der Richtlinie am besten geeignet sind[591]. Sie müssen diese daher in verbindliches innerstaatliches Recht umsetzen, die den Erfordernissen der Rechtssicherheit und Rechtsklarheit genügen.

Die Anwendung der Richtlinie muss in rechtlicher und tatsächlicher Art gewährleistet sein[592]. Dies ist nur dann der Fall, wenn ein nationaler Umsetzungsakt hinreichend bestimmt und klar ist, damit – soweit die Richtlinie Ansprüche des Einzelnen begründen soll – die Begünstigten in der Lage sind, von allen ihren Rechten Kenntnis zu erlangen und diese gegebenenfalls vor den nationalen Gerichten geltend machen zu können[593]. Die mitgliedstaatlichen Umsetzungsmaßnahmen müssen die Rechte und Pflichten aus den Vorschriften der Richtlinie hinreichend klar und bestimmt erkennen lassen, so dass für den Gemeinschaftsbürger die Möglichkeit gegeben ist, sie vor den nationalen Gerichten geltend zu machen oder sich gegen sie zur Wehr zu setzen[594]. Grundsätzlich muss damit für den Einzelnen durch Erlass eines unstreitig zwingenden Rechtsaktes des Außenrechts eine einklagbare Rechtsposition begründet werden. Da

588 Jarass, Grundfragen der innerstaatlichen Bedeutung des EG-Rechts, S. 60.
589 EuGHE 1988, 1 (11); 1991, I-825 (881).
590 Himmelmann, DÖV 1994, 145 (146).
591 EuGHE 1976, 497 (517); 1984, 1891 (1906); 1984, 1921 (1939).
592 EuGHE 1991, 825 (868).
593 EuGHE 1985, 1661 (1673); 1987, 1733 (1742); 1990, 851 (880); 1991, 4983 (5023).
594 EuGH, Rs. C-96/95 (Kommission/Bundesrepublik), Slg. 1997, I-1668 (Aufenthaltsrecht RL 90/364 u. 365/EWG).

nach der Rechtsprechung des Rechtsprechung der deutschen Gerichte[595] eine Verwaltungsvorschrift die Bindungskraft eine verbindlichen Rechtssatzes des Außenrechtes nicht zukommt und eine Bindungswirkung nur eingeschränkt angenommen wird[596], reicht die Umsetzung eine Richtlinie durch Verwaltungsvorschriften nach Art 249 Abs. 3 i.V.M Art 10 EGV nicht aus und ist europarechtswidrig. Denn der vom EuGH geforderten „bestimmten, klaren und durchschaubaren Rechtslage" kann bei Verwaltungsvorschriften keine rede sein[597].

Dem nationalen Normgeber steht es dabei frei, eigene an den nationalen Traditionen und Begrifflichkeiten orientierte Wege zu gehen. Je nach dem Inhalt der Richtlinie kann ein allgemeiner rechtlicher Rahmen genügen, wenn er tatsächlich die vollständige Umsetzung der Richtlinie in hinreichend bestimmter und klarer Weise gewährleistet[598]. Dabei ist der Grundsatz der Kongruenz von Richtlinienbestimmung und nationaler Umsetzungsbestimmung zu beachten. Je offener und unbestimmter die Richtlinienbestimmung gefasst ist, desto offener und unbestimmter kann auch die nationale Regelung ausfallen. Der nationale Gesetzgeber muss allerdings sicherstellen, dass die nationale Umsetzungsrechtslage an Spezifizität mit den Vorgaben der Richtlinie übereinstimmt.

Wenn nun der nationale Gesetzgeber die Richtlinien hinreichend bestimmt umsetzen muss, kann eine bloße Verwaltungspraxis, auch wenn sie tatsächlich mit den Erfordernissen einer Richtlinie in Einklang steht, nicht als Erfüllung der Vertragspflichten des Art. 249 Abs. 3 EGV angesehen werden, da diese als solche von der Exekutive beliebig geändert werden kann[599]. Sie sind daher in zwingendes und verbindliches staatliches Recht umzusetzen.

Von dem Inhalt der Richtlinie hängt es ab, ob der nationale Gesetzgeber verpflichtet ist, diese durch bloß intern wirkende – wohl aber verbindliche – Verwaltungsvorschriften oder durch außenwirksames Recht umzusetzen. Immer dann, wenn eine Richtlinie darauf abzielt, den Bürgern subjektive Ansprüche zu verleihen, scheidet eine Umsetzung durch bloß intern wirkende Verwaltungsvorschriften mangels Außenrechtsverbindlichkeit aus, sondern muss durch ein formelles Gesetz umgesetzt werden. Auch der Rückgriff auf so genannte normkonkretisierende Verwaltungsvorschriften ist in diesen Fällen nicht ausreichend, da es diesen in ihrer normativen Tragweite unklaren Bestimmungen jedenfalls an hinreichender und unbedingter Außenrechtsverbindlichkeit fehlt[600].

Ob eine Richtlinienbestimmung darauf abzielt, dem Einzelnen einen subjektiven Abwehranspruch zu verleihen, ist durch Interpretation der Bestimmung zu ermitteln. Soweit dies nicht eindeutig dem Wortlaut zu entnehmen ist, ist dies teleologisch durch Schutzzwecküberlegungen zu ermitteln, ob der europäische Richtliniengeber den nationalen Gesetzgeber zur Begründung subjektiver Einforderungsansprüche verpflichtet. Wenn der Europäische Gerichts-

---

595 BVerwG, NVwZ 1988, (823) 824.
596 BVerwGE 61, 15 18.
597 Streinz, in: HdBStR VII, Rn. 15
598 Nettesheim, in: Grabitz/Hilf, Art 249, EGV, Rn. 140.
599 EuGHE 1986, 2945, Rn. 13.
600 Nettesheim, in: Grabitz/Hilf, Art 249, EGV, Rn. 142.

hof davon spricht, dass ein Mitgliedsstaat seiner Pflicht zur Umsetzung einer Richtlinienbestimmung mit Individualberechtigungsziel nur genügt, wenn er Vorschriften erlässt, „durch die eine so bestimmte, klare und durchschaubare Lage geschaffen wird, dass die Einzelnen von ihren Rechten Kenntnis erlangen und diese geltend machen können[601]", kann dies bei Richtlinien mit privatrechtsgestaltendem Inhalt nur bedeuten, dass materiell-subjektive und damit auch einklagbare Privatrechte eingerichtet werden müssen. Denn derartige Richtlinienbestimmungen lassen sich nur dadurch umsetzen, dass eine Pflicht des adressierten Privatrechtssubjekts mit einem korrespondierenden Anspruch anderer Rechtssubjekte verbunden wird. Andernfalls würde dem Einzelnen nicht das Recht verliehen werden, vom verpflichteten Gegner die Leistung unmittelbar verlangen zu können[602]. Berechtigt im Sinne eines Anspruchstellers soll derjenige sein, dessen schutzwürdige Individualinteressen durch die Umsetzungsbestimmung in qualifizierter Weise gefördert werden sollen[603]. Um diese schutzwürdigen Individualinteressen geht es zumindest immer dann, wenn das individuelle Interesse an der Integrität einer Individualsphäre betroffen ist[604].

### 8.3. Entspricht § 41 BDSG den Vorgaben der Richtlinie

Art. 9 EG-DSRL gibt den Mitgliedstaaten auf, für die Verarbeitung personenbezogener Daten, die allein zu journalistischen, künstlerischen oder literarischen Zwecken erfolgen, Abweichungen und Ausnahmen von den Kapiteln II, IV und VI der Datenschutzrichtlinie vorzunehmen, soweit sich dies als notwendig erweist, um das Recht auf Privatsphäre mit den für die Freiheit der Meinungsäußerung geltenden Vorschriften in Einklang zu bringen.

#### 8.3.1. Überprüfung der Regelungen hinsichtlich der Presse

Statt der materiellen Vorschriften des ersten und dritten Abschnitts des Bundesdatenschutzgesetzes gilt für die Datenverarbeitung im journalistisch-redaktionellen Bereich der Printmedien das Presse- oder sonstige pressebezogene Medienrecht. Die im Bundesdatenschutzgesetz grundsätzlich vorgesehenen Rechte auf Auskunft, Berichtigung und Löschung sind für die Presse ausgeschlossen. Die Gesetzesbegründung verweist die Betroffenen stattdessen auf die durch die Selbstregulierung geschaffenen Rechte[605]. Dies bedeutet, über die Mechanismen der §§ 5 und 9 BDSG und einen nur darauf bezogenen Schadensersatzanspruch gemäß § 7 BDSG hinaus gibt es keinen durch spezielle Datenschutzgesetze vermittelten Datenschutz gegenüber der Presse.

---

601 EuGH, C-131/88, Kommission/Deutschland, Slg. 1991, I-825/868.
602 Nettesheim, in: Grabitz/Hilf, EGV, Art 249, Rn. 145.
603 Nettesheim, in: Grabitz/Hilf, EGV, Art 249, Rn. 147.
604 Nettesheim, in: Grabitz/Hilf, EGV, Art 249, Rn. 147.
605 BT-Druckssache 14/4329 zu Nr. 45.

Für eine Vereinbarkeit[606] des § 41 Abs. 1 BDSG mit der Datenschutzrichtlinie soll sprechen, dass Art. 9 EG-DSRL all diejenigen Regelungen und Ansprüche die der deutsche Gesetzgeber der Selbstregulierung dem Deutschen Presserat überlasse, nicht als zwingend für die journalistische Datenverarbeitung bezeichnet. Sowohl das Auskunfts- und Informations- als auch das Widerspruchsrecht des Betroffenen sei in Kapitel III der Richtlinie gewährleistet, von dem Art. 9 EG-DSRL Ausnahmen ausdrücklich zulasse. Auch die Anforderungen an der Unabhängigkeit der Kontrollstellen stünden in Kapitel IV, von dem Art. 9 EG-DSRL Abweichungen erlaube. Die Übertragung der nicht zwingend vorgeschriebenen Ansprüche, Rechte und Pflichten auf ein Selbstkontrollorgan begegne wesentlich weniger Bedenken als die Übertragung zwingend vorgeschriebener Rechte auf dieses[607]. Art 9 EG-DSRL sehe zwar Abweichungen und Ausnahmen von den Kapiteln III, IV und VI „nur insofern vor, als sich die als notwendig erweist, um das Recht auf Privatsphäre mit den für die Freiheit der Meinungsäußerung geltenden Vorschriften in Einklang zu bringen". Die europarechtliche Vorgabe fordere also eine spezifizierende Regelung[608]. Jede Ausnahme müsse im Einzelfall nach Art und Umfang und im Hinblick auf das genannte Ziel begründet werden[609]. Sowohl nach dem Wortlaut von Art. 9 EG-DSRL als auch von dessen Erwägungsgrund 37 obliege es den Mitgliedstaaten, unter Abwägung der Grundrechte Ausnahmen und Einschränkungen festzulegen. Demnach reiche es aus, wenn der jeweilige mitgliedstaatliche Gesetzgeber die Abwägung zwischen den kollidierenden Grundrechten vornimmt. Die entsprechende Klausel müsse keine Klausel enthalten, wonach in jedem einzelnen Fall eine Abwägung vozunehmen ist. Der deutsche Gesetzgeber habe diese Abwägung zwar vorgenommen, im Laufe des Gesetzgebungsverfahrens aber mehr und mehr auf den Presserat übertragen. Bei der Prüfung der Frage, ob der deutsche Gesetzgeber seiner Pflicht zu einer umfassenden Abwägung in ausreichendem Maße nachgekommen ist, seien also auch die Publizistischen Grundsätze des Deutschen Presserates hinzuzuziehen. Auch wenn § 41 Abs.1 BDSG die Presse mehr oder minder pauschal von der Einführung fast aller datenschutzrechtlichen Vorschriften freistelle, führe das Zusammenspiel der Ansprüche in den Publizistischen Grundsätze im Ergebnis zu einer zu einer unfassenden Abwägung zwischen der Pressefreiheit und dem Datenschutz. Im Ergebnis sei deswegen das deutsche Presseprivileg „gerade noch" europarechtskonform[610].

§ 41 BDSG setzt Art. 9 EG-DSRL in das nationale Recht mit einer Rahmenvorschrift i. S. d. Art. 75 GG um. Dies bedeutet, dass das Bundesdatenschutzgesetz keine unmittelbar geltenden Regelungen enthält, sondern die Umsetzung in die Zuständigkeit der Länder legt. Der Bundesgesetzgeber sieht dabei vor, dass die von ihm vorgegebene Regelung lediglich einen Mindeststandard der in der Rechtsprechung des Bundesverfassungsgerichts[611] geforderten datenschutzrechtlichen Regelungen im Bereich der Medien enthalten soll[612]. Dieser in § 41 BDSG gesetzte Mindeststandard entspricht den Vorgaben der Richtlinie insoweit, als dass die zur

606 Neunhoeffer, S. 399 f.
607 Neunhoeffer, S. 399.
608 Neunhoeffer, S. 399 f.
609 Brühann in: Grabitz/Hilf, EGV, Art 27, Rn. 8
610 Neunhoeffer, S. 400 f.
611 BVerfGE 65, 1 ff.
612 BT-Druckssache 14/4329 zu Nr. 45.

Anwendung kommenden Vorschriften, § 5 BDSG (Datengeheimnis), § 7 BDSG (Schadensersatz), § 9 BDSG (technische und organisatorische Maßnahmen) und § 38 a BDSG, sich auf Kapitel III und V der Datenschutzrichtlinie beziehen. Im Gegensatz dazu hat der Gesetzgeber das vom europäischen Richtliniengeber festgelegte Abwägungsgebot, Abweichungen und Ausnahmen nur insoweit von den Kapiteln vorzusehen, als dies zur Abstimmung der kollidierenden Rechte erforderlich ist, im Gesetzesentwurf nicht umgesetzt. Er begründet nicht, warum die Anwendbarkeit der nur einschlägigen Vorschriften der Koordinierung der konkurrierenden Rechte dient. Eine erfolgte Abwägung geht weder aus dem Gesetz selber, noch aus dessen Begründung hervor. Art. 9 EG-DSRL richtet das Abwägungsgebot an die jeweiligen nationalen Gesetzgeber, da diese die beiden kollidierenden Grundrechte in Einklang bringen sollen, insofern dürfte eine durch den Deutschen Pressrat vorgenommene „Abwägung", zumal sich dieser der Wahrung der Pressefreiheit verpflichtet sieht[613], nicht ausreichen[614]. Letztendlich ist auch aus dem Vergleich zwischen den presse- und rundfunkrechtlichen Regelungen des § 41 BDSG zu sehen, dass der Gesetzgeber hier keine (sachgerechte) Abwägung vorgenommen hat[615].

Bei der Prüfung, ob der deutsche Gesetzgeber die Datenschutzrichtlinie rechtmäßig in nationales Recht umgesetzt hat, ist die Frage zu beantworten, ob er mit Elementen der Selbstregulierung europäische Richtlinien in nationales Recht umsetzen darf. Ob eine Umsetzung von sekundärem Gemeinschaftsrecht durch Selbstregulierungselemente zulässig ist, wird im Schrifttum bislang nur für das Umweltrecht diskutiert[616].

Dagegen wird vorgebracht, dass solche Selbstregulierungselemente nicht das nationale Recht gestalten, sondern lediglich eine Praxis begründen würden[617]. Dies könne wiederum nicht genügen, da Richtlinienbestimmungen ihrer Natur nach auf Herstellung eines bindenden Rechtszustandes abzielen[618]. Die Mitgliedstaaten hätten Richtlinien in einer Weise durchzuführen, die dem Erfordernis einer Rechtssicherheit voll entspricht und müssten folglich Bestimmungen der Richtlinie in zwingende nationale Vorschriften umsetzen[619]. Dies sei aber gerade bei einer Selbstverpflichtungserklärung, auf der die Selbstregulierung beruht, gerade nicht der Fall.

Die Gegenmeinung beruft sich auf den Wortlaut von Art. 249 Abs. 3 EGV, wonach es den Mitgliedsstaaten überlassen bleiben soll, wie sie ihre Pflichten aus den Richtlinien nachkommen wollen[620]. Wenn Art. 249 Abs. 3 EGV und früher Art. 189 Abs. 3 EWG-Vertrag von für die Mitgliedsstaaten verbindlichen „Zielen" spricht, sei dies im Sinne von Ergebnissen zu

---

613 Siehe oben unter Ziff. 7.5.
614 So aber: Neunhoeffer, S. 400.
615 Siehe hierzu unten Ziff. 7.3.2.
616 Bohne, VerwArch (75) 343, (362); Franzius S. 180f., Becker, DÖV 1985, 1003 (1007); Oebbecke, DVBl. 1986, 793 (797).
617 Bohne, VerwArch (75) 343, (362); Franzius S. 180f.
618 EuGH, Rs. 300/81, Kommission/Italien Slg. 1983, 449; Nettesheim, in: Grabitz/Hilf, EGV, Art 249, Rn. 141.
619 EuGH, Rs. 207/96, Kommission/Italien Slg. 1997, I-6869.
620 Becker, DÖV 1985, 1003 (1007).

verstehen. Dies würde sich aus einer Analyse der nicht-deutschen Vertragsfassungen ergeben[621]. In diesem Sinne müsse daher unter „Ziel“ einer Richtlinie kein rechtliches, sondern auch ein wirtschaftliches oder soziales und damit ein tatsächliches Ergebnis verstanden werden[622]. Ist das Ziel einer Richtlinie tatsächlicher Natur, soll man die Mitgliedsstaaten für berechtigt halten dürfen, die Erreichung der durch die Richtlinie angestrebten Ziele bzw. Ergebnisse durch lediglich tatsächlich wirkende Maßnahmen wie eine Vereinbarung oder auch Selbstverpflichtungserklärung herbeiführen zu dürfen. Zielt die Richtlinie hingegen auf eine Angleichung der staatlichen Rechtslage ab, genügen tatsächlich wirkende Vereinbarungen nicht[623].

Die Antwort auf die hier zu entscheidende Frage hängt zunächst davon ab, ob das EG-Recht entsprechende einschlägigen Festlegungen enthält, vor allem dadurch, dass es solche Selbstregulierungen ausdrücklich zulässt oder umgekehrt ausdrücklich ausschließt. Die grundsätzliche Möglichkeit der Selbstregulierung ist in Art. 27 EG-DSRL aufgenommen[624]. Die Vorschrift will der gegen die Selbstregulierung hauptsächlich vorzubringenden Kritik der Unverbindlichkeit, präzisiert durch die jederzeitige Abänderbarkeit und die mangelnde Durchsetzungsfähigkeit, durch die Einführung eines Konsultationsverfahrens zwischen staatlichen bzw. europäischen Stellen und den Verfassern von Verhaltensregeln begegnen. Art. 27 Abs. 1 EG-DSRL eröffnet den Mitgliedstaaten den grundsätzlichen Weg, von den Berufsverbänden zu erstellende Verhaltensregeln zur ordnungsgemäßen Durchführung der einzelstaatlichen Vorschriften, zu fördern. Der Wortlaut von Art. 27 EG-DSRL ist Begründung und Grenze der Selbstregulierung bei der Einführung in nationales Recht. Denn wenn diese Verhaltensregeln zur ordnungsgemäßen Durchführung der nationalen Vorschriften beitragen sollen, geht Art. 27 EG-DSRL von der notwendigen Existenz dieser nationalen Gesetze aus, auf denen diese Verhaltensregelungen fußen können. Dies bedeutet aber, dass dieses Selbstregulierungsinstrument nationale Vorschriften nicht ersetzen kann[625]. Daher haben in erster Linie Gesetze den Datenschutz in einem Mitgliedsstaat herzustellen.

Unerheblich für welche Ansicht man sich aus dem oben dargestellten Meinungsstreit entscheidet, bei der hier zu entscheidenden Frage würden wohl beide Meinungen zu dem gleichen Ergebnis kommen. Denn beide Auffassungen fordern, dass bei der Angleichung der staatlichen Rechtslage wie hier bei der Umsetzung der Datenschutzrichtlinie der Erlass von entsprechenden Gesetzen erforderlich ist. Daher sind Richtlinien mit privatrechtsgestaltendem Inhalt stets so umzusetzen, dass sie materiell-subjektive Privatrechte begründen[626]. Hierzu sind Gesetze erforderlich. Zielt die Richtlinie daher auf Angleichung der staatlichen Rechtslage ab, genügen lediglich tatsächlich wirkende Vereinbarungen nicht[627]. Da nach dem vorgenannten bereits Verwaltungsvorschriften nicht für die hier zu entscheidende Frage ausreichen,

---

621 Ipsen, Festschrift für Ophüls, S. 74.
622 Oldekop, S 117.
623 Oebbecke, DVBl. 1986, 793 (797).
624 Vgl. dazu bereits oben Ziff. 6.3.
625 Roßnagel/Pfitzmann/Garstka,Gutachten, S. 153; Roßnagel, in: Roßnagel, HdB DatensR, 3.6, Rn. 25.
626 Nettesheim, in: Grabitz/Hilf, EGV, Art 249, Rn. 145.
627 So auch Oebbecke, DVBl. 1986, 793 (797).

europarechtliche Vorgaben in innerstaatliches Recht umzusetzen, ist eine durch den Deutschen Presserat vorgenommenen Selbstregulierung erst recht nicht ausreichend.

Die Regelungen des vom Deutschen Presserat entworfenen Pressekodex gelten nur für seine Mitglieder. Die Mitgliedschaft ist freiwillig. Dem Deutschen Presserat sind etwa 90 %[628] der deutschen Pressemedien angeschlossen. Der Pressekodex erfasst somit nicht die übrigen 10 %, die sich der Selbstregulierung nach dem Deutschen Presserat nicht unterworfen haben. Die vom Presserat bei Verletzungen des Pressekodex vorgesehene Auskunfts- und Berichtigungsansprüche sowie eine Speicherungspflicht von Gegendarstellungen gelten für diese nicht. Auf diese findet nur § 5 und § 9 BDSG und der hierauf bezogene Schadensersatzanspruch des § 7 BDSG Anwendung. Insofern besteht eine Schieflage des Schutzniveaus hinsichtlich des Datenschutzes zwischen den dem Presserat angeschlossenen Unternehmen und denen, die dem Pressekodex fern geblieben sind. Da aber der Bundesgesetzgeber sich bei der Umsetzung von Art. 9 EG-DSRL für das Mittel der Selbstregulierung entschieden hat, hätte er diese Überlegungen anstellen müssen und insofern, um eine europarechtskonforme Umsetzung zu erreichen, den Ländern Vorgaben machen müssen, wie die vom für die Selbstregulierung zuständigen Deutschen Presserat nicht erfassten Presseunternehmen einen äquivalenten Datenschutz gewährleisten müssen. Dass sich der ganz überwiegende Teil dem Pressekodex unterworfen hat, kann diese nicht ausreichende Flächendeckung, um dennoch eine richtlinienkonforme Umsetzung zu gewährleisten, nicht heilen. Eine umfassende Aufnahme der deutschen Presse durch seine verbandseigene Regeln zum redaktionellen Datenschutz und zum Beschwerdeverfahren ist daher nicht gewährleistet[629]. Weiterhin fehlt auch eine nachvollziehbare, effektive Kontrolle, die darüber wacht, ob diese Selbstverpflichtungserklärungen auch eingehalten werden. Denn im Falle der Nichteinhaltung der Selbstverpflichtungen, muss immer noch eine Not- und Auffangzuständigkeit des Staates gewährleistet sein. Die Mitgliedsstaaten trifft mindestens eine Garantenstellung und Einstandsverantwortung für den Fall fehlenden effektiven Schutzes durch die Selbstverpflichtung[630].

Nach Art. 9 DSRL sind Abweichungen und Ausnahmen von den Kapiteln II, IV und VI ausschließlich erst dann zulässig, wenn sich diese als notwendig erweisen, um das Recht auf Privatsphäre mit den für die Freiheit der Meinungsäußerung geltenden Vorschriften in Einklang zu bringen. Die gewählte Formulierung verpflichtet somit die Mitgliedstaaten, bei der zu treffenden Regelung die beiden Grundrechte – das Persönlichkeitsrecht und die Meinungsfreiheit – miteinander abzuwägen[631]. Die Abweichungen dürfen nur erfolgen, soweit sich dies für die Koordinierung der kollidierenden Rechte als erforderlich erweist. In der Begründung der Kommission zur Datenschutzrichtlinie ist zwar durchaus vorgesehen, dass bei Interessenausgleich zwischen den verschiedenen Grundrechtpositionen rechtliche Institutionen wie ein

---

628 Aus Zimmer, ZUM 2004, 553 (555).

629 Walz, Freundesgabe, S. 307; Walz, in: Simitis, BDSG, 5. Aufl., § 41, Rn. 6; Kloepfer, AfP 2000, 511 (518), Hamburger DuD-Kommentierung zum BDSG, DuD 2003, 5 (24).

630 Kloepfer, AfP 2000, 511 (518).

631 Erwägungsgrund Nr. 37 zur EG-Datenschutzrichtlinie.

Verhaltenskodex Berücksichtigung finden dürfen[632]. Dies kann aber nicht darüber hinwegtäuschen, dass nach Wortlaut und Intention die Ausnahmemöglichkeit nach Art. 9 EG-DSRL eng zu fassen sein sollten[633]. Eine Lösung dagegen, die sich statt auf eine staatliche, imperative Regelung in wesentlichen Bereichen fast ausschließlich auf Selbstverpflichtungserklärungen ohne jede staatliche Kontroll- und Eingriffsmöglichkeit beschränkt, entspricht nicht dieser engen Ausnahmemöglichkeit[634].

Im Ergebnis lässt sich nicht bestreiten, dass die deutsche Lösung für das Presseprivileg, die keine flächendeckende Anwendbarkeit gewährleistet, auf private Beschwerdegremien baut und keine staatliche Implementationskontrolle einrichtet und letztendlich auch das Abwägungsgebot des Art. 9 EG-DSRL beachtet, die von der Richtlinie gesetzten Voraussetzungen für Selbstregulierung verfehlt. Somit reicht die hier gewählte Regelung des Datenschutzes für die Presse nicht für eine Umsetzung der EG-Datenschutzrichtlinie aus[635].

### 8.3.2. Überprüfung der Regelungen hinsichtlich des Rundfunks

Der Bundes- wie auch die Landesgesetzgeber haben in ihren Regelungen des für den Rundfunk bei der journalistischen Recherche geltenden Datenschutzes die Betroffenenrechte auf Auskunft und Berichtigung sowie die Pflicht zur Mitspeicherung von veröffentlichten Gegendarstellungen mit aufgenommen. Diese bilden ein ausgewogenes Verhältnis zwischen den kollidierenden Rechtsgütern. So wurden zum einen die Betroffenenrechte durch die oben angesprochenen Ansprüche gestärkt, diese aber auf der anderen Seite wiederum auf die journalistische Arbeit – z. B. durch die Einschränkung des Auskunftsanspruches zum Informantenschutz –, soweit dadurch die journalistische Tätigkeit unverhältnismäßig beeinträchtigt werden würde, angepasst. Zudem sind aber auch dem Rundfunk ausreichende Befreiungen von Datenschutzverpflichtungen eingeräumt. Hierbei haben die Gesetzgeber die beiden entgegenstehenden Rechtsgüter miteinander abgewogen und das Recht der Privatsphäre mit der Freiheit der Meinungsäußerung in Einklang gebracht.

Hieraus ergibt sich auch für die Presse der Rückschluss, dass wenn die Betroffenenrechte gegenüber dem Rundfunk im Vergleich zur Presse erweitert sind, dann sind die Abweichungen im Pressebereich vom sonstigen Datenschutzrecht offensichtlich i. S. d. Art 9 EG-DSRL nicht erforderlich, um das Recht auf Privatsphäre mit den für die Freiheit der Meinungsäußerung geltenden Vorschriften in Einklang zu bringen. Dadurch wurde das Recht auf Privatsphäre nicht ausreichend beachtet. Eine Rechtfertigung oder einen sachlichen Grund für das Rechtegefälle zwischen Presse und Rundfunk ist aus der Datenschutzrichtlinie nicht zu entnehmen.

---

632 Begründung der Kommission zum abgeänderten Vorschlag der Kommission, ABl. EG Nr. C311 v. 27. November 1992, S. 19.

633 Siehe oben unter Ziff. 2.7.

634 Kloepfer, AfP 2000, 511 (517).

635 So auch: Kloepfer, AfP 2000, 511 (518); Walz, Freundesgabe, S. 307; Walz, in: Simitis, BDSG, 4. Aufl., § 41, Rn. 6, ähnlich wohl auch Di Fabio, AfP 1999, 126 (130).

### 8.3.3. Überprüfung der Regelungen für die Neuen Medien

Hinsichtlich der journalistisch-redaktionellen Verrabbeitung personenbezogene Inhaltsdaten[636] durch Mediendienste ist auf die Ausführungen über die Regelungen hinsichtlich der Presse in den jeweiligen Landespressegesetzen entsprechend zu verweisen. von Soweit Mediendienste personenbezogene Inhaltsdaten ausschließlich zu eigenen journalistisch-redaktionellen oder literarischen Zwecken erheben, verarbeiten und nutzen, gelten nur die §§ 5, 9 und 38a sowie § 7 BDSG.

Hinsichtlich der Europarechtskonformität der Regelungen des Datenschutzes für Mediendienste kann damit auf die Ausführungen zu den Vorschriften über die Presse verwiesen werden[637]. In den Regelungen für die Mediendienste bei der journalistischen Recherche geltenden Datenschutz gelten hinsichtlich der Inhaltsdaten lediglich die entsprechenden Bestimmungen aus den Landespressegesetzen, die lediglich zu Datensicherheit und Datengeheimnis und einen hierauf bezogenen Schadensersatzanspruch verpflichten. Damit bleiben die Regelungen hinter dem bereits unzureichenden Schutzniveau der Presse zurück.
Die Gesetzgeber erwarteten mit der Einführung des § 38a BDSG und der weitgehenden Herausnahme der übrigen Datenschutzvorschriften, im Wege der Selbstregulierung[638] Regelungen zur Förderung des Datenschutzes bei der journalistisch-redaktionellen Arbeit zu treffen[639]. Bisher gibt es keine Institution, die sich um die Einhaltung des Datenschutzes der Mediendienste kümmert. Die Freiwillige Selbstkontrolle Multimedia-Diensteanbieter (FSM)[640] überwacht die Mediendienste lediglich um die Verbreitung rechtswidriger und jugendgefährdender Inhalte in Online-Diensten zu verhindern. Aufgrund der aufgezeigten unzureichenden Regelungen für die Mediendienste geht diese Erwartung in Leere, so dass diese Konzeption – auf dieses Medium bezogen – insgesamt unzureichend ist.

## 8.4. Zusammenfassung

Die in § 41 Abs. 1 BDSG für die Presse und deren Hilfsunternehmen vorgesehene Regelungen entsprechen nicht den Anforderungen, die die Datenschutzrichtlinie bei der Umsetzung in nationales Recht erfordert. § 41 Abs. 1 BDSG fehlt eine Auffangregelung für nicht vom Pressekodex erfassten Unternehmen und damit ein flächendeckend gleichwertiges Schutzniveau. § 41 Abs. 1 BDSG ist insoweit europarechtswidrig. Entsprechendes gilt für die Anwendbarkeit des Datenschutzrechts bei der journalistisch-redaktionellen Datenverarbeitung für die Mediendienste. Neben den zuvor bei der Presse aufgezeigten Mängeln, die auch für die Mediendienste entsprechend gelten, fehlt es für diese darüber hinaus an einer Selbstregulierung, die als Ersatz für eine gesetzliche Regelung gedacht war.

---

636 Vgl im Detail oben Ziffer 5.5.2.
637 Siehe oben Ziffer 8.3.1.
638 Vgl. zum Instrument der Selbstregulierung unten Ziffer 6.
639 BT-Drucksache 14/4329, S. 46.
640 Siehe www.fsm.de

Anders ist jedoch die Regelungen für den Rundfunk zu beurteilen. Hierbei haben die Gesetzgeber die beiden entgegenstehenden Rechtsgüter miteinander abgewogen und das Recht der Privatsphäre mit der Freiheit der Meinungsäußerung in Einklang gebracht und darüber hinaus auch ein flächendeckend gleichwertiges Schutzniveau geschaffen.

## 9. Vereinbarkeit des § 41 BDSG mit dem Grundgesetz

### 9.1. Formelle Verfassungsmäßigkeit

Das Bundesdatenschutzgesetz bestimmt hinsichtlich der Presse, dass die Länder in ihrer Gesetzgebung vorzusehen haben, dass für die Erhebung, Verarbeitung und Nutzung personenbezogener Daten von Unternehmen und Hilfsunternehmen der Presse ausschließlich zu eigenen journalistisch-redaktionellen oder literarischen Zwecken Vorschriften zur Anwendung kommen, die den §§ 5, 9 und 38 a einschließlich einer hierauf bezogenen Haftungsregelung nach § 7 entsprechen.

Der Bund hat sich damit entschieden, die Regelung des von der Presse einzuhaltenden Datenschutzes den Ländern zu überlassen und diesen für die Ausgestaltung gemäß Art. 75 GG nur den Rahmen vorzugeben. Im Gegensatz zu der vorherigen Gesetzesfassung wollte der Bundesgesetzgeber damit der Änderung von Artikel 75 GG[641] Rechnung tragen. Da die Ausgestaltung der zu den in Absatz 1 genannten Zwecken erfolgenden redaktionellen Datenverarbeitung mitprägend für die Gestaltung der Rechtsverhältnisse der Presse ist und somit nur in die Rahmenkompetenz des Bundes fällt, gelten insoweit die übrigen Regelungen des Bundesdatenschutzgesetzes nicht.

Hinsichtlich der formellen Verfassungsmäßigkeit bestehen keine Bedenken. Der Bund trifft hier eine Rahmenregelung, zu der er gemäß Art. 75 Abs. 1 GG ermächtigt ist und gibt den Bundesländern die genaue Ausgestaltung auf. Die wenigen Vorgaben des § 41 Abs. 1 BDSG sind zwar so detailliert, dass sich die Frage der verfassungsrechtlichen Zulässigkeit wegen des prinzipiellen Verbots von Detailregelungen in Rahmengesetzen nach Art. 75 Abs. 2 GG stellen könnte. Doch lässt sich die Zulässigkeit der punktuellen Einzelregelungen in der Rahmenvorschrift als Ausnahmefall im Sinne von Art. 75 Abs. 2 GG[642] aus dem der Bund für seinen Kompetenzbereich treffenden Pflicht zur Sicherstellung der korrekten Umsetzung der EG-Datenschutzrichtlinie begründen[643]. Der Bund legt mit den §§ 5, 7, 9 und 38a BDSG nämlich lediglich einen Mindeststandard des Schutzniveaus fest, den die Länder aber auch überschreiten können. Ihnen bleibt daher ein ausgestaltungsfähiger Gesetzesrahmen.

In den Absätzen 2 bis 4 des § 41 BDSG trifft der Gesetzgeber ausschließlich Regelungen für den Bundesrundfunk „Deutsche Welle“, die Kraft Natur der Sache vom Bundesgesetzgeber geregelt werden können.

---

641 42. Gesetz zur Änderung des Grundgesetzes vom 27. Oktober 1994 (BGBl. I S. 3146).

642 Zu den Voraussetzungen des Ausnahmevorbehalts in Art. 75 Abs. 2 GG: Rozeck, in: v. Mangoldt/Klein, Art 75, Rn 65 ff.

643 Walz, in: Simitis, BDSG § 41, 5. Aufl., Rn. 21.

## 9.2. Materielle Verfassungsmäßigkeit

### 9.2.1. Einhaltung der Schutzpflichten

Mit der weitgehend erfolgreichen Durchsetzung seiner Interessen während des Gesetzgebungsverfahrens zu § 41 BDSG ist es den Interessenvertretern der deutschen Presse gelungen, mögliche Gefahren für die Pressefreiheit auszuschließen. Da der Staat dem Druck der Presselobbyisten nachgab, ist der Staat seiner Schutzpflicht für die Pressefreiheit in ausreichendem Maße nachgekommen. Verletzungen der Pressefreiheit sind durch die Anwendung von § 41 Abs. 1 BDSG nicht zu erwarten[644].

Wie bei der Frage der EG-Richtlinienkonformität[645] taucht auch hier hinsichtlich der Selbstregulierung die Frage auf, ob der Staat hinreichend die Pflicht zum Schutze des Rechtes der informationellen Selbstbestimmung erfüllt hat. Den Staat trifft eine Schutzpflicht für das Grundrecht auf informationelle Selbstbestimmung[646]. Er hat sich schützend vor die Grundrechte zu stellen und eine Gewährleistungsfunktion für ihre Verwirklichung zu erfüllen. Da gegenüber dem Staat bereits die Abwehrfunktion diese Aufgabe erfüllt, richtet sich die Schutzaufgabe des Gesetzgebers gegen Dritte, welche die informationellen Selbstbestimmung gefährden[647]. Bei der Umsetzung einer solchen Schutzpflicht hat der Gesetzgeber einen weiten Einschätzungs-, Wertungs- und Beurteilungsspielraum. Hierbei gibt das Grundgesetz grundsätzlich nur den Rahmen, nicht aber bestimmte Lösungen vor, d. h. der Gesetzgeber darf nach seinem Ermessen entscheiden, wie er seine Schutzpflicht, nicht jedoch darüber, ob er sie erfüllt. Der Gesetzgeber ist allerdings verpflichtet, durch die einfachgesetzliche Ausgestaltung der Privatrechtsordnung die informationelle Selbstbestimmung des Einzelnen insbesondere gegenüber der Informations- und Wissensmacht Dritter sicherzustellen[648].

Angesichts der Schutzaufgabe ist Selbstregulierung nur zulässig, wenn sie im Schutzniveau gleich wirksame Regelungen erreicht wie staatliche Gesetze. Verbindliche Selbstregulierung, die Auswirkungen auf systemexterne Dritte hat, erfordert, dass der gebotene Schutz durch staatliche Rahmensetzung gewährleistet ist. Je mehr sich der Staat im Schutz der Grundrechte zugunsten der selbstregulativen Beiträge zurücknimmt und je größer damit die Risiken für eine Grundrechtsverletzung sind, desto stärker trifft ihn eine aus der Schutzpflicht folgende Gewährleistungsverantwortung. Sie bedeutet eine Beobachtungspflicht, der der Staat durch Wahrnehmung einer Begleit- oder Ergebniskontrolle nachkommen muss[649].

Wenn die zuständige private Stelle die Selbstregulierung unzureichend ausgestaltet, muss der Staat als Reserve eingreifen können und sich daher entsprechende Handlungsoptionen vorbehalten. Eine freie und zugleich verbindliche Regelsetzung durch gesellschaftliche Gruppen

---

644 Kloepfer, AfP 2000, 511 (522 f.); Neunhoeffer, S. 406.
645 Siehe oben Ziffer 8.
646 Roßnagel/Pfitzmann/Garstka, S. 46 f; Roßnagel, in: Roßnagel, HdB DatenschutzR, 3.6. Rn. 17.
647 Vgl. auch hierzu bereits oben unter Ziffer 3.4.
648 Roßnagel, in: Roßnagel, HdB DatensR, 3.6. Rn. 17, mit weiteren Nachwisen.
649 Roßnagel, in: Roßnagel, HdB DatensR, 3.6. Rn. 18; Schmidt-Preuß, VVDStRL 56 (1997), 219.

kann es im Bereich der Grundrechtsausübung und des Grundrechtsschutzes nicht geben. Möglich ist allenfalls eine regulierte Selbstregulierung, bei welcher der Staat durch eine entsprechende Rahmengesetzgebung[650] den gebotenen Grundrechtsschutz sicherstellt.[651]

Der Gesetzgeber ist zum einen gehalten, Vorkehrungen zu treffen, die nicht gänzlich ungeeignet oder völlig unzulänglich zum Schutze des Grundrechts sind. Hierzu bedarf es präventiver und repressiver Schutzelemente. So darf es kein Mittel geben, welches einen besseren Schutz erreicht, ohne die Rechte Dritter oder öffentliche Interessen stärker zu beeinträchtigen. Die Selbstregulierung muss also das gleiche Schutzniveau erreichen wie der Gesetzgeber.

Zum anderen ist die Schutzpflicht nach oben durch die kollidierenden Rechte Dritter begrenzt. So muss die Umsetzung des Schutzes für den Dritten das mildeste und für den Schutz das genauso geeignete Mittel darstellen. Nur wenn der Schutz einem Mindestmaß im Sinne des Untermaßverbots genügt und zugleich der Obergrenze des Eingriffs im Sinne des Übermaßverbots nicht überschritten wurde, ist die Gesetzgebung demnach verfassungsgemäß. Denn der Datenschutz darf auch die journalistische Arbeit der Presse nicht verhindern oder wesentlich behindern. Dies gründet sich auf die besondere Funktion der Medien innerhalb der demokratischen Meinungsbildung, die in Art. 5 Abs. 1 GG niedergelegt ist[652].

Eine Ausnahmeregelung für den von der Presse einzuhaltenden Datenschutz ist unbedingt erforderlich, da die Verarbeitung und Nutzung personenbezogener Daten ansonsten gemäß § 4 Abs. 1 BDSG nur dann zulässig wäre, wenn der Betroffene eingewilligt hat oder eine Rechtsvorschrift dies erlaubt. Die Einwilligung des Betroffenen bei einer kritischen Berichterstattung wäre kaum zu erlangen. So würde es eine Pressefreiheit gar nicht geben, wenn die Zeitungen oder Zeitschriften vor jeder Recherche um Erlaubnis fragen müssten, ob sie Daten erheben oder nutzen dürfen. Um eine kritische Berichterstattung durch die Medien zu ermöglichen, ist also grundsätzlich eine Vorschrift erforderlich, die verhindert, dass der Betroffene diese Berichterstattung durch die Medien gänzlich unterbinden könnte. Derjenige hätte ansonsten jederzeit die Möglichkeit, die Ansprüche auf Auskunft, Berichtigung, Sperrung oder Löschung seiner personenbezogenen Daten geltend zu machen. Insbesondere die Ansprüche auf Sperrung oder Löschung würden eine Berichterstattung mangels verwertbarer Daten unmöglich machen. Die Geltendmachung derartiger Ansprüche würde dazu führen, dass die Presse letztlich ihrer Aufgabe, die Öffentlichkeit zu informieren, nicht mehr nachkommen könnte. Dies würde einen massiven Eingriff in die Presse- und auch Rundfunkfreiheit darstellen und käme regelmäßig einer verbotenen Vorzensur gleich[653].

Zur Umsetzung des Schutzes der informellen Selbstbestimmung hat sich der Staat des Mittels der Selbstregulierung bedient. Er hat den von der Presse einzuhaltenden Datenschutz abgesehen vom der Datensicherheit und des Datengeheimnisses nicht hoheitlich geregelt, sondern es der Presse überlassen, dies selbst zu regeln. Dies ergibt sich aus dem Verweis in § 41 Abs. 1

---

[650] Diese aber nicht im Sinne der Art. 70 ff.
[651] Roßnagel, in: Roßnagel, HdB DatensR, 3.6. Rn. 19.
[652] Siehe hierzu bereits oben Ziff. 3.2.1.
[653] Gall, DuD 1985, 383 (385).

BDSG auf § 38a BDSG, der das Instrument der Selbstregulierung vorsieht. Aufgrund dessen erwartete der Gesetzgeber von der Presse, dass diese § 41 Abs. 1 BDSG ergänzende Verhaltensregeln und Empfehlungen ausarbeitet, die eine regelmäßige Berichterstattung zum redaktionellen Datenschutz sowie ein Beschwerdeverfahren für Betroffene vorsehen[654].

Fraglich ist damit, ob nun durch die sehr weit reichende Herausnahme der Presse aus dem Datenschutzrecht der verfassungsrechtliche Schutzauftrag für das Recht auf informationelle Selbstbestimmung unterschritten wurde. Dies wäre der Fall, wenn die Rechtsordnung das verfassungsrechtliche Schutzminimum nicht mehr gewährleisten würde. Nach oben ist die Schutzpflicht durch die kollidierenden Rechte Dritter begrenzt. Nur wenn ein Mindestmaß an Schutz im Sinne des Untermaßverbots und zugleich der Obergrenze des Eingriffs im Sinne des Übermaßverbots genügt ist, ist die Gesetzgebung demnach verfassungsgemäß.

Die Zweifel, die hierdurch an Vereinbarkeit mit dem Europarecht von § 41 Abs. 1 BDSG dargestellt worden sind[655], lassen sich auf die Frage der Vereinbarkeit der getroffenen Regelung mit dem informationellen Selbstbestimmungsrecht übertragen[656].

Es lässt sich nicht bestreiten, dass der durch die Einführung der Selbstregulierung geschaffene Schutzmechanismen zugunsten des informationellen Selbstbestimmungsrechts keine ausreichende Wirkung erzielt: Die Regelungen des vom Deutschen Presserat entworfenen Pressekodex gelten nur für seine Mitglieder. Die Mitgliedschaft ist freiwillig. Dem Deutschen Presserat sind etwa 90 %[657] der deutschen Pressemedien angeschlossen. Der Pressekodex erfasst somit nicht die übrigen 10 %, die sich der Selbstregulierung nach dem Deutschen Presserat nicht unterworfen haben. Der jeweils Betroffene hat keinerlei Möglichkeiten, die Sanktionen insbesondere den Abdruck vom Spruchkörper des Presserats ausgesprochenen Rügen durchzusetzen[658]. Im Allgemeinen werden die Rügen zwar abgedruckt. Die Verweigerungsrate schwankte z. B. in dem Zeitraum von 1995 bis 1997 zwischen 30 % und 20 %[659]. Die vom Presserat bei Verletzungen des Pressekodex vorgesehene Auskunfts- und Berichtigungsansprüche sowie eine Speicherungspflicht von Gegendarstellungen gelten für diejenigen Verlage, die sich dem Presserat nicht unterwerfen nicht. Auf diese findet nur § 5 und § 9 BDSG und der hierauf bezogene Schadensersatzanspruch des § 7 BDSG Anwendung. Insofern besteht eine Schieflage des Schutzniveaus hinsichtlich des Datenschutzes zwischen den dem Presserat angeschlossenen Unternehmen und denen, die dem Pressekodex fern geblieben sind. Da aber der Bundesgesetzgeber sich zum Schutze der informationellen Selbstbestimmung für das Mittel der Selbstregulierung entschieden hat, hätte er den Ländern Vorgaben machen müssen, wie die vom für die Selbstregulierung zuständigen Deutschen Presserat nicht erfassten Presseunternehmen einen äquivalenten Datenschutz gewährleisten müssen. Dass sich der ganz überwiegende Teil dem Pressekodex unterworfen hat und die Spruchpraxis anerkennt,

---

654 BT-Drucksache 14/4329, S. 46; Gola/Schomerus, BDSG, § 41, Rn. 2.
655 Vgl. oben Ziff. 8.
656 Kloepfer, AfP 2000, 511 (522 f.); Neunhoeffer, S. 408.
657 Aus Zimmer, ZUM 2004, 553 (555).
658 Callies, AfP 2002, 465 (467).
659 Stürner, Bitburger Gespräche, S. 108.

kann diese nicht ausreichende Flächendeckung, um dennoch eine richtlinienkonforme Umsetzung zu gewährleisten, nicht heilen. Eine umfassende Aufnahme der deutschen Presse durch seine verbandseigene Regeln zum redaktionellen Datenschutz und zum Beschwerdeverfahren ist daher nicht gewährleistet[660]. Weiterhin fehlt auch eine nachvollziehbare, effektive Kontrolle, die darüber wacht, ob diese Selbstverpflichtungserklärungen auch eingehalten werden. Denn im Falle der Nichteinhaltung der Selbstverpflichtungen, muss immer noch eine Not- und Auffangzuständigkeit des Staates gewährleistet sein.

Für die Beurteilung, ob der Gesetzgeber den verfassungsrechtlich notwendigen Mindestschutz des Rechts auf informationelle Selbstbestimmung geschaffen hat, darf zwar nicht allein das Datenschutzrecht betrachten werden. Es sind auch die übrigen Teile der Rechtsordnung (insbesondere Zivil- und Strafrecht) zu überprüfen, ob darin noch genügend Abwehrmöglichkeiten enthalten sind. So haben strafrechtliche Verbotsnormen und zivilrechtliche Haftungsvorschriften stets auch eine Präventivfunktion. Haftungsandrohungen sollen künftige Eingriffe und Schäden vermeiden und den potentielle Täter zu sorgfältigem und schadensvermeidendem Verhalten anregen[661]. Dies ist zumindest die Nebenwirkung von Schadensersatzansprüchen[662]. Hierzu hat der Betroffene gegenüber Presseunternehmen die vom Gesetzgeber zur Verfügung gestellten und von der Rechtsprechung ausgestalteten zivil- und strafrechtlichen Instrumentarien wie §§ 823 Abs. 1 und 2, 826, 1004 BGB und jene des Strafgesetzbuches und kann auf Unterlassung, Gegendarstellung und Schadensersatz klagen.

Auch unter Berücksichtigung dieser bestehenden Regelungen im Zivil- und Strafrecht einschließlich der im Bundesdatenschutzgesetz sowie des gesetzgeberischen Spielraums bei der Umsetzung von Schutzpflichten kann nicht davon ausgegangen werden, dass der Gesetzgeber dieser ausreichend nachgekommen ist[663]. Dass diese dort niedergelegten rechtlichen Mittel nicht ausreichen, um den verfassungsrechtlich erforderlichen Schutzpflichten gerecht zu werden, hat letztendlich der Gesetzgeber selbst so eingesehen, in dem er seiner Erwartung Ausdruck verlieh, dass die Presse im Wege der Selbstregulierung den von ihr einzuhaltenden den Datenschutz selbst regeln solle und letztendlich in den Regelungen für den Bundesrundfunk für die zivil- und strafrechtlichen Gesetze hinausgehenden Regelungen geschaffen hat. Da der Gesetzgeber keine flächendeckend einheitlichen Grundrechtsschutz gewährleistet hat, sondern diesen letztendlich in die Beliebigkeit der Presseorgane gelegt hat, inwiefern diese sich dem Deutschen Presserat unterwerfen und aus diesem auch jederzeit wieder austreten können, kann eine verfassungsrechtlich ausreichenden Grundrechtsschutz des Rechts auf informationelle Selbstbestimmung keine Rede sein.

Soweit die vorhandenen gesetzlichen Regelungen zum Schutze des Rechts auf informationelle Selbstbestimmung nicht alle Presseunternehmen umfassend und unbedingt erfassen, stellen

---

660 Walz, Freundesgabe, S. 307; Walz, in: Simitis, BDSG, 5. Aufl., § 41, Rn. 6; Kloepfer, AfP 2000, 511 (518), Hamburger DuD-Kommentierung zum BDSG, DuD 2003, 5 (24).

661 Thomale, S. 90 f.

662 Detaillierter: Thomale, S. 93 ff.

663 Vgl. oben Ziff. 3.4.

diese verfassungsrechtlich keinen ausreichenden Schutz dieses Grundrechts her, so dass eine höherer Schutz rechtspolitisch wünschenswert[664] und verfassungsrechtlich erforderlich ist.

### 9.2.2. Überregulierter Rundfunk

Da der Rundfunk wesentlich stärker den datenschutzrechtlichen Vorschriften ausgesetzt ist[665] als die Presse, stellt sich die Frage, ob diese rundfunkrechtlichen Vorschriften in Anbetracht von Art. 5 Abs. 1 GG verfassungsrechtlich zu rechtfertigen sind.

Einige Landesmediengesetze, Landesdatenschutzgesetze der Rundfunkstaatsvertrag und das Bundesdatenschutzgesetz für die Deutsche Welle enthalten insbesondere den Auskunftsanspruch des Betroffenen hinsichtlich der zu seiner Person gespeicherten Daten, wenn er durch die Berichterstattung in seinen schutzwürdigen Belangen beeinträchtigt wird. Dieser Anspruch wird ergänzt durch einen Berichtigungsanspruch gegenüber fehlerhaftem journalistischem Datenmaterial sowie durch die Verpflichtung des Journalisten, eine gerichtlich verfügte Gegendarstellung zu den gespeicherten Daten zu nehmen.

#### 9.2.2.1. Die Verfassungsmäßigkeit des Auskunftsanspruchs

Gegen die Verfassungsmäßigkeit des Auskunftsanspruches wird vorgebracht, dass dieser dem Begünstigen die Möglichkeit gibt, sich gegebenenfalls schon frühzeitig über Gegenstand und Material einer journalistischen Recherche Kenntnis zu verschaffen und sich gegen die Berichterstattung mit dem medienrechtlichen Unterlassungsanspruch zur Wehr zu setzen. Der Auskunftsanspruch könne zwar aus Gründen des Informantenschutzes verweigert werden, dies lasse jedoch die Tatsache unberührt, dass mit dem Auskunftsanspruch unter der Fahne des Datenschutzes Terrain erobert wird, welches zum grundrechtlich geschützten Kernbereich journalistischer Recherche gehört[666].

Das Hauptproblem eines Auskunftsrechts besteht darin, dass Personen, die eine kritische Berichterstattung gegen sich erwarten oder auch ihr bereits ausgesetzt sind, durch Kenntnis der über sie vorhandenen Informationen in der Lage sein könnten, die Veröffentlichung zu be- oder verhindern. Dies kann etwa durch Geltendmachung der teilweise bereits angesprochenen vermeintlich oder tatsächlich bestehenden presse- oder datenschutzrechtliche Abwehransprüche oder aber auch auf informellem Wege geschehen, sofern der Betroffene z. B. kraft politischen Einflusses, persönliche Beziehungen oder seiner Stellung als wichtiger Werbekunde über besondere Einwirkungsmöglichkeiten auf ein Medienunternehmen verfügt,.

Dieses Problem besteht allerdings nur bezüglich des Materials aktueller Recherchen, nicht aber bei Auskunftsverlangen gegenüber Archiven. Diesem begegnete der Gesetzgeber damit,

---

664 Prinz, NJW 1995, 817 ff.
665 Vgl. hierzu näher Ziff. 4.4.2. sowie 4.4.3.
666 Eberle, CR 1992, 757 (760).

dass er dem Betroffenen nur einen Auskunftsanspruch nach erfolgter Persönlichkeitsverletzung in § 41 Abs. 3 BDSG festschrieb. Er hat daher im Vorfeld keine Möglichkeit, über eine drohende Veröffentlichung Auskunft zu erhalten. Das in den Archiven gesammelte Material gibt keinen Aufschluss über aktuelle Vorhaben, da es nach übergeordneten Gesichtspunkten gesammelt wird und für einen vielfältigen Gebrauch vorgesehen ist.

In Anbetracht der Tatsache, dass das Bestehen eines Auskunftsanspruches Voraussetzung dafür ist, weitere Ansprüche geltend zu machen, gewährt dieses Recht einem Betroffenen einen wirksamen Schutz. Rundfunksender sind demgegenüber durch Auskunftsverweigerungsrechte vor Behinderungen geschützt. Auch hinsichtlich der laufenden Recherchetätigkeit schränkt der Auskunftsanspruch nicht die Arbeit des Journalisten unverhältnismäßig ein. Nach Wortlaut und Intention von § 41 Abs. 2 BDSG und der für die Landesrundfunkhäuser geltenden Regelungen kann der Anspruch erst geltend gemacht werden, wenn die Berichterstattung erfolgt ist. Diese Norm gewährt keinen Anspruch auf eine präventive Auskunft, so dass sich der Betroffene auch nicht mit dem medienrechtlichen Unterlassungsanspruch im Voraus gegen die Berichterstattung zur Wehr setzen kann und damit die Recherche nicht behindert ist. Daher bestehen gegen den Auskunftsanspruch keine verfassungsrechtlichen Bedenken.

### 9.2.2.2. Die Verfassungsmäßigkeit des Berichtigungsanspruchs

Der Berichtigungsanspruch hinsichtlich erwiesenermaßen falscher Angaben könnte mit Art. 5 Abs. 1 GG nicht vereinbar sein, wenn er sich auf die vollständige Dokumentation des tatsächlich Veröffentlichten bezieht. In diesem Sinne wird geltend gemacht: Eine solche Dokumentation würde durch „Berichtigungen" tatsächlich falsch und könnte nicht mehr abbilden, was eigentlich ihre Aufgabe sein soll. Die ehemaligen Berichte dürften nicht durch Berichtigungsansprüche verfälscht werden. Das veröffentlichte Material müsste so dokumentiert sein, wie es ursprünglich publiziert wurde. Dies schließe auch Falschmeldungen ein, um die Geschichte einer solchen Falschmeldung nachzeichnen zu können. Dies dürfe den Medien nicht unmöglich gemacht werden[667]. Darüber hinaus wäre eine Datenveränderung auch häufig kaum möglich, weil einzelne Daten, sondern vollständige Berichte oder Sendungen abgespeichert sind. Die sendetechnische Aufzeichnung ließe sich nicht ohne weiteres nachträglich in einer Weise verändern, die der Berichtigung von Daten entsprechen. Der isoliert auf die Daten des Betroffenen gerichtete Berichtigungsanspruch verkenne zudem, dass die Daten nicht vorgangsbezogen gespeichert sind, sondern im Kontext zu einer Sendung stehen, deren Sinngehalt insgesamt von der Berichtigung betroffen sein kann[668].

Diese Ansicht kann insofern nicht überzeugen, weil – sollte sie zutreffen – sie nicht die Verfassungswidrigkeit des Berichtigungsanspruches herbeiführen könnte. Die vorgebrachten Argumente erzeugen keine verfassungsrechtlichen, sondern allenfalls praktische Schwierigkei-

---

667 Wegel, CR, 1996, 683, (687).

668 Wegel, CR, 1996, 683, (687); so ähnlich: Eberle, CR 1992, 757 (760).

ten. Sollte eine Berichtigung einer bereits ausgestrahlten Sendung unmöglich oder nur schwer möglich sein, kann die Berichtigung durch die Hinzufügung einer – im Gegensatz zu Gegendarstellung überprüften – auf die inhaltliche Unwahrheit des zutreffend Dokumentierten hinweisend, abweichenden Zusatznotiz zur Ursprungsdokumentation vollzogen werden[669]. Dass der Betroffene eine eigene Darstellung im angemessenen Umfang hinzufügen kann, ist zwar im Gegensatz zu einigen anderen Mediengesetzen nicht ausdrücklich erwähnt, kann aber im Einzelfall zur Erfüllung des Berichtigungsanspruches sogar sachgerechter sein als die direkte Korrektur der gesendeten Information. Dies entspricht im Übrigen auch der generell vom Bundesdatenschutzgesetz für die Berichtigung von weder automatisch noch in nicht automatischen Dateien verarbeiteten Daten vorgesehen Handhabung: Nach § 34 Abs. 1 Satz 2 BDSG bleibt das Originaldokument unverändert und die Korrektur wird lediglich in geeigneter Weise festgehalten[670].

### 9.2.2.3. Die Verfassungsmäßigkeit der Speicherungspflicht

Darüber hinaus soll auch die Speicherungspflicht von Gegendarstellungen zu den diesen zugrunde liegenden Sendungen verfassungsrechtlich problematisch sein[671]. Die Gegendarstellungen würden durch die Speicherungspflicht aufgewertet und in den gleichen Rang wie die Sendung selbst gehoben werden. Zwischen beiden bestehe aber ein erheblicher Unterschied, da die journalistischen Daten nach Maßgabe der journalistischen Standesregeln und – im Rundfunk – der gesetzlichen und hausinternen Programmgrundsätze verarbeitet worden sind, während für die Gegendarstellung dergleichen Gestaltungsregeln nicht bestehen, nicht einmal ihr Wahrheitsgehalt gewährleistet ist[672].

Betrachte man die negativen Auswirkungen dieser Regelung für den Rundfunk genauer, so offenbart sich, dass hier keine oder gar wesentliche Beeinträchtigung redaktioneller Arbeit gegeben ist. Denn eine Verwertungspflicht bezüglich der Gegendarstellung für die nächste Berichterstattung ergibt sich aus der Archivierungspflicht nicht. Lediglich ein etwas größerer Aufwand in den Archiven ist Folge dieser Gegendarstellung. Dieser Aufwand tritt aber wohl kaum in dem Aufwand auf, dass die Archivierungstätigkeit insgesamt übermäßig belastet würde, da diese grundsätzlich in jedem journalistisch tätigen Unternehmen anfällt. Die gemeinsam mit der Ausgangsveröffentlichung gespeicherte Gegendarstellung verhindert auch nicht eine von dem Inhalt der Gegendarstellung abweichende Neuveröffentlichung, wenn sich bei der Anwendung der erforderlichen Sorgfalt die Richtigkeit der Ausgangsveröffentlichung anstatt die der Gegendarstellung ergibt. Betrachtet man die Folgen der Archivierungspflicht als Ganzes, ergibt sich daraus, dass angesichts der berechtigten Interessen des Betroffenen an der Beachtung ihrer Gegendarstellung die Rundfunkfreiheit dem nicht zwingend entgegensteht, vielmehr es sich um einen schonenden Interessenausgleich handelt[673].

---

669 Kloepfer, AfP 2000, 511 (521).
670 Walz, in: Simitis, BDSG, 5. Aufl., § 41, Rn. 40.
671 Eberle, CR 1992, 757 (760).
672 Eberle, CR 1992, 757 (760).
673 Kloepfer, AfP 2000, 511 (521).

Die Datenschutzüberwachung obliegt bei den öffentlich-rechtlichen Rundfunkveranstaltern den internen Datenschutzbeauftragten, die von dem jeweiligen Rundfunk oder auch Fernsehrat bestimmt werden. Eine vergleichbare Regelung besteht auch für den privaten Rundfunk. Beispielsweise in Nordrhein-Westfalen oder Niedersachsen überprüft der Datenschutzbeauftragte der jeweiligen Landesmedienanstalt die Einhaltung des Datenschutzrechtes. Dieser arbeitet mit dem jeweiligen Datenschutzbeauftragten des jeweiligen Rundfunkveranstalters zusammen. Diese Regelung ermöglicht auch im journalistisch-redaktionellen Bereich eine Datenschutzkontrolle, ohne in die Gefahr einer staatlichen Einmischung zu gelangen.

Insgesamt kann daher von einer verfassungswidrigen Überregulierung des Datenschutzes für den Rundfunk nicht ausgegangen werden.

### 9.2.3. Rechtsgefälle zwischen Rundfunk und Presse

Aus dem Vergleich zwischen den datenschutzrechtlichen Regelungen für Rundfunk und Presse wird deutlich, dass diese sowohl auf Bundes- als auch auf Landesebene unterschiedlich behandelt werden[674]. Der Rundfunk ist unabhängig von der Gesetzgebungszuständigkeit datenschutzrechtlich wesentlich reglementierter als die Presse.

Der Bundesrundfunk ist durch § 41 Abs. 2 und 3 BDSG und der öffentlich-rechtliche wie auch private Landesrundfunk durch die Vorschriften vieler Landesmediengesetze und den Rundfunkstaatsvertrag weitgehend den voran diskutierten datenschutzrechtlichen Vorschriften ausgesetzt, die im Referentenentwurf von 1999 bereits auch für die Presse vorgesehen waren[675]. Während die von der Berichterstattung Betroffenen – neben dem für alle Bereiche geltenden Gegendarstellungsrecht – gegenüber den öffentlich-rechtlichen und privaten Rundfunkveranstaltern inzwischen weitere elementare Datenschutzrechte besitzen, gibt es gegenüber der Presse keine vergleichbaren Regelungen. So kann derjenige, der durch die Berichterstattung der Rundfunkveranstalter in seinem Persönlichkeitsrecht beeinträchtigt wird, in den meisten Fällen nach der Publikation Auskunft über die der Berichterstattung zugrunde liegenden, zu seiner Person gespeicherten Daten verlangen. Gegenüber der Presse hat er kein entsprechendes Auskunftsrecht. Die meisten Rundfunkveranstalter sind – anders als die Presse – zudem verpflichtet, etwaige Gegendarstellungen zu den gespeicherten Daten zu nehmen, auf die sie sich beziehen (Mitspeicherungspflicht). Der Gesetzgeber hat darüber hinaus in § 47 Abs. 1 RfStV auch ausdrücklich klargestellt, dass das Bundesdatenschutzgesetz auf die Datenverarbeitung und -nutzung auch außerhalb von Dateien Anwendung findet. Damit gilt dies sowohl für die öffentlich-rechtlichen wie auch für die privaten Rundfunkveranstalter und stellt damit eine Abweichung von § 1 Abs. 2 Nr. 3 BDSG dar, wonach die Grundsätze der Datenverarbeitung und -nutzung bei dem nicht-öffentlichen Bereich nur auch Dateien beschränkt ist. Demgegenüber findet das Bundesdatenschutzgesetz für die Presse als nicht öffentliche Stelle nach § 1 Abs. 2 Nr. 3 BDSG nur eingeschränkt Anwendung.

---

674 Vgl. hierzu näher Ziff. 4.4.2 sowie 4.4.3.

675 Siehe 4.3.

Verfassungsrechtliche Zweifel kommt hier grundsätzlich auf. Pressearchive unterscheiden sich nicht grundsätzlich durch die Art und Weise oder ihren Umfang und auch nicht durch die mit ihnen verbundenen Gefahren von denjenigen der Rundfunkanbieter. Auch durch Art. 5 Abs. 1 GG ist nicht erkennbar, dass die Verfassungsgeber hier eine unterschiedliche Behandlung dieser beiden Medien vorgesehen haben. Dies gilt heutzutage um so mehr, als sich Presse und Rundfunk in ihren Erscheinungsformen zunehmend aufeinander zu entwickeln und darüber hinaus auch dort, wo sie sich noch unterscheiden, durch wirtschaftliche Verflechtungen untereinander kaum noch voneinander zu trennen sind. Dies trifft auch für die gemeinsame Nutzung von Archiven zu. Es ist hier davon auszugehen, dass es sich bei Presse und Rundfunk um wesentlich gleichgelagerte Fälle handelt.

Dies könnte unter dem Aspekt des Gleichheitssatzes verfassungsrechtlich problematisch sein. Die verfassungsrechtliche Einordnung der Massenkommunikation zwingt den Gesetzgeber nicht zu einer bestimmten Form der Regulierung[676]. Damit stellt sich die Frage, ob die Presse gegenüber den anderen Medien, d.h. Fernsehen, Rundfunk, Neue Medien, ohne hinreichenden sachlichen Grund bevorteilt ist und damit der § 41 BDSG mit Art. 3 GG vereinbar ist. Hierdurch könnte sich ein Gleichbehandlungsgebot in datenschutzrechtlicher Hinsicht für alle Medien ergeben. Dies umso mehr, da Presse und Rundfunk sich durch wirtschaftliche Verflechtungen und neue Geschäftszweige immer weiter annähern.

Hier spielt aber die Frage der Gesetzgebungskompetenz wiederum eine Rolle, da die Regelung des Rundfunkbereichs grundsätzlich den Ländern überlassen ist, während die Gesetzgebung hinsichtlich der Presse nach Art. 74 Abs. 1 Nr. 1, 11 oder Art. 75 Abs. 1 Nr. 2 GG dem Bund überlassen ist. Damit könnte diese Kompetenzverteilung den Gleichheitssatz überlagern, da das Gleichbehandlungsgebot nur innerhalb des jeweiligen sachlich zuständigen Gesetzgebers gilt[677]. Trotzdem bleibt aber auf der Bundesebene die Frage, ob die Ungleichbehandlung von Bundesrundfunk und der Presse sich nach Art. 3 Abs. 1 GG[678] rechtfertigen lässt. Das Bundesdatenschutzgesetz enthält ja auch Regelungen für die Deutsche Welle und die übrigen pressebezogenen Vorschriften werden von den Landesgesetzgebern ausgestaltet, die primär auch für das Rundfunkrecht der übrigen Rundfunkanstalten und –unternehmen zuständig sind. Wegen der unterschiedlichen Gesetzgebungskompetenzen darf die Ausgestaltung des Rundfunkbereichs durch die Länder nicht den im Fall der Presse als Rahmengesetzgeber tätigen Bund zu einer bestimmten Regelung zwingen. Insofern muss hier die Kompetenzfrage diejenige der Gleichbehandlung überlagern. Andernfalls würde dies zu einer verfassungswidrigen Einengung des sachlich zuständigen Gesetzgebers führen, da dann die Regelung für diesen nicht mehr ausgestaltungsfähig und ausgestaltungsbedürftig wäre. Der Gleichheitssatz zwingt nur zur Gleichbehandlung innerhalb des Zuständigkeitsbereichs eines Ge-

---

676 Schulz, ZUM 1996, 487 (491).

677 BVerfGE 10, 354 (371); 21, 54 (68); 76, 1 (73); 93, 319 (351); Starck, in: v. Mangoldt/Klein, GG I Art. 3, Rn. 226 ff; Heun, in: Dreier, GG-Kommentar, Art 3, Rn. 48; Herzog, in: Maunz/Dürig, GG, Art 3, Anhang Rn. 38 ff.

678 Dies ist zu unterscheiden von Art. 3 Abs. 2 GG; siehe hierzu F.-H Thomale, S. 70 ff.

setzgebers, nicht aber zwischen den Zuständigkeitsbereichen verschiedener Gesetzgeber[679]. Diese Verfassungsproblematik bleibt auf Bundesebene dadurch erhalten, indem der Bundesgesetzgeber im Rahmen seiner Kompetenzen Bundesrundfunk und Presse unterschiedlich behandelt. Zwar hat der Bundesgesetzgeber bezüglich der Presse nur eine Rahmengesetzgebungskompetenz, die in der Ausgestaltung einer gesetzlichen Regelung begrenzt ist. Er kann damit für die Länder nur einen Gesetzesrahmen bezüglich der Presse abstecken und damit keine mit § 41 Abs. 2 bis 4 BDSG vergleichbaren Detailregelungen als Gesetz schaffen, er kann jedoch – und ist dazu unter Umständen nach Art. 3 Abs. 1 GG verpflichtet – die gleiche Methodik wie in § 41 Abs. 1 GG anwenden.

Da gleichermaßen im Wesentlichen die Ausgestaltung des Datenschutzes für die Presse genauso wie entsprechende Regelungen für die Rundfunkanstalten[680] in die Gesetzgebungszuständigkeit der Länder fält, ist auf Länderebene hinsichtlich des jeweils zuständigen Landesgesetzgeber diese Ungleichbehandlung nach Maßgabe des Art. 3 Abs. 1 GG rechtfertigungsbedürftig. Verfassungsrechtlich relevant, d.h. verfassungsrechtlicher Rechtfertigung bedürftig, ist nur die Ungleichbehandlung von wesentlich Gleichem[681]. Dies bedeutet, dass der Gleichheitssatz jedes Mal berührt ist, wenn zwei grundsätzlich gleiche Personen oder Personengruppen unterschiedlich behandelt werden[682].

Rundfunk und Presse unterscheiden sich in ihrer Funktion nicht grundsätzlich. Unter den Bedingungen der modernen Massenkommunikation sind beide für die freie individuelle und öffentliche Meinungsbildung unerlässlich[683]. Unterschiede bestehen allerdings im Mittel der Funktionserfüllung. Während die Presse bei der Berichterstattung darauf beschränkt ist, ihren Lesern ein Ereignis in Wort und Bild zu schildern, hat der Rundfunk darüber hinaus die Möglichkeit, das Ereignis seinen Zuhörern und Zuschauern akustisch und optisch in voller Länge oder in Ausschnitten zeitgleich und zeitversetzt zu übertragen.

Dem Rundfunk, insbesondere dem Fernsehen, kommt eine besondere Macht zu. Die Gleichzeitigkeit von Aussage und Empfang, die Unmittelbarkeit des Miterlebens, deren Intensität beim Fernsehen durch den optischen Eindruck und die Kombination von Bild und Ton wesentlich verstärkt wird[684], verleihen diesen Medien nachdrückliche Wirkungsmöglichkeiten. Gleichzeitig zeichnen sich der Rundfunk und das Fernsehen durch eine besonders große Reichweite aus, so dass sie gleichzeitig breite Empfängerkreise unmittelbar ansprechen können. Rundfunk und Fernsehen sind zu einem der mächtigsten Kommunikationsmittel und Massenmedien geworden, die nicht dem freien Spiel der Kräfte überlassen werden können[685]. Die kontinuierliche Abfolge von unterschiedlichen Themen, Situationen, Szenen, Einstellungen etc., die für Hörfunk und Fernsehen charakteristisch sind, den Konsumenten mitreißen

679 Kloepfer, AfP 2000, 511 (522).
680 Ausgenommen natürlich die Deutsche Welle.
681 St. Rspr: z.B BVerfGE 49, 148 (165).
682 Pieroth/Schlink, Rn. 431 ff.
683 BVerfGE 12, 205 (260); 35, 202 (222 f.); 63, 131 (142); 91, 125 (134).
684 Hermann, S. 246; BVerfGE 35, 202 (227).
685 BVerfGE 31, 314 (325); Lange: in, Festschrift für Löffler, S. 213 f.

können, bestimmen das Wesen dieser Medien. Dem gegenüber ermöglicht das Lesen stehender Texte, dem Konsumenten eine eigene Auswahl zu treffen, und eigene Gedanken weiterzuspinnen. Der Fernsehzuschauer verarbeitet die vom Fernsehen dargebotenen Informationen dagegen eher oberflächlich. Gerade mit Tönen versehene Übertragungen bewegter Bilder haben eine unmittelbare gefühlsmäßige Wirkungsqualität, so dass das Verhältnis des Rezipienten eher mit dem Konzept des Fernseh-Fühlens adäquat beschrieben werden kann, als mit Ansätzen, die an einem rationalen Diskurs orientiert sind[686]. Diese Befunde weisen in eine Richtung, die das Bundesverfassungsgericht mit den Kriterien der Suggestivkraft und der Authentizität von Rundfunk und Fernsehen beschrieben hat[687].

Die Berichterstattung im Fernsehen und Rundfunk könnte daher einen größeren Eingriff in das Persönlichkeitsrecht als eine Schriftberichterstattung der Presse aufgrund der stärkeren Intensität des optischen Eindrucks und der Kombination von Bild und Ton beim Fernsehen[688] darstellen. Daher könnte bei Persönlichkeitsrechtsverletzungen durch den Rundfunk ein höheres Gefährdungspotential bestehen, da die relative Haltbarkeit des gesprochenen Wortes höher ist als die des geschriebenen[689].

Demgegenüber steht jedoch die Tatsache, dass das in der Presse geschriebene immer wieder gelesen werden kann. Das was die Presse einmal veröffentlicht hat, kann man nicht mehr zurückholen. Dies ist anderes beim Rundfunk, da hier dieses Medium es in der Hand hat, wie oft eine Information veröffentlicht wird und damit durch ein nicht wieder ausstrahlen zu einem Vergessen beitragen kann. Diese Möglichkeit ist der Presse so nicht gegeben. Außerdem gibt es wenige Sender und im Gegensatz dazu mehrere Zeitschriften und Zeitungsverlage, so dass die durch die Presse verbreiteten Meldungen in deutlich größerer Zahl auftreten. Dieser Schluss wird zudem dadurch verstärkt, dass sich Presse und Rundfunk in ihren Erscheinungsformen zunehmend annähern. Dies ergibt sich aus den heute bei sowohl Presse- als auch Rundfunkunternehmen gleichermaßen vorhandenen Internetangeboten. Eine Unterscheidung zwischen Presse und Rundfunk in ihrer Wirkungsweise, die eine unterschiedliche Behandlung von im Datenschutzrecht rechtfertigen würden, ist daher nicht ersichtlich. Auch ist eine Ungleichbehandlung nicht durch den Wortlaut von Art. 5 Abs. 1 GG gerechtfertigt. Letztendlich lässt sich eine Ungleichbehandlung von Presse und Rundfunk nicht rechtfertigen. Da sowohl im Bundes- als auch im Landesrechtrecht die jeweiligen Gesetzgeber an der Ungleichbehandlung von Presse und Runkfunk festhalten und die Presse keinen weitergehenden Pflichten unterwerfen als in § 41 Abs. 1 BDSG, ist davon auszugehen, das § 41 BDSG und die diese Rahmenregelung ausfüllenden landesrechtlichen Vorschriften insofern gegen das verfassungsrechtliche Gleichheitsgebot verstoßen[690].

---

686 Schulz, ZUM, 1996, 487 (492 f.).

687 BVerfGE 90, 60 (87).

688 Vgl. BVerfGE 31, 314, 325 (Umsatzsteuer); BVerfGE 35, 202, 227 (Lebach I); BVerfGE 90, 60, 87 (Rundfunkgebühren); Degenhart, in: BK Art. 5 Abs. 1 und 2 Rn. 623 und 670; Paschke Rn. 206, 224; Lange, in: FS-Löffler, S. 213 f.; Schulz, ZUM 1996, 492.

689 Kloepfer, AfP 2000, 511 (516).

690 so wohl auch Kloepfer, AfP 2000, 511 (523); Neunhoeffer S. 409 f.

### 9.2.4. Verfassungsmäßigkeit des Schadensersatzanspruches, § 7 BDSG.

Der Schadensersatzanspruch des § 7 BDSG kommt gemäß § 41 Abs. 1 BDSG für die journalistisch-redaktionellen Bereich nur bei Verletzungen der §§ 5, 9 und 38a BDSG zur Anwendung. Ein Schadensersatz kann daher von einem Presseunternehmen nur dann verlangt werden, wenn ein Verstoß gegen das Datengeheimnis wegen z. B. unbefugter Datenweitergabe vorliegt oder unzureichende technisch-organisatorische Maßnahmen getroffen worden sind. Genauso kommt ein Schadensersatzanspruch in Frage, wenn gegen die im Wege der Selbstregulierung gesetzten Verhaltensregeln verstoßen worden ist. Wenn es zu einem Verstoß einer der vorgenannten Vorschriften gekommen ist, hat nicht der Betroffene dem Presseunternehmen ein Verschulden nachzuweisen, sondern der Schädiger hat darzulegen, dass er die nach den Umständen erforderliche Sorgfalt beachtet hat.

Im Haftungsrecht muss grundsätzlich der Geschädigte den Beweis erbringen, dass derjenige, den er auf Schadensersatz in Anspruch nimmt, sich fahrlässig verhalten hat[691]. Er trägt daher die Beweislast und damit das Risiko des Prozessverlaufs für den Fall der Nichterweisbarkeit einer Tatsache[692]. Der Geschädigte als Anspruchsteller muss die rechtsbegründenden, der vermeintliche Schädiger als Anspruchsgegner die rechtsvernichtenden, rechtshindernden oder rechtshemmenden Tatbestandsmerkmale beweisen[693].

In Abkehr von dieser Beweislastregel hat nach § 7 BDSG der Schädiger hier nachzuweisen, dass er nicht schuldhaft gehandelt hat. Das Tatbestandsmerkmal des Verschuldens ist aber eine rechtsbegründende Tatsache im Schadensersatzrecht. Diese Verlagerung der Beweislast bezüglich des Verschuldenserfordernisses – so wurde vorgetragen – soll für die Medien eine unverhältnismäßige Erschwernis ihrer Arbeit bedeuten[694]. Den Medienunternehmen könne es gegebenenfalls schwer fallen, die Einhaltung der erforderlichen Sorgfalt nachzuweisen. Der Presse stünden häufig nur eingeschränkte Möglichkeiten zur Verfügung, Daten zu Beweiszwecken zu speichern. Die Einführung der einer Beweislastumkehr gleichkommenden Verschuldensvermutung zu Lasten der Presse berge die Gefahr in sich, dass der Spielraum des mutigen Journalisten stark eingeengt werden würde, wenn dieser ständig gezwungen wäre, sich eine Nachweismöglichkeit zu sichern, dass er die erforderliche Sorgfalt eingehalten habe. Der Schutz der Anonymität von Informanten, welche für einen zentralen Bereich journalistischer Arbeit im Stadium der Informationsbeschaffung unentbehrlich sei, genieße hier Vorrang vor einem nicht primär datenschutzrechtlichen Erfordernis. Die Verfassungsmäßigkeit dieses Anspruches müsse wegen seiner schwerwiegenden und nicht mehr verhältnismäßigen Folgen für die Recherchetätigkeit der Presse auch unter Berücksichtigung seiner positiven Folgen für den Schutz des Rechts auf informationelle Selbstbestimmung bezweifelt werden[695].

---

691 Kötz, Deliktsrecht, Rn. 253; Thomale, S. 113.

692 Hartmann, in: Baumbach, Anhang nach § 286 ZPO, Rn. 1.

693 Greger, in: Zöller, vor § 284 ZPO, Rn. 17; BGH, NJW 1991, 1052; BGH, NJW 1995, 50.

694 Kloepfer, AfP 2000, 511 (520, 522); siehe auch Stellungnahme des Deutschen Presserates: http://www.presserat.de/site/doku/presse/mitteil1999.shtml#; Lazarakos, S. 121 f; Berger-Dehley, S. 322 f.

695 Kloepfer, AfP 2000, 511 (520); Berger-Dehley, S. 323.

Dieser vertretenen Ansicht kann nicht gefolgt werden. Eine übermäßige verfassungsrechtliche Belastung der Presse durch die Einführung dieses beschränkten Schadensersatzanspruches mit Beweislastumkehr kann nicht angenommen werden. Die Vertreter der zuvor dargestellten Ansicht übersehen, dass die Haftung nur bei einer Verletzung von §§ 5, 9 oder 38 a BDSG eintritt. Dies sind die Vorschriften über das Datengeheimnis (§ 5 BDSG), die einzuhaltenden technischen und organisatorischen Maßnahmen (§ 9 BDSG) und die selbstgesetzten Verhaltensvorschriften der Presse. Aus diesen Vorschriften ist nicht ersichtlich, dass ein darauf beruhender Schadensersatzanspruch den Journalisten einschränken würde. Denn diese betreffen nicht die Recherchetätigkeit. Der Journalist kann durch §§ 5 und 9 BDSG ungehindert mit seiner Recherche fortfahren, diese Vorschriften sichern nur die spätere, sichere Speicherung der dadurch gewonnenen Daten. Die oben dargestellte umgekehrte grundsätzliche Beweislast kann für den Geschädigten insofern nachteilhaft sein, da Beweismittel, die einen Schadenshergang belegen könnten, nur sehr schwierig oder gar nicht beizubringen sind[696]. Dies gilt vor allem dann, wenn es sich um betriebsinterne für den Geschädigten nur sehr schwer einsehbare Abläufe handelt. So verhält es sich auch hier: Ohne die Beweislastumkehr wäre der Schadensersatzanspruch nahezu bedeutungslos, da es kaum denkbar ist, dass der Betroffene dem Medienunternehmen ein Verschulden hinsichtlich der Einhaltung des Datengeheimnisses oder der technischen und organisatorischen Maßnahmen nachweisen kann. Denn dies spielt sich ausschließlich im Inneren des Presseunternehmens ab, in dem dieser keinen Einblick hat.

Auch ein auf Verletzung der Verhaltensregeln beruhender Schadensersatzanspruch belastet die Presse nicht unverhältnismäßig. Denn diese Verletzung[697] ist doch gerade vorher durch die Presse selbst im Rahmen ihrer Selbstregulierung festgestellt worden. Insofern kommt es auf ein Verschulden gar nicht mehr an, so dass auch die Beweislastumkehr gar nicht mehr zum Tragen kommt. Eine Verfassungswidrigkeit eines auf diesen beruhenden Schadensersatzanspruches kann daher nicht angenommen werden. Es bestehen daher gegenüber der Verfassungsmäßigkeit des § 41 BDSG keine Bedenken.

---

696 Thomale, S. 114.

697 Siehe hierzu unter Ziff. 7.

## 10. Modernisierungsbedarf für § 41 BDSG?

Im Folgenden soll abschließend untersucht werden, inwieweit es durch eine Reform des § 41 BDSG es zu einem europarechts- und verfassungskonformen sowie einem rechtspolitisch sachgerechteren Ausgleich zwischen dem Recht auf informationellen Selbstbestimmung und der Meinungs-, Presse-, Rundfunk und Informationsfreiheit kommen kann.

### 10.1. Die Kompetenz des Gesetzgebers

Es ist interessant festzustellen, dass noch die ersten beiden Vorentwürfe zur Neufassung des BDSG vor dem Referentenentwurf von 1999 nach dem Inkrafttreten der Datenschutzrichtlinie nicht lediglich von einer Rahmengesetzgebungskompetenz, sondern von einer Gesamtgesetzgebungskompetenz des Bundes ausgingen. Bis dahin war der Bundesgesetzgeber stets der Auffassung, dass sich seine Gesetzgebungskompetenz im Bereich des Datenschutzes aus Art. 74 Abs. 1 Nr. 1, 11 GG ergebe[698]. Diese Grundgesetznorm weist die Kompetenz für das Bürgerliche Recht und das Recht der Wirtschaft im Rahmen der konkurrierenden Gesetzgebung dem Bund zu. Ab Dezember 1997 stützte sich der Bund für den Bereich des Presse-Datenschutzrechts auf Art. 75 Abs. 1 Nr. 2 GG, in dem lediglich von den „allgemeinen Rechtsverhältnissen der Presse“ die Rede ist.

Es ist daher fraglich, ob der Bund die vollständige Gesetzgebungkompetenz über diese Materie an sich ziehen kann, um sich für eine praktikablere Lösung – nämlich für eine bundesweit einheitliche Regelung des Datenschutzrechts der Presse – zu entscheiden. Es liegt auf der Hand, dass im Bereich des Datenschutzrechts für die Medien eine von Bundesland zu Bundesland unterschiedliche Regelung wenig sinnvoll wäre[699].

Es ist daher zu prüfen, aus welcher Kompetenznorm welcher Gesetzgeber für den von der Presse einzuhaltenden Datenschutz zuständig ist. Soweit Gemeinschaftsrecht durch innerstaatliches Recht umgesetzt werden muss, wenn also wie hier der Europäische Richtliniengeber den deutschen Gesetzgeber dazu verpflichtet, bestimmte Gesetze zu erlassen, richtet sich die Zuständigkeit für den Erlass dieser Gesetze und damit die Umsetzung des EG-Rechts, wie die rein nationalen Gesetze nach den Art. 70 ff. GG. Einen besonderen Kompetenztypus einer Umsetzungsgesetzgebung gibt es nicht[700].

Der Bundesgesetzgeber berief sich bei der heutigen Gesetzesfassung auf die Rahmengesetzgebungskompetenz des Art. 75 Abs. 1 Nr. 2 GG. Hierdurch solle der Änderung der Rahmenvorschrift von Artikel 75 GG durch das 42. Gesetz zur Änderung des Grundgesetzes vom 27. Oktober 1994[701] Rechnung getragen werden. Da die Ausgestaltung der zu den in Absatz 1

698 Maunz, in: Maunz/Dürig, GG, Art. 74, Rdn. 61

699 So auch der Verband Deutscher Zeitschriftenverleger (VDZ) in der Presseerklärung vom 7. 9. 1999; Stellungnahme des Deutschen Presserates, AfP 1999, 458 (460).

700 Degenhart, Rn. 152.

701 BGBl. I S. 3146.

genannten Zwecken erfolgenden redaktionellen Datenverarbeitung mitprägend für die Gestaltung der Rechtsverhältnisse der Presse ist und somit nur in die Rahmenkompetenz des Bundes fällt, gelten insoweit die übrigen BDSG-Regelungen nicht[702].

Art. 75 Abs. 1 Nr. 2 GG weist dem Bund die Kompetenz zu, Rahmengesetze über allgemeine Rechtsverhältnisse der Presse zu erlassen. Der Pressebegriff[703] des Art. 75 Abs. 1 Nr. 2 GG ist dabei gleich zu verstehen wie der des Art. 5 Abs. 1 GG[704]. Der Begriff „allgemeine Rechtsverhältnisse" bedeutet zum einen, dass trotz Verfolgung eines spezifisch presserechtlichen Ziels nicht bestimmte einzelne Presseprodukte betroffen und zum anderen, dass nur grundsätzliche Regelungen getroffen werden dürfen. Da sich insofern Kompetenznorm und Schutzbereich des Grundrechtes bezüglich des Pressebegriffs decken, erstreckt sich auch Art. 75 Abs. 1 Nr. 2 GG prinzipiell auf den gesamten Bereich der Informationsbeschaffung über die redaktionelle Be- und Verarbeitung bis hin zur Verbreitung der Meldung oder Meinung samt den damit verbundenen organisatorischen, technischen und wirtschaftlichen Abläufen. Dies bedeutet jedoch nicht, dass jede Regelung, die sachlich an Art. 5 GG zu messen ist, schon deshalb unter Art. 75 Abs. 1 Nr. 2 GG fällt. Rechtsverhältnisse der Presse sind vielmehr nur berührt, wenn die Funktion der Presse als Massenkommunikationsmittel betroffen ist[705]. Die Bezugnahme auf die allgemeinen Rechtsverhältnisse legt eine zusätzliche Begrenzung hinsichtlich der Regelungsdichte nahe. Dieser Begriff ist daher so zu verstehen, dass der Bundesgesetzgeber nur Fragen von grundsätzlicher Bedeutung regeln darf.

Dem gegenüber steht jedoch der bereits angesprochene Art. 74 Abs. 1 Nr. 1 GG, dem kompetenzrechtlich der Bereich des Datenschutzes zugeordnet wird[706]. Hinsichtlich der Regelungen zum Schutze der informationellen Selbstbestimmung bei der Datenverarbeitung durch den nicht öffentlichen Bereich fällt die Gesetzgebungszuständigkeit auf verschiedene Sachkompetenzen, insbesondere auch auf das Bürgerliche Recht nach Art. 74 Abs. 1 Nr. 1 GG. Unter dem Bürgerlichen Recht werden von dieser Norm diejenigen Vorschriften verstanden, die den privaten Status und die rechtlichen Beziehungen Privater in ihrem Verhältnis zueinander regelt. § 41 BDSG klärt, inwieweit die Presse die Daten Privater bei ihrer journalistisch-redaktionellen Tätigkeit verarbeiten darf. Es geht hierbei um Rechtsbeziehungen zwischen Privaten, so dass es sich um eine dem Bürgerlichen Recht zuzuordnende Regelung handelt und § 41 BDSG grundsätzlich dem Bürgerlichen Recht zu zuweisen ist.

Damit haben wir für diesen Bereich zwei passende Kompetenznormen, die unterschiedliche Gesetzgebungszuständigkeiten zuweisen. Nicht jede Regelung, die in irgendeiner Weise die Presse berührt, fällt unter Art. 75 Abs. 1 Nr. 2 GG. Aber auch nicht jede bürgerlich-rechtliche Regelung fällt unter Art. 74 Abs. 1 Nr. 1 GG, wie ein Vergleich mit Art. 73 Nr. 9 GG zeigt,

---

702 BT-Drucksache 14/4329, S. 46.

703 Siehe hierzu oben unter Ziff. 3.2.1.

704 Maunz, in: Maunz/Dürig, Art 75, Rn. 86; Pieroth, in: Jarass/Pieroth Art. 75, Rn 10; Degenhardt, in: Sachs, Art 75, Rn. 25 ff.; Rozek, in: v. Mangolt/Klein, Art 75, Rn. 40 ff.

705 Rozek, in: v. Mangoldt/Klein/Starck, Art. 75 Abs. 1 S. 1 Nr.2, Rn. 47; Kunig, in: v. Münch/Kunig, GG III, Art. 75, Rn. 25; Stettner, in: Dreier, GG II, Art 75 Rn. 24; Umbach/Clemens, GG II, Art 75, Rn. 26.

706 Maunz, in: Maunz/Dürig, GG, Art. 74, Rdn. 61.

der die ausschließliche Gesetzgebungszuständigkeit für den gewerblichen Rechtsschutz, das Urheberrecht und das Verlagsrecht dem Bund zuweist, obwohl diese Gebiete ebenfalls dem Bürgerlichen Recht zuzuordnen sind. Es kommt bei der Abgrenzung zweier sich hinsichtlich eines Regelungsbereiches überschneidenden Kompetenznormen auf den Schwerpunkt dieser Regelung bzw. den überwiegenden Sachzusammenhang an[707]. Hierbei muss eine eindeutige Zuordnung zum Bund oder zu den Ländern in jedem Falle vorgenommen werden. Doppelzuständigkeiten, auf deren Grundlage Bund und Länder ein und denselben Gegenstand in unterschiedlicher Weise regeln könnten, ist dem System der verfassungsrechtlichen Verteilung der Gesetzgebungszuständigkeiten fremd und wäre auch mit der Abgrenzungsfunktion des Art 70 Abs. 2 GG nicht vereinbar[708]. Die in den Art. 70 ff. GG aufgezählten Gegenstände der Gesetzgebung sind aber nicht jeder für sich in abstrakter Deutung zu bestimmen. Ihre Abgrenzung ergibt sich aus dem Gesamtgefüge dieser Vorschriften, so dass zum Beispiel der Gegenstand, der sowohl unter eine spezielle wie auch unter eine allgemeine Bezeichnung eingeordnet werden kann, nur der speziellen unterstellt werden darf[709].

Die in § 41 BDSG getroffene Regelung betrifft die Presse im Kern ihrer hauptsächlichen Tätigkeit. Hierbei geht es nämlich darum, inwieweit sie Daten und Informationen, welche sie im Rahmen ihrer journalistisch-redaktionellen Recherche erlangt hat, verarbeiten kann. In diesem Bereich geht es zwar auch um bürgerlich-rechtliche Verhältnisse, jedoch wesentlich spezieller um die Rechtsverhältnisse der Presse. § 41 gestaltet die Datenverarbeitung durch dieses Medium aus und betrifft daher das „ob" und „wie" der Recherche und damit den wesentlichen Bereich, ohne den die journalistisch-redaktionelle Arbeit nicht denkbar wäre. Dem Bund ist daher lediglich die Rahmengesetzgebungskompetenz nach Art. 75 Abs. 1 Nr. 2 GG zugeschrieben. Er kann grundsätzlich keine Vollregelung erlassen, die eine bundeseinheitliche Gesetzgebung zur Folge hätten, sondern kann nur Rahmenregelungen erlassen, deren Ausgestaltung den einzelnen Bundesländern obliegt.

## 10.2. Europarechtskonforme Umsetzung

Als Ergebnis der Frage, ob der deutsche Gesetzgeber die Datenschutzrichtlinie europarechtskonform umgesetzt hat, wurde festgehalten, dass § 41 BDSG die von der Richtlinie in Art. 9 EG-DSRL gesetzten Voraussetzungen verfehlt[710]. Die deutsche Lösung für das Presseprivileg gewährleistet keine flächendeckende Anwendbarkeit, baut ausschließlich auf selbstregulierte Beschwerdegremien und verzichtet auf eine über die Selbstregulierung hinausgehende staatliche Implementationskontrolle[711]. Daher stellt sich die Frage, wie § 41 BDSG europarechtskonform umgesetzt werden kann.

---

707 BVerfGE 7, 29 (41); 36, 193 (202); Degenhardt in Sachs, Art. 75, Rn. 27; und Art 70, Rn. 53; Oeter, in: v. Mangolt/Klein, Art 74, Rn. 12.

708 BVerfGE 36, 193 (203); 61, 149 (204); Degenhardt, in: Sachs, Art 70, Rn. 53.

709 BVerfGE 7, 29 (44).

710 Siehe Ziff. 8.

711 Vgl. oben Ziff. 8.3.

### 10.2.1. Europarechtskonforme Regelung: § 41 Abs. 1 Satz 2 BDSG

Für eine richtliniengetreue Umsetzung kämen grundsätzlich drei Alternativen in Frage. Dies ist zum einen die Regelung des Referentenentwurfs von 1999, eine entsprechende Übertragung der den Rundfunkbetreffenden Vorschriften in § 41 Abs. 2-4 BDSG in der aktuellen Fassung oder eine ebenfalls entsprechende Übertragung des § 11 a HHPresseG.

Im folgenden wird jedoch eine auf der existierenden Gesetzesfassung aufbauende und diese ergänzende Regelung aufgrund der durchaus bestehenden Vorteile des Modells der Selbstregulierung verfolgt. Selbstregulierung ist grundsätzlich ein wichtiger Ansatz, um im nichtöffentlichen Bereich das Datenschutzrecht zu entlasten und zu verbessern[712]. Dieses Regelungsinstrument kann gegenüber einem gerichtlichen Verfahren für alle Beteiligten von Vorteil sein, da die Beschwerde beim Deutschen Presserat in der Regel wesentlich „geräuscharmer" abläuft und dies kann gerade bei Verletzung von Persönlichkeitsrechten von Vorteil sein kann[713].

Für eine auf dem derzeit geltenden § 41 Abs. 1 BDSG aufbauende, aber richtliniengetreue Umsetzung könnte die das Bundesrecht ausgestaltende Regelung aus Hamburg Pate stehen. Der Hamburger Landesgesetzgeber ist einen Sonderweg bei der Umsetzung des bundesdeutschen Rahmengesetzes gegangen[714]. Dieser sieht in § 11a des HHPresseG folgende Regelung vor:

> *„Soweit Unternehmen oder Hilfsunternehmen der Presse personenbezogene Daten ausschließlich zu eigenen journalistisch-redaktionellen oder literarischen Zwecken erheben, verarbeiten oder nutzen, gelten von den Vorschriften des Bundesdatenschutzgesetzes nur die §§ 5, 9 und 38 a sowie § 7 mit der Maßgabe, dass nur für Schäden gehaftet wird, die durch eine Verletzung des Datengeheimnisses nach § 5 des Bundesdatenschutzgesetzes oder durch unzureichende technische oder organisatorische Maßnahmen im Sinne des § 9 des Bundesdatenschutzgesetzes eintreten. Soweit Unternehmen nicht der Selbstregulierung durch den Pressekodex und die Beschwerdeordnung des Deutschen Presserats unterliegen, gelten für sie die Vorschriften von § 41 Absatz 3 und Absatz 4 Satz 1 BDSG entsprechend."*

Der Hamburger Gesetzgeber hat in § 11a Satz 2 HHPresseG, soweit Unternehmen nicht der Selbstregulierung durch den Pressekodex und der Beschwerdeordnung des Deutschen Presserats unterliegen, eine Auffangregelung getroffen, in dem für diese die Vorschriften von § 41 Absatz 3 und Absatz 4 Satz 1 BDSG entsprechend gelten. Damit sah man sich in Hamburg veranlasst, eine Regelung für die Presse im Datenschutzrecht zu erlassen, die entgegen der

---

712 Roßnagel/Pitzmann/Garstka, Gutachten, S. 153 mit weiteren Nachweisen.

713 Vgl hierzu im Einzelnen und zu den weiteren Vorteilen des Modells der Selbstregulierung oben unter Ziff. 7.5.

714 Vgl. hierzu auch:, ZUM 2004, 553 (554).

Auffassung und Intention des Bundesgesetzgebers[715] über die im Bundesdatenschutzgesetz hinausgeht. Da nicht alle Verlage den Trägervereinen des Deutschen Presserats angehören, stellte sich für den dortigen Gesetzgeber die Frage, welches Regulativ im Redaktionsdatenschutz für die übrigen Verlage gelten soll und ob diese Verlage über § 38a BDSG durch den Deutschen Presserat verpflichtet werden können. Der Hamburgische Datenschutzbeauftragte vertrat die Auffassung, dass die Länder nach dem Wortlaut von § 41 BDSG verpflichtet sind, entsprechende Regelungen für die Presse im Landesrecht zu treffen. Dies gelte schon deshalb, weil nicht alle Verlage durch die Selbstregulierung des Deutschen Presserats erreicht werden. Eine bloß dynamische Verweisung im Landesrecht auf § 41 BDSG sei nicht ausreichend, denn damit würde der Datenschutz bei den nicht im Deutschen Presserat repräsentierten Verlagen nicht in ausreichendem Maße gewährleistet werden[716].

Mit der getroffenen Regelung hat der hamburgische Landesgesetzgeber sich eine Not- und Auffangzuständigkeit vorbehalten. Den Ländern stand es aufgrund ihrer eigenen Regelungskompetenz – innerhalb der durch den Bund ausgeübten Rahmenkompetenz – trotz entgegenstehender Ansicht des Bundesgesetzgebers ohnehin frei, auch ohne Berücksichtigung verbandsautonomer Bindung an Verhaltensregeln über die in § 41 Abs. 1 BDSG genannten Normen hinaus zusätzliche Vorschriften zum Verhältnis von Presse und Datenschutz zu schaffen, da das Bundesdatenschutzgesetz insoweit dem Landesgesetzgeber nur den Mindeststandard vorgibt[717]. Mit dieser Auffangregelung neben der regulären Umsetzung der Rahmenvorschrift hat das Land Hamburg einen Datenschutzstandard auf gleich hohem Niveau geschaffen, der unabhängig von der freiwilligen Entscheidung der Presseorgane ist, ob sie sich dem Pressekodex und der Beschwerdeordnung des Presserates unterwerfen.

Da der Bundesgesetzgeber sich bei der Umsetzung von Art. 9 EG-DSRL für das Mittel der Selbstregulierung entschieden hat, hätte er die gleichen Überlegungen wie der Hamburger Gesetzgeber anstellen müssen. Er hätte für eine europarechtskonforme Umsetzung der Datenschutzrichtlinie insofern den Länder Vorgaben machen sollen, wie die vom für die Selbstregulierung zuständigen Deutschen Presserat nicht erfassten Presseunternehmen einen äquivalenten Datenschutz gewährleisten müssen. Denn mit dem Gebrauch der Rahmengesetzgebungskompetenz hat der Bundesgesetzgeber den entscheidenden Akt zur Umsetzung von Art. 9 EG-DSRL vollzogen und damit eine Pflicht der Länder nach Art. 75 Abs. 3 GG begründet, dieses Rahmengesetz umzusetzen. Da der Bund und nicht die Länder Klagegegner eines Vertragsverletzungsverfahrens ist, wäre es für den Bund ratsam, diese Vorgaben den Ländern aufzugeben, um ein solches Verfahren abzuwenden.

In § 41 Abs. 1 BDSG muss daher ein Passus aufgenommen werden, der eine Auffangregelung für Presseunternehmen, die sich nicht der Selbstregulierung unterwerfen, annimmt. Hierfür könnte die bereits angesprochene Regelung aus Hamburg als Vorbild dienen.

---

715 Vgl. BT-Drucksache 14/4329, S. 46 f.

716 Schrader, 18. Datenschutzbericht des Hamburger Datenschutzbeauftragten, S. 32.

717 Walz, Freundesgabe, S. 308.

Hierbei ist zu beachten, dass dem Bund nur die Befugnis zum Erlass einer Rahmenvorschrift zusteht. Der neu zuschaffende § 41 Abs. 1 BDSG muss durch die Landesgesetzgeber ausgestaltungsfähig und ausgestaltungsbedürftig sein[718]. Insofern ist ihnen ein Rahmen vorzugeben, der sicherstellt, dass sie einen den Art. 9 EG-DSRL adäquaten Datenschutz für die Presse gewährleisten. Wenn hier grundsätzlich der Presse das Feld der Regulierung des Datenschutzes überlassen werden sollte, so müsste in einer Auffangregelung für nicht dem Pressekodex angeschlossene Organe mindestens das Niveau des Datenschutzes hergestellt werden, das der Presserat im Wege der Selbstregulierung für die ihn untergeordneten Organe vorsieht.

Da der Presserat bei Verletzungen des Pressekodex ein Berichtigungs- und Auskunftsanspruch sowie eine Speicherungspflicht von Gegendarstellungen vorsieht[719], sollten diese Rechte des Betroffenen in eine Auffangregelung als Satz 2 und 3 des § 41 Abs. 1 BDSG aufgenommen werden. Da diese Rechte bereits für Betroffene gegenüber der Deutschen Welle in § 41 Abs. 2 bis 4 BDSG vorgesehen sind, erscheint eine entsprechende Verweisung hierauf wie in § 11 a HHPresseG als die praktikabelste Lösung. Dies ist deshalb besonders sinnvoll, um einen gesamtstaatlich gleichwertigen Grundrechtsschutz zu gewährleisten. Eine solche Regelung könnte angelehnt an die Hamburger Fassung lauten:

> *Die Länder haben, soweit Unternehmen nicht der Selbstregulierung durch den Pressekodex und die Beschwerdeordnung des Deutschen Presserats unterliegen, in ihrer Gesetzgebung vorzusehen, dass für diese die Vorschriften der § 41 Absätze 2, 3 und Absatz 4 Satz 1 BDSG entsprechende Regelungen zur Anwendung kommen. Satz 2 gilt entsprechend, soweit Unternehmen nicht den durch den deutschen Presserat nach dem Pressekodex oder der Beschwerdeordnung ausgesprochenen Sanktionen nachkommen.*

### 10.2.2. Formelle Verfassungsmäßigkeit der Neuregelung

Eine solche Regelung ließe den Ländern zwar noch einen gewissen Spielraum, da nur den Vorschriften der § 41 Absätze 2, 3 und Absatz 4 Satz 1 BDSG entsprechende Regelungen zur Anwendung kommen sollen. Es steht den Ländern daher auch frei, in ihren Gesetzen Regelungen mit einem höheren Datenschutzstandard vorzusehen. Letztendlich ist dieser Spielraum aber wegen der durch die Pressefreiheit gesetzten verfassungsrechtlichen Grenze so eng, dass sich daraus die Frage stellt, ob hier noch von einem Rahmengesetz in diesen Sätzen 2 und 3 gesprochen werden kann, welches noch einen ausgestaltungsbedürftigen und ausgestaltungsfähigen Spielraum vorgibt. Damit stellt sich jedoch die kompetenzrechtliche Frage, ob eine entsprechende Vorgabe an die Bundesländer nicht über die dem Bundesgesetzgeber zustehende Rahmengesetzgebungskompetenz nach Art. 75 GG hinausgehen würde. Die jeweils zuständigen Landesgesetzgeber könnten wohl kaum mehr eine relevante Sachentscheidung tref-

---

718 Seit BVerfGE 4, 115 (129) ständige Rechtsprechung; siehe ferner auch Rozek, in: v. Mangoldt/Klein, Art. 75 Abs. 1, Rn. 12 ff.; Maunz, in: Maunz/Dürig, Art. 75, Rn. 8 f.; Stettner, in: Dreier, Art. 75, Rn. 6 ff.

719 Siehe hierzu oben unter Ziff. 7.

fen. Die Möglichkeit einer eigenen relevanten Sachentscheidung der Länder stellt aber gerade das typische Kriterium einer Rahmengesetzgebung dar[720].

Der Bund hat nach Art. 75 Abs. 1 GG das Recht, in bestimmten Sachbereichen Rahmenvorschriften zu erlassen. Die Kompetenz des Bundes ist dabei in vierfacher Weise begrenzt: durch den Rahmencharakter der Vorschriften, durch den grundsätzlichen Ausschluss von Detailregelungen und unmittelbar geltenden Vorschriften in Art. 75 Abs. 2 GG, durch die Erforderlichkeit der bundesgesetzlichen Regelung nach Art. 72 Abs. 2 GG sowie durch die Beschränkung auf allgemeine Grundsätze gemäß Art. 75 Abs. 1 Satz 1 Nr. 2 GG[721].

Für die Rahmengesetzgebung ist kennzeichnend, dass sie auf inhaltliche Konkretisierung und Gestaltung durch die Länder angelegt ist, also die grundsätzlich bestehende Länderkompetenz zur Gesetzgebung erhalten bleibt, aber durch eine Rahmenvorgabe des Bundes begrenzt wird. Rahmenvorschriften des Bundes müssen der Ausfüllung durch Landesgesetzgebung fähig und ihrer bedürftig sein[722]. Rahmengesetze zu den in Art. 75 Abs. 1 GG aufgezählten Materien dürfen nur inhaltlich beschränkte Gesetze sein. Sie müssen der ergänzenden Gesetzgebung der Länder substantielle Freiräume lassen, damit diese politisch selbstverantwortlich Recht setzen können. Die Rahmengesetzgebung setzt deshalb – auch ohne die Einschränkung in Art. 75 Abs. 2 GG – immer voraus, dass das, was den Ländern in eigener Verantwortung und mit eigenem politischem Gestaltungswillen zu regeln bleibt, von substantiellem Gewicht ist[723].

Der Begriff „Rahmen" soll verdeutlichen, dass für die Länder innerhalb des Regelungsbereichs ein normativer Spielraum verbleiben muss. Ein solcher Rahmen ist nur dann gegeben, wenn er prinzipiell auf die Ergänzung durch Landesnormen angelegt ist. Lässt das Gesetz den Ländern keinen Freiraum zur Ausfüllung des Rahmengesetzes und gibt es den Weg, um zum gesetzgeberischen Ziel zu gelangen, im Einzelnen verbindlich vor, so hat der Bund mehr als den Rahmen bestimmt und zwar selbst dann, wenn er diesen Weg nicht ausdrücklich beschreibt. Der Bund darf zwar die Richtung vorgeben und die Grenzen der Gestaltungsfreiheit der Länder normieren. Eine Vollregelung eines unter Art. 75 GG fallenden Bereiches ist jedoch ausgeschlossen. Eine Vollregelung liegt auch dann vor, wenn das Gesetz eine Regelungslücke enthält, die sich durch Auslegung des Rahmengesetzes selbst nur auf eine bestimmte Art und Weise schließen lässt. Die Lücke muss also auf verschiedene Weise und nur durch den Landesgesetzgeber geschlossen werden können[724].

Die oben aufgezeigte Regelung ließe den Ländern zwar noch einen gewissen Spielraum, da nur den Vorschriften der § 41 Absätze 2, 3 und Absatz 4 Satz 1 BDSG entsprechende Regelungen zur Anwendung kommen sollen. Es steht den Ländern daher auch frei in ihren Gesetzen Regelungen mit einem höheren Datenschutzstandard vorzusehen. Angesichts des Spiel-

---

720 BVerfGE 4, 115 (129); Kloepfer, AfP 2000, 511 (518).

721 BVerfGE v. 27. Juli 2004, 2 BvF 2/02, Rz, 86.

722 BVerfGE 4, 115 (129); 36, 193 (202); 38, 1 (10); 51, 43 (54); 80, 137 (157).

723 BVerfGE v. 27. 7. 2004, 2 BvF 2/02, Rz, 86; Kunig, in: v. Münch/Kunig Art 75, Rn. 8; Degenhart, Rn. 146 ff.

724 BVerfGE v. 27. 7. 2004, 2 BvF 2/02, Rn, 86.

raums zwischen diesen möglichen bundesrechtlichen Vorgaben und den wegen der durch die Pressefreiheit gesetzten verfassungsrechtlichen Grenze wäre der Rahmen so eng, dass nicht von einem ausgestaltungsfähigem Gesetz in diesem Satz 2 gesprochen werden kann.

Rahmenvorschriften dürfen nach Art. 75 Abs. 2 GG in Einzelheiten gehende oder unmittelbar anwendbare Regelungen nur in begründeten Ausnahmefällen enthalten. Bei der Auslegung des Begriffs „Ausnahmefall“ in Art. 75 Abs. 2 GG muss vor dem Hintergrund der Verfassungsänderung berücksichtigt werden, dass die Rahmenvorschriften des Bundesgesetzgebers nunmehr in besonderer Weise eine eigenständige gesetzgeberische Gestaltung durch den Landesgesetzgeber ermöglichen sollen[725]. Art. 72 Abs. 2 GG darf hierbei nicht analog herangezogen werden[726], da dies mit der Systematik des Art. 75 Abs. 2 GG nicht vereinbar wäre. Ob eine bundesgesetzliche Rahmenregelung i. S. v. Art. 72 Abs. 2 GG erforderlich ist, ist im Rahmen des Art. 75 Abs. 1 GG festzustellen. Wenn dies der Fall ist, muss das Vorliegen eines Ausnahmefalls nach Art. 75 Abs. 2 GG eigenständig geprüft werden. Die Erforderlichkeit eines Rahmengesetzes i. S. v. Art. 72 Abs. 2 GG ist damit nicht ohne weiteres deckungsgleich mit einem Ausnahmefall i. S. v. Art. 75 Abs. 2 GG. Art. 75 Abs. 2 GG ist als Ausnahme gefasst, die bezeichneten Regelungen sind rechtfertigungsbedürftig. Art. 75 Abs. 2 GG begründet daher in formeller Hinsicht einen erhöhten Rechtfertigungszwang des Bundesgesetzgebers[727]. Der Bund braucht für eine Abweichung von dem verfassungsrechtlichen Regelfall des Art. 75 Abs. 1 GG besondere Gründe[728].

Materiell ist das Vorliegen eines Ausnahmefalls anhand quantitativer und qualitativer Kriterien zu bestimmen. In quantitativer Hinsicht dürfen detaillierte Vollregelungen – bezogen auf das zu beurteilende Gesetz als Ganzes – nicht dominieren. Darüber hinaus dürfen ins Einzelne gehende Regelungen und Vorschriften mit Außenwirkung auch qualitativ nicht den Rahmencharakter des Gesetzes durchbrechen. Das schon in der früheren Rechtsprechung aus dem Rahmencharakter der Gesetze nach Art. 75 GG für punktuelle Vollregelungen hergeleitete Kriterium des besonders starken und legitimen Interesses[729] kann nicht allein ausreichend sein, um dem mit der Verfassungsänderung verfolgten Ziel einer spürbaren Verstärkung der kompetentiellen Regelungsmöglichkeit der Länder[730] Rechnung zu tragen. Vielmehr müssen die Art. 75 Abs. 2 GG unterfallenden Vorschriften auch nach ihrer inhaltlichen Bedeutung eine prägende Ausfüllung des Rahmengesetzes durch den Landesgesetzgeber zulassen. Sie müssen vor dem Hintergrund des in Art. 75 Abs. 2 GG angelegten Regel-Ausnahme-Verhältnisses in qualifizierter Weise notwendig sein. Ein Ausnahmefall liegt daher vor, wenn zum einen die Rahmenvorschriften ohne die in Einzelheiten gehenden oder unmittelbar geltenden Regelungen verständigerweise nicht erlassen werden könnten, diese also schlechthin

---

725 BVerfGE v. 27. 7. 2004, 2 BvF 2/02, Rn, 92.

726 Rozek, in: v. Mangoldt/Klein, 4. Aufl., Art. 75 Rn. 68.

727 BVerfGE v. 27. 7. 2004, 2 BvF 2/02, Rn, 93; Degenhart, in: Sachs, GG, Art. 75 Rn. 13; Rozek, in: v. Mangoldt/Klein, Art. 75 Rn. 67; Kloepfer, AfP 2000, 511 (519).

728 BVerfGE v. 27. 7. 2004, 2 BvF 2/02, Rn, 93.

729 BVerfGE 43, 291 (343); 67, 382 (387).

730 vgl. BTDrucks 12/7109, S. 10; BTDrucks 12/6633, S. 9 f.

unerlässlich sind. Die in Einzelheiten gehenden oder unmittelbar geltenden Regelungen dürfen zum anderen den kooperativen Charakter des Rahmengesetzes nicht aufheben.

Die Neufassung von Art. 72 Abs. 2 GG wirkt sich daher auf Grund der Verweisung in Art. 75 Abs. 1 GG auch auf die Zulässigkeit der Rahmengesetzgebung aus. Art. 72 Abs. 2 GG macht eine Gesetzgebungskompetenz des Bundes von einem Erforderlichkeitskriterium abhängig, das der verfassungsgerichtlichen Kontrolle unterliegt[731]. Die Erforderlichkeitsklausel unterscheidet alternativ drei mögliche Ziele als Voraussetzung zulässiger Bundesgesetzgebung. Deren Konkretisierung muss sich am Sinn der besonderen bundesstaatlichen Integrationsinteressen orientieren[732]. Danach ist eine bundesgesetzliche Regelung nur insoweit „erforderlich", als ohne sie gleichwertige Lebensverhältnisse nicht hergestellt oder die im gesamtstaatlichen Interesse stehende Rechts- oder Wirtschaftseinheit nicht gewahrt werden kann.

Das Erfordernis der „Herstellung gleichwertiger Lebensverhältnisse" bedeutet mehr als lediglich das Inkraftsetzen bundeseinheitlicher Regelungen oder die Verbesserung der Lebensverhältnisse. Das bundesstaatliche Rechtsgut gleichwertiger Lebensverhältnisse ist vielmehr erst dann bedroht und der Bund erst dann zum Eingreifen ermächtigt, wenn sich die Lebensverhältnisse in den Ländern der Bundesrepublik Deutschland in erheblicher, das bundesstaatliche Sozialgefüge beeinträchtigender Weise auseinander entwickelt haben oder sich eine derartige Entwicklung konkret abzeichnet[733].

Unter dem Tatbestandsmerkmal „Wahrung der Rechtseinheit" muss mehr als die Setzung bundeseinheitlichen Rechts verstanden werden. Unterschiedliche Rechtslagen für die Bürger sind notwendige und teilweise ja auch gewünschte Folge des bundesstaatlichen Aufbaus. Einheitliche Rechtsregeln können in diesen Bereichen aber erforderlich werden, wenn eine unterschiedliche rechtliche Behandlung desselben Lebenssachverhalts unter Umständen erhebliche Rechtsunsicherheiten und damit unzumutbare Behinderungen für den länderübergreifenden Rechtsverkehr erzeugen kann. Um dieser sich unmittelbar aus der Rechtslage ergebenden Bedrohung von Rechtssicherheit und Freizügigkeit im Bundesstaat entgegen zu wirken, kann der Bund eine bundesgesetzlich einheitliche Lösung wählen[734]. Hierunter gehört auch der Fall der gesamtstaatlichen Grundrechtssicherung[735].

Eine Bundeskompetenz besteht nicht, wenn landesrechtliche Regelungen zum Schutz der in Art. 72 Abs. 2 GG genannten gesamtstaatlichen Rechtsgüter ausreichen; dabei genügt allerdings nicht jede theoretische Handlungsmöglichkeit der Länder. Vor allem schließt die bloße Möglichkeit gleich lautender Ländergesetze eine Bundeskompetenz nicht aus. Andernfalls wäre, da diese Möglichkeit - zumindest theoretisch - immer besteht, die Gesetzgebungskompetenz des Bundes gegenstandslos. Bei der Beurteilung, ob die Rechtfertigungsgründe nach Art. 72 Abs. 2 GG vorliegen, steht dem Gesetzgeber eine Einschätzungsprärogative zu. Dieser

---

731 BVerfGE 106, 62 (135 f.).
732 BVerfGE 106, 62 (143).
733 BVerfGE 106, 62 (144).
734 BVerfGE 106, 62 (146).
735 Kunig: in v. Münch/Kunig, Art. 75, Rn. 42; Kloepfer AfP 2000, 511 (519).

Entscheidungsraum des Gesetzgebers, der sachbereichsbezogen im Wege einer Gesamtbetrachtung zu ermitteln ist, kann jedoch verfassungsgerichtlich auf seine methodischen Grundlagen und seine Schlüssigkeit hin überprüft werden. Der Prognose müssen Sachverhaltsannahmen zu Grunde liegen, die sorgfältig ermittelt sind oder sich jedenfalls im Rahmen der gerichtlichen Prüfung bestätigen lassen. Die Prognose muss sich methodisch auf ein angemessenes Prognoseverfahren stützen lassen, und dieses muss konsequent im Sinn der „Verlässlichkeit" der Prognosen verfolgt worden sein. Das Prognoseergebnis ist daraufhin zu kontrollieren, ob die die prognostische Einschätzung tragenden Gesichtspunkte mit hinreichender Deutlichkeit offen gelegt worden sind oder ihre Offenlegung jedenfalls im Normenkontrollverfahren möglich ist und ob in die Prognose keine sachfremden Erwägungen eingeflossen sind[736].

Für die Erforderlichkeit dieser detaillierteren Regelung innerhalb der Rahmengesetzgebung sprechen vielerlei Argumente. Dieser neu zu schaffende § 41 Abs. 1 Satz 2 betrifft nur einen Teilaspekt dieser Rahmenregelung, nämlich den Datenschutz für nicht dem Presserat angeschlossenen Presseorgane. Für diese gilt wiederum die Rahmenregelung des § 41 Abs. 1 Satz 1 BDSG, die ohne Zweifel eine dem Art. 75 GG genügende ausgestaltungsfähige Rahmenregelung darstellt. Satz 1 regelt den Regelfall für diejenigen Zeitungen bzw. Zeitschriften, welche sich dem Pressekodex und der Beschwerdeordnung unterworfen haben. Der Satz 2 des § 41 BDSG beträfe hingegen nur den Ausnahmefall für diejenigen Publikationen, welche sich nicht der Selbstregulierung durch den Presserat unterwerfen wollen. Eine bundeseinheitliche Regelung ist hier auch im Sinne der Art. 75 Abs. 1 i V. m. Art. 72 GG erforderlich, da der Schutz informellen Selbstbestimmungsrechtes nicht Gegenstand des föderalen Wettbewerbs sein soll. Für das datenschutzrechtliche Schutzniveau des Bürgers kann nicht der Erscheinungsort des Presseerzeugnisses entscheiden sein. Auch im Hinblick auf ein bundesweites Verbreitungsgebiet zahlreicher Presseerzeugnisse erscheint eine einheitliche Regelung im Bundesgebiet für unabdingbar. Insgesamt wäre daher eine solche Regelung als Ausnahmefall durch die Rahmengesetzgebungskompetenz gestützt.

### 10.2.3. Materielle Verfassungsmäßigkeit der Neuregelung

Der Deutsche Presserat hat zwar gegenüber einem datenschutzrechtlichen Auskunfts- und Berichtigungsanspruch bereits in § 41 Abs. 1 BDSG eingewandt, „dass die Presse ihre Aufgabe zur umfassenden Information nicht mehr in vollem Umfang wahrzunehmen vermag", darüber hinaus könnten Betroffene Informanten beeinflussen und Journalisten unter Druck setzen[737].

Dieser Ansicht ist zuzustimmen, wenn es sich um einen präventiven Auskunfts- und Berichtigungsanspruch handelt, also um einen Anspruch, der bereits vor der Veröffentlichung geltend

---

736 BVerfGE 106, 62 (150 ff.).

737 Nachzulesen unter der Pressemitteilung des Deutschen Presserates vom 18. 11. 2004: http://www.presserat.de/site/doku/presse/mitteil1999.shtml#.

gemacht werden kann. Gegen einen nachträglichen Auskunfts- und Berichtigungsanspruch bezüglich unrichtiger Daten bestehen aber keine Bedenken, wenn der Betroffene durch die Berichterstattung in seinem Persönlichkeitsrecht beeinträchtigt wird. Dafür spricht der Umstand, dass das schützenswerte Interesse des Einzelnen, jederzeit wissen zu können, wer was wann und bei welcher Gelegenheit über ihn weiß[738], durch das Auskunfts- und Berichtigungsrecht gewährleistet wird, ohne die Presse übermäßig in ihrer Arbeit zu behindern. Für das Funktionieren einer solchen Regelung steht § 41 Abs. 2 und 3 BDSG Pate, der diese Regelungen gegenüber dem Bundesrundfunk – wie auch entsprechende Landesregelungen – vorsieht.

Entsprechendes gilt für die Archivierungspflicht von veröffentlichten Gegendarstellungen. Auch dies ist gängige Praxis in den Landes- und Bundesgesetzen über die Rundfunkanstalten. Dafür spricht weiterhin, dass dem Betroffenen nicht zugemutet werden soll, bei jeder Wiederholung der strittigen Veröffentlichung erneut ein Recht auf Gegendarstellung durchsetzen zu müssen. Wenn aber die betreffende Veröffentlichung zusammen mit der veröffentlichten Gegendarstellung gespeichert werden muss, so ist bei der Wiederholung oder bei einer neuen Berichterstattung, die auf dieser Veröffentlichung aufbaut, gewährleistet, dass die Rechte des Verletzten berücksichtigt werden. Eine Belastung der Presse in ihrer Arbeit durch diese Archivierungspflicht ist nicht ersichtlich. Eine sachliche Notwendigkeit der Nichteinbeziehung der Betroffenenrechte in den Ausnahmekatalog des § 41 Abs. 1 BDSG ist nicht nachzuvollziehen. Dies zeigt sich gerade an dem Vergleich zum Rundfunkbereich[739], im dem diese Betroffenenrechte Grundlage für die Gewährleistung der informationellen Selbstbestimmung auch bei der journalistisch-redaktionellen Datenverarbeitung sind[740]. Schließlich darf auch nicht unbeachtet bleiben, dass solch eine neue Regelung nur den auch vom Deutschen Presserat erklärten[741] Ausnahmefall regelt, dass sich ein Presseunternehmen nicht dem Pressekodex und der Beschwerdeordnung unterwirft.

Da diese hier vorgeschlagene Gesetzesfassung die datenschutzrechtlichen Regelungen für die Presse und den Rundfunk auf ein gleiches Niveau stellt, ist damit auch dem verfassungsrechtlichen Gleichheitssatz gemäß Art. 3 Abs. 1 GG genüge getan[742].

Daher bestehen gegenüber einer materiellen Verfassungsmäßigkeit eines solchen neu zu schaffenden § 41 Abs. 1 Satz 2 BDSG keine Bedenken.

---

738 BVerfGE 65, 1 (45).

739 Siehe dazu untern unter 5.3.

740 Vgl. im Übrigen hierzu auch die Ausführungen über die Rechte gegenüber den Rundfunkanstalten oben unter Ziff. 8.3.2..

741 So Lutz Tillmanns, Geschäftsführer des Deutschen Presserates: vgl. ZUM 2004, 553 (554).

742 Vgl. hierzu oben unter Ziff. 9.2.3.

### 10.3. Unterscheidung zwischen öffentlichen und nicht-öffentlichen Bereich

Das bundesdeutsche Datenschutzrecht hatte ausgehend von dem primären Gedanken des datenschutzrechtlichen Abwehrrechts gegenüber dem Staate stets bei der Frage der Zulässigkeit der Datenverarbeitung zwischen dem öffentlichen und nicht-öffentlichen Bereich unterschieden. Diese Differenzierung hat der Gesetzgeber auch im Bundesdatenschutzgesetz in der heutigen Fassung nicht aufgehoben, sondern ausdrücklich in § 2 BDSG festgeschrieben.

Das Bundesdatenschutzgesetz unterscheidet dabei zwischen öffentlichen Stellen des Bundes und der Länder. Öffentliche Stellen des Bundes sind gemäß § 2 Abs. 1 BDSG Behörden, Organe der Rechtspflege und andere öffentlich-rechtlich organisierte Einrichtungen des Bundes, der bundesunmittelbaren Körperschaften, Anstalten und Stiftungen des öffentlichen Rechts sowie deren Vereinigungen ungeachtet ihrer Rechtsform. Öffentliche Stellen der Länder sind gemäß § 2 Abs. 2 BDSG die Behörden, die Organe der Rechtspflege und andere öffentlich-rechtlich organisierte Einrichtungen eines Landes, einer Gemeinde, eines Gemeindeverbandes und sonstiger der Aufsicht eines Landes unterstehenden juristischen Personen des öffentlichen Rechts sowie deren Vereinigungen ungeachtet ihrer Rechtsform.

Dem gegenüber sind gemäß § 2 Abs. 4 BDSG nicht-öffentliche Stellen natürliche und juristische Personen, Gesellschaften und andere Personenvereinigungen des privaten Rechts, soweit sie nicht unter die Definitionen der öffentlichen Stellen fallen. § 1 Abs. 2 Nr. 3 BDSG schränkt die Anwendbarkeit des Bundesdatenschutzgesetzes für nicht-öffentliche Stellen ein. Dieses gilt demnach nur dann, soweit die nicht öffentlichen Stellen *„die Daten unter Einsatz von Datenverarbeitungsanlagen verarbeiten, nutzen oder dafür erheben oder die Daten in oder aus nicht automatisierten Dateien verarbeiten, nutzen oder dafür erheben, es sei denn, die Erhebung, Verarbeitung oder Nutzung der Daten erfolgt ausschließlich für persönliche oder familiäre Tätigkeiten"*.

Mit der hier geforderten Anwendungsvoraussetzung, dass der Datenumgang, soweit er nicht unter Einsatz von EDV-Anlagen – mithin manuell – erfolgt, einen Dateibezug haben muss, bewirkt das Bundesdatenschutzgesetz im Vergleich zu dem öffentlichen Bereich eine Absenkung des Schutzniveaus[743]. Akten, Listen und Bücher, die Sammlungen personenbezogener Daten enthalten, werden nicht in den Anwendungsbereich des Gesetzes mit hineinbezogen[744]. Ebenso gelten die Regeln der §§ 28 ff. BDSG, welche die Datenverarbeitung nicht-öffentlicher Stellen und öffentlich-rechtlicher Wettbewerbsunternehmen regeln, für den privaten Bereich grundsätzlich gemäß § 27 Abs. 2 BDSG nicht für die Verarbeitung und Nutzung personenbezogener Daten in Akten[745].

In dem Bereich der Medien hat die Unterscheidung zwischen öffentlichen und nicht-öffentlichen Stellen auch seine Auswirkungen. Die in § 41 Abs.1 BDSG genannten Unternehmen und Hilfsunternehmen der Presse haben den Status von nicht-öffentlichen Stellen.

---

743 Walz, in: Simitis, BDSG, 5. Aufl., § 1, Rn. 136.

744 Dammann, NVwZ 1991, 640 (641)

745 Ehmann, RDV 1999, 12 (14).

Damit sieht das Bundesdatenschutzgesetz eine Regelungsverantwortung der Bundesländer gemäß des Rahmengesetzes § 41 Abs. 1 i. V. m. § 1 Abs. 2 Nr. 3 BDSG generell nur bei der Verarbeitung und Nutzung unter Einsatz von Datenverarbeitungsanlagen bzw. in oder aus nicht automatisierten Dateien durch die Presse vor. Dies ist nur dann der Fall, wenn die Presse Daten automatisiert oder dateigebunden verarbeiten. Die Verarbeitung in Akten durch die Presse ist damit nur erfasst, wenn diese dem Dateibegriff unterfallen. Hierzu müssen diese nach Aktenzeichen geordnet und nach der Betreffangabe oder dem Namen umgeordnet werden können[746]. Bei der journalistisch-redaktionellen Datenverarbeitung außerhalb von Dateien ist das Bundesdatenschutzgesetz von vornherein für Presseunternehmen gar nicht anwendbar, so dass sich hierbei die Frage der Anwendbarkeit des § 41 BDSG gar nicht stellt. Dies gilt für die aktenförmige Bearbeitung genauso wie für Bild- und Tonträger, soweit diese nicht selbst wieder, etwa aufgrund digitalisierter Programmierung, die Voraussetzungen automatisierter Verarbeitung erfüllen[747]. Manuelle als Aktensammlung organisierte Ausschnittsarchive unterliegen daher der Anwendbarkeit des Bundesdatenschutzgesetzes nur dann, wenn sie durch automatisiert geführte Indexdateien oder andere Retrieval-Systeme mit personenbezogenen Fundstellen- oder Inhaltshinweisen auswertbar sind[748]. Entsprechendes gilt für Bildarchive[749].

Bei der Deutschen Welle hingegen handelt es sich als Rundfunkanstalt des Bundes um eine öffentliche Stelle i. S. d. § 1 Abs. 2 Nr. 1 bzw. § 2 Abs. 1 BDSG. Entsprechendes gilt für die Landesrundfunkanstalten. Bei den Privatsendern ist zu beachten, dass § 47 Abs. 1 RStV abweichend vom sonstigen nicht-öffentlichen Bereich die Geltung der jeweils anzuwendenden Ländervorschriften und ergänzend das Bundesdatenschutzgesetz ausdrücklich auf die Datenverarbeitung und Datennutzung auch außerhalb von Dateien ausdehnt. Daher besteht anders als bei den nicht-öffentlichen Presseunternehmen keine Einschränkung auf die Datenverarbeitung in automatisierter Form oder in bzw. aus nicht automatisierten Dateien. Dies bedeutet, dass die in Abs. 2 bis 4 des § 41 BDSG sowie die dort in Bezug genommenen Normen des Bundesdatenschutzgesetzes auch für die Datenverarbeitung in Akten einschließlich Bild- und Tonträger anzuwenden sind.

Der Gesetzgeber sah sich für die Trennung und unterschiedliche Regelung der beiden Bereiche veranlasst, weil der Staat, sofern seine öffentlichen Stellen personenbezogene Daten von Bürgern erheben, verarbeiten oder nutzen, einen Eingriff in das Grundrecht auf informationelle Selbstbestimmung des jeweiligen Bürgers vornimmt, der wiederum nur aufgrund eines Gesetzes zulässig ist. Im öffentlichen Bereich, insbesondere im Bereich der Eingriffsverwaltung, erweitert eine starke Beschränkung der Informations- und Datenverarbeitungsfreiheit des Staates die Freiheit des Bürgers. Dies kann für die einzelnen Bürger und die bürgerliche Gesellschaft nur in dem Maße schädlich werden, als dadurch die Funktionsfähigkeit der staatlichen Stellen beeinträchtigt und behindert wird, z. B. die Polizei zur erforderlichen Verbrechensverhinderung und -bekämpfung nicht mehr im Stande ist. Etwas anderes ist es schon im Bereich der sozialstaatlichen Tätigkeit und sonstigen Leistungsverwaltung. Wenn die staatli-

---

746 Gola/Schomerus, BDSG 7. Aufl., § 3, Rn. 20.
747 Walz, in: Simitis, BDSG, 5. Aufl., § 41, Rn. 7.
748 Walz, in: Simitis, BDSG, 5. Aufl., § 41, Rn. 18; Hubert, S. 185 ff; Wente, S. 229 ff.
749 Walz, in: Simitis, BDSG, 5. Aufl., § 41, Rn. 18; Wegel, S. 122.

chen Stellen nicht mehr erfahren und speichern dürfen, wer in welcher Weise bedürftig ist, so können sie für den Bedürftigen auch keine Leistungen mehr erbringen.

Private, nicht-öffentliche Rechtsträger sind im Gegensatz dazu aufgrund der allgemeinen Handlungsfreiheit gemäß Art. 2 Abs. 1 GG zu allen Handlungen, auch Datenerhebungen, Datenverarbeitungen und Datennutzungen berechtigt, sofern sie nicht verboten sind oder nicht absolute Rechte anderer verletzen[750]. Wie allen Grundrechten kommt aber auch dem Grundrecht auf informationelle Selbstbestimmung keine unmittelbare Drittwirkung zu[751]. Wenn ein Bürger einen anderen Bürger etwas fragen und das Erfragte aufschreiben oder in einen Computer einspeichern, automatisch verarbeiten oder in seinem eigenen Gehirn verwenden will, braucht er dazu keine gesetzliche Grundlage. Es muss also nicht zuvor den Landes- oder Bundesgesetzgeber zum Erlass eines Gesetzes veranlassen, das hinsichtlich der beabsichtigten Datenerhebung, Datenverarbeitung oder Datennutzung dem Grundsatz der Normenklarheit genügt. Werden Bürger, d.h. nicht-öffentliche Stellen, in der Informations- und Datenverarbeitungsfreiheit beschränkt, so werden sie auch in ihrer allgemeinen Handlungsfreiheit nach Art. 2 Abs. 1 GG ihrer Berufs- und Eigentumsfreiheit nach Art. 12 und 14 GG und nicht zuletzt in ihrer Informationsbeschaffungs- und Meinungsbildungsfreiheit nach Art. 5 Abs. 1 Satz 1 GG begrenzt.

Letztendlich werden jedoch dem Gesetzgeber durch die Grundrechte der verantwortlichen Stellen keine grundsätzlichen Einschränkungen für die Ausgestaltung der Informationsordnung hinsichtlich personenbezogener Daten auferlegt. Insbesondere ist er nicht daran gehindert, für den öffentlichen und den nicht öffentlichen Bereich das gleiche Datenschutzniveau zu fordern und für beide Bereiche im Prinzip gleiche Grundsätze zur Anwendung zu bringen[752]. Die Grundrechte der verantwortlichen Stellen fordern keine grundsätzlich unterschiedliche Behandlung[753]. Umgekehrt fordern die informationelle Selbstbestimmung und die sie verstärkenden Grundrechte ein am Schutzbedarf orientiertes Datenschutzniveau. Wenn von der Datenverarbeitung im nicht öffentlichen Bereich eine vergleichbare, wenn nicht sogar eine größere Gefährdung für die informationelle Selbstbestimmung und die anderen Grundrechte der betroffenen Person ausgeht, dann fordert der Schutz dieser Grundrechte ein vergleichbares oder sogar ein höheres Datenschutzniveau im nicht-öffentlichen Bereich.

Die Ausgestaltung dieses Schutzkonzeptes offenbart durchaus beachtenswerte Ungleichgewichte. Es ist nicht ohne weiteres einzusehen, warum für den Rundfunk die Datenverarbeitung auf Bild- und Tonträgern vom Bundesdatenschutzgesetz erfasst ist, hingegen der Aufbau eines umfassenden Archivs mit Bild- und Tonträgern und weiteren dazu gehörenden Daten durch die Presseunternehmen jedoch in einem weitaus geringeren Maße von der Rechtsordnung determiniert wird. Es ist nicht erkennbar, warum die Presse hinsichtlich in Akten verar-

---

750 Ehmann, Prinzipien des deutschen Datenschutzrechts, S. 26.

751 Vgl. Pieroth/Schlink, Rn. 173 ff.; BVerfGE 7, 198 (205 f); 73, 261 (269); Jarass, in: Jarass/Pieroth, GG, Art. 1, Rn. 35 ff.

752 Mallmann, CR 1988, 95; Walz, in: Simitis, BDSG, 5. Aufl., § 1 Rn. 137; Roßnagel/Pfitzmann/Garstka, Gutachten, S. 50.

753 Vgl. hierzu ausführlich Roßnagel/Pfitzmann/Garstka, Gutachten, S. 48 ff.

beiteter Daten nicht zum Datengeheimnis nach § 5 BDSG und zur Datensicherheit nach § 9 BDSG verpflichtet ist, den öffentlich-rechtlichen und auch nach § 47 Abs. 1 RStV den privaten Rundfunk jedoch eine umfassende Sicherungspflicht unabhängig davon, in welcher Form die Rundfunkanstalten die Daten verarbeiten, trifft.

Eine Gleichstellung des öffentlichen und nicht-öffentlichen Bereichs ist auch für die in dieser Arbeit vorgeschlagene ergänzende Regelung für einen § 41 Abs. 1 Satz 2 BDSG erforderlich[754]. Um bei den Betroffenen auch gegenüber den nicht dem Deutschen Presserat unterworfenen Presseunternehmen als nicht-öffentliche Stelle die Vorschriften des § 41 Abs. 3 und Abs. 4 Satz 1 BDSG zur vollen Anwendung kommen zu lassen, ist insoweit über eine datenschutzrechtliche Gleichstellung des nicht-öffentlichen Bereichs mit dem öffentlichen Bereich zu diskutieren. Dies gerade deshalb, weil der Gesetzgeber den Presseunternehmen durch die Einführung des Instituts der Selbstregulierung die Hand gereicht hat, in Eigenregie über den Datenschutz zu wachen. Dann ist es aber nicht einzusehen, warum diese Presseunternehmen, die nicht gegenüber dem Deutschen Presserat die Selbstverpflichtungserklärung abgegeben haben, gegenüber dem Pressekodex unterworfenen Unternehmen und den Rundfunkanstalten bevorteilt werden sollten. § 41 Abs. 3 und Abs. 4 Satz 1 BDSG kommt gemäß § 1 Abs. 2 Nr. 3 BDSG bei nicht-öffentlichen Stellen nur bei der automatisierten Datenverarbeitung zur Anwendung. Die Verarbeitung in Akten durch solche Presseunternehmen fällt nur dann in den Anwendungsbereich des Bundesdatenschutzgesetzes, wenn diese von dem Dateibegriff erfasst werden. Insoweit wären sie gegenüber den öffentlichen-rechtlichen Rundfunkanstalten als öffentliche Stellen gemäß § 1 Abs. 1 bzw. Abs. 2 BDSG privilegiert, ebenso gegenüber den privaten Rundfunkanstalten, die gemäß § 47 Abs. 1 RStV in dieser Hinsicht den öffentlich-rechtlichen gleichgestellt sind. Schließlich wären sie auch gegenüber den dem Deutschen Presserat angeschlossenen Unternehmen bevorrechtigt, da der Pressekodex eine solche Unterscheidung zwischen automatisierter Datenverarbeitung und Datenverarbeitung in Akten nicht kennt und damit gleichstellt.

Somit wäre eine Regelung in das Bundesdatenschutzgesetz aufzunehmen, welche die Datenverarbeitung der nicht-öffentlichen Stellen mit der der öffentlichen Stellen gleichstellt. Dies kann zum einen für das gesamte Bundesdatenschutzgesetz geschehen, indem die Differenzierung in § 1 Abs. 2 BDSG aufgehoben wird. Da hier aber nur der Medienbereich begutachtet werden soll, schlägt der Verfasser hier vor, an § 41 Abs. 1 Satz 1 BDSG am Ende den Halbsatz anzufügen: „*...auch wenn die Daten nicht in Dateien verarbeitet oder genutzt werden.* Damit auch bei nicht dem Pressekodex unterworfenen Unternehmen eine Gleichstellung des nicht-öffentlichen mit dem öffentlichen Bereich erfolgt, müsste § 41 Abs. 1 Satz 2 BDSG mit einem Verweis auf diesen Halbsatz ergänzt werden. § 41 Abs. 1 BDSG würde damit wie folgt lauten:

> *„Die Länder haben in ihrer Gesetzgebung vorzusehen, dass für die Erhebung, Verarbeitung und Nutzung personenbezogener Daten von Unternehmen und Hilfsunternehmen der Presse ausschließlich zu eigenen journalistisch-*

754 Siehe oben unter Ziff. 10.2.

*redaktionellen oder literarischen Zwecken den Vorschriften der §§ 5, 9 und 38a entsprechende Regelungen einschließlich einer hierauf bezogenen Haftungsregelung entsprechend § 7 zur Anwendung kommen, auch wenn die Daten nicht in Dateien verarbeitet oder genutzt werden. Soweit Unternehmen nicht der Selbstregulierung durch den Pressekodex und die Beschwerdeordnung des Deutschen Presserats unterliegen, haben die Länder in ihrer Gesetzgebung vorzusehen, dass für diese den Vorschriften der § 41 Absätze 2, 3 und Absatz 4 Satz 1 BDSG entsprechende Regelungen zur Anwendung kommen. Satz 1 zweiter Halbsatz gilt entsprechend."*

Hinsichtlich der Mediendienste könnte der Mediendienstestaatsvertrag insoweit umgestaltet werden, dass der Anwendungsbereich sich auch auf Inhaltsdaten erstreckt. Für die journalistisch-redaktionelle Datenverarbeitung dieser Dienste könnte eine der vorstehend entsprechenden Regelung Pate stehen. Da der Mediendienstestaatsvertrag jedoch insgesamt nicht für die Verarbeitung von Inhaltsdaten Anwendung findet[755], müsste in Gänze in dessen Systematik eingegriffen werden, was den Rahmen dieser Arbeit sprengen würde.

---

755 Roßnagel, in: Roßnagel, HdB DatensR, Kap. 7.9, Rn. 37; Einf, Rn. 119; Gola/Müthlein, RDV 1997, 196; Bäumler, DuD 1999, 259.

## 11. Lösungsvorschlag für ein neuen § 41 BDSG

Nach alledem müsste ein § 41 BDSG um den europarechtlichen, verfassungsrechtlichen sowie rechtspolitischen Anforderungen gerecht zu werden, wie folgt aussehen:

*(1) Die Länder haben in ihrer Gesetzgebung vorzusehen, dass für die Erhebung, Verarbeitung und Nutzung personenbezogener Daten von Unternehmen und Hilfsunternehmen der Presse ausschließlich zu eigenen journalistisch-redaktionellen oder literarischen Zwecken den Vorschriften der §§ 5, 9 und 38 a entsprechende Regelungen einschließlich einer hierauf bezogenen Haftungsregelung entsprechend § 7 zur Anwendung kommen, auch wenn die Daten nicht in Dateien verarbeitet oder genutzt werden. Für Presseunternehmen, die nicht dem Pressekodex und der Beschwerdeordnung des Deutschen Presserats unterliegen, haben die Länder in ihrer Gesetzgebung vorzusehen, dass für diese die Absätze 2, 3 und Absatz 4 Satz 1 entsprechend zur Anwendung kommen. Satz 2 gilt entsprechend, soweit Unternehmen nicht den durch den deutschen Presserat nach dem Pressekodex oder der Beschwerdeordnung ausgesprochenen Sanktionen nachkommen.*

*(2) Führt die journalistisch-redaktionelle Erhebung, Verarbeitung oder Nutzung personenbezogener Daten durch die Deutsche Welle zur Veröffentlichung von Gegendarstellungen des Betroffenen, so sind diese Gegendarstellungen zu den gespeicherten Daten zu nehmen und für dieselbe Zeitdauer aufzubewahren wie die Daten selbst.*

*(3) Wird jemand durch eine Berichterstattung der Deutschen Welle in seinem Persönlichkeitsrecht beeinträchtigt, so kann er Auskunft über die der Berichterstattung zugrunde liegenden, zu seiner Person gespeicherten Daten verlangen. Die Auskunft kann nach Abwägung der schutzwürdigen Interessen der Beteiligten verweigert werden, soweit*

1. *aus den Daten auf Personen, die bei der Vorbereitung, Herstellung oder Verbreitung von Rundfunksendungen berufsmäßig journalistisch mitwirken oder mitgewirkt haben, geschlossen werden kann,*
2. *aus den Daten auf die Person des Einsenders oder des Gewährsträgers von Beiträgen, Unterlagen und Mitteilungen für den redaktionellen Teil geschlossen werden kann,*
3. *durch die Mitteilung der recherchierten oder sonst erlangten Daten die journalistische Aufgabe der Deutschen Welle durch Ausforschung des Informationsbestandes beeinträchtigt würde.*

*Der Betroffene kann die Berichtigung unrichtiger Daten verlangen.*

*(4) Im Übrigen gelten für die Deutsche Welle von den Vorschriften dieses Gesetzes die §§ 5,7, 9 und 38 a. Anstelle der §§ 24 bis 26 gilt § 42, auch soweit es sich um Verwaltungsangelegenheiten handelt.*

Der Verfasser schlägt § 41 BDSG in dieser Gestalt als Beitrag für eine Modernisierung des Datenschutzrechts vor.

| | |
|---|---|
| **Alexy, Robert** | Theorie der Grundrechte, 3. Auflage, Frankfurt/Main 1996 |
| **Auernhammer, Herbert** | Bundesdatenschutzgesetz, Kommentar, 3. Auflage, Bonn 1993 |
| **Baumbach, Adolf; Lauterbach, Wolfgang; Albers, Hartmann; Hartmann, Peter** | Zivilprozessordnung, 58. Auflage, München 2000 |
| **Bäumler, Helmut** | Das TDDSG aus der Sicht des Datenschutzbeauftragten, DuD 1999, Seite 259 |
| **Bäumler, Helmut** | Normenklarheit als Instrument der Transparenz - Einige Folgerungen aus dem Urteil des Bundesverfassungsgerichtes zum Volkszählungsgesetz 1983 vom 15. 12. 1983, in JR 1984 Seite 361 ff. |
| **Becker, Jürgen** | Informales Verwaltungshandeln zur Steuerung wirtschaftlicher Prozesse im Zeichen der Deregulierung, DÖV 1985, Seite 1003 ff. |
| **Benda, Ernst; Umbach, Dieter C.** | Sind die §§ 32 Abs. 1 und 32 a des Stasi-Unterlagen-Gesetzes in der Fassung des 5. Stasi-Unterlagen-Änderungsgesetzes vom 2. September 2002 mit dem Grundgesetz vereinbar? Rechtsgutachten Juni 2003 (bisher nicht veröffentlicht) zit.: Benda/Umbach |
| **Berger-Dehley, Ulf** | Neues Datenschutzrecht und "Medienprivileg" in den Medien zwischen Spruch und Informationsinteresse, Festschrift für Robert Schweizer zum 60. Geburtstag, Baden-Baden, 1999 |
| **Bergmann, Lutz; Möhrle, Roland; Herb, Armin** | Datenschutzrecht - Kommentar zum Bundesdatenschutzgesetz, Datenschutzgesetze der Länder und Kirchen, Bereichsspezifischer Datenschutz, Band 1, Loseblattsammlung, 20. Ergänzungslieferung, Stuttgart, April 1998 |
| **Bizer, Johann** | Selbstregulierung des Datenschutzes, DuD 2001, Seite 161 |

**Bleckmann, Albert** Neue Aspekte der Drittwirkung der Grundrechte, DVBl. 1988, Seite 938 ff.

**Bohne, Eberhard** Informales Verwaltungs- und Regierungshandeln als Instrument des Umweltschutzes, VerwArch 75 (1984) Seite 343 ff.

**Brugger, Winfried** Der grundrechtliche Schutz der Privatsphäre in den Vereinigten Staaten von Amerika, in ArchÖffR 108 (1983), Seite 25 ff.

**Brümann, Ulf** Die Veröffentlichung personenbezogener Daten im Internet als Datenschutzproblem - Zur Rechtsprechung des Europäischen Gerichtshofs, in DuD 2004, Seite 201 ff.

**Bullinger, Martin** Der Rundfunkbegriff in der Differenzierung kommunikativer Dienste in AfP 1996, Seite 1 ff.

**Callies, Christian** Inhalt, Dogmatik und Grenzen der Selbstregulierung im Medienrecht, AfP 2002, Seite 465 ff.

**Callies, Christian; Ruffert, Matthias** Kommentar des Vertrags über die Europäische Union und des Vertrages zur Gründung der Europäische Gemeinschaft -EUV/EGV-, Neuwied 1999.

**Damm, Renate** Datenschutz und Medien, AfP 1990, Seite 7 ff.

**Dammann, Ulrich** Das neue Bundesdatenschutzgesetz, NVwZ 1991, Seite 640 ff.

**Dammann, Ulrich; Simitis, Spiros** EG-Datenschutzrichtlinie, Kommentar, Frankfurt/Main 1996

**Degenhart, Christoph** Staatsrecht I, Staatsorganisationsrecht, 19. Auflage, Heidelberg 2003

**Denninger, Erhard** Die Trennung von Verfassungsschutz und Polizei und das Grundrecht auf informationelle Selbstbestimmung, ZRP 1981, Seite 231 ff.

| | |
|---|---|
| **Deutscher Presserat** | Zur geplanten Änderung des Bundesdatenschutzgesetzes - Stellungnahme des Deutschen Presserates zum Entwurf eines Gesetzes zur Änderung des Bundesdatenschutzgesetzes und anderer Gesetze, AfP 1999, Seite 458 ff. |
| **Deutscher Presserat (Hrsg.)** | Jahrbuch 1991 mit der Spruchpraxis des Jahres 1990 |
| **Deutscher Presserat (Hrsg.)** | Jahrbuch 1994 mit der Spruchpraxis des Jahres 1993 |
| **Di Fabio, Udo** | Persönlichkeitsrechte im Kraftfeld der Medienwirkung, AfP 1999, Seite 126 ff. |
| **Dreier, Horst (Hrsg.)** | Grundgesetz Kommentar, Band 1, Tübingen 1996 |
| **Dreier, Horst (Hrsg.)** | Grundgesetz Kommentar, Band 2, Tübingen 1998 |
| **Duhr, Elisabeth; Naujok, Helga; Danker, Birgit; Seiffert, Evelyn** | Neues Datenschutzrecht für die Wirtschaft, Erläuterungen und praktische Hinweise zu §§ 27 ff. bis 46 BDSG, DuD 2003, Seite 5 ff, zit.: Hamburger DuD-Kommentierung zum BDSG |
| **Eberle, Carl-Eugen** | Informationsrecht - der große Wurf? Notwendigkeit bereichsspezifischer Regelungen in CR 1992, Seite 757 ff. |
| **Ehmann, Eugen; Helfrich, Marcus** | Die EG-Datenschutzrichtlinie, Kurzkommentar, Köln, 1999 |
| **Ehmann, Horst** | Prinzipien des deutschen Datenschutzrechts - unter Berücksichtigung des Datenschutz-Richtlinie der EG vom 24. 10. 1995, Teil 1: RDV 1998 Seite 235 ff., Teil 2: RDV 1999, Seite 12 ff. |
| **Ellger, Reinhard** | Datenschutz und europäischer Binnenmarkt (Teil 2) RDV 1991, Seite 121 ff. |
| **Ermacora, Felix; Nowak, Manfred; Tretter, Hannes** | Die Europäische Menschenrechtskonvention in der Rechtsprechung der österreichischen Höchstgerichte, 1983 |

| | |
|---|---|
| **Ernst, Werner; Zinkhahn, Willy; Bielenberg, Willy; Krautzberger, Michael** | Baugesetzbuch, Kommentar, 70. Ergänzungslieferung, München 2003 |
| **Faber, Angela** | Gesundheitliche Gefahren des Tabakrauchens und staatliche Schutzpflichten in DVBl. 1998 Seite 745 ff. |
| **Franzius, Claudio** | Die Herausbildung der Instrumente indirekter Verhaltenssteuerung im Umweltrecht der Bundesrepublik Deutschland, Berlin 2000 |
| **Frowein, Jochen Abr./Peukert, Wolfgang** | Europäische Menschenrechtskonvention, EMRK-Kommentar, 2. Auflage, Kehl; Straßburg; Arlington 1996 |
| **Gall, Andreas** | Datenschutz im öffentlich-rechtlichen Rundfunk, DuD 1993, 383 |
| **Gallwas, Hans-Ullrich** | Verfassungsrechtliche Grundlagen des Datenschutzes, Der Staat 18 (1979) 507, 514 |
| **Garstka, Hansjürgen** | Empfiehlt es sich, Notwendigkeit und Grenzen des Schutzes personenbezogener - auch grenzüberschreitender Informationen neu zu bestimmen? DVBL. 1998, Seite 981 ff. |
| **Gersdorf, Hubertus** | Der verfassungsrechtliche Rundfunkbegriff im Lichte der Digitalisierung der Telekommunikation, Berlin 1995 |
| **Gola, Peter** | Das Recht der informationellen Selbstbestimmung in der aktuellen Rechtsprechung, RDV 1998, Seite 109 ff. |
| **Gola, Peter; Müthlein, Thomas** | Neuer Tele-Datenschutz - bei fehlender Koordination über das Ziel hinausgeschossen in RDV 1997, Seite 193 ff. |
| **Gola, Peter; Schomerus, Rudolf** | BDSG Bundesdatenschutzgesetz, Kommentar, 6. Auflage, Bonn 1992 |
| **Gola, Peter; Schomerus, Rudolf** | BDSG Bundesdatenschutzgesetz, Kommentar, 7. Auflage, Bonn 2002 |

**Grabenwarter, Christoph** Europäische Menschenrechtskonvention, 1. Aufl., München 2003.

**Grabitz, Eberhard; Hilf, Meinhard** Das Recht der Europäischen Union, Kommentar, Band 2, Loseblattsammlung, Stand August 2003, zit.: Bearbeiter in Grabitz/Hilf, EGV

**Grabitz, Eberhard; Hilf, Meinhard** Das Recht der Europäischen Union, Kommentar, Band 3, Sekundärrecht Loseblattsammlung, Stand August 2003, zit.: Bearbeiter in Grabitz/Hilf, A 30

**Grimm, Dieter** Regulierte Selbstregulierung in der Tradition des Verfassungsstaates in "Regulierte Selbstregulierung als Steuerungskonzept des Gewährleistungsstaates", Ergebnisse des Symposiums aus Anlass des 60. Geburtstages von Wolfgang Hoffmann-Riem, Berlin 2001

**Grimm, Rüdiger; Roßnagel, Alexander** Datenschutz für das Internet in den USA, DuD 2000, Seite 446 ff.

**Groß, Rolf** Presserecht, 3. Auflage, Heidelberg 1999

**Gusy, Christoph** Der Schutz der Privatsphäre in Art. 8 EMRK, DVR 1984, Seite 289 ff.

**Häntzschel, Kurt** Das Recht der freien Meinungsäußerung und die Schranken der allgemeinen Gesetze des Art. 118 der Reichsverfassung, AÖR 49 (1926) Seite 228 ff.

**Hartsein, Reinhard; Ring, Wolf Dieter; Kreile Johannnes, Dörr, Dieter; Stettner, Rupert.** Rundfunkstaatsvertrag, Kommentar, Loseblattsammlung, Stand Oktober 2003

**Hermes, Georg** Das Grundrecht auf Schutz von Leben und Gesundheit - Schutzpflicht und Schutzanspruch aus Art. 2 II 1 GG, 1987

**Herrmann, Günter** Fernsehen und Hörfunk in der Verfassung der Bundesrepublik Deutschland, 1975

**Herrmann, Günter** Rundfunkrecht - Fernsehen und Hörfunk mit den neuen Medien, München 1994

**Himmelmann, Steffen** Gemeinschaftsrechtliche Vorgaben für die Umsetzung von EG-Recht in DÖV 1996, Seiten 145 ff.

**Hoeren, Thomas** Rechtliche Fragen der Einführung einer Hörfunkquote zu Gunsten neuer deutschsprachiger Musiktitel, MMR Beilgage 8/2003

**Hoffmann-Riem, Wolfgang** Anmerkungen zu BVerfG-Beschluss vom 31. Dezember 1985 - BvL 15/84 in JZ 1986 Seite 494 f.

**Hoffmann-Riem, Wolfgang** Datenschutz als Schutz eines diffusen Interesses in der Risikogesellschaft, in: Krämer, L./Micklitz, H.-W./Tonner, K. (Hrsg.), Recht und diffuse Interessen in der Europäischen Rechtsordnung, Baden-Baden 1997, S. 777.

**Hoffmann-Riem, Wolfgang** Informationelle Selbstbestimmung als Grundrecht kommunikativer Entfaltung, in: Bäumler, H. (Hrsg.), Der neue Datenschutz, Neuwied 1998, S. 11.

**Hoffmann-Riem, Wolfgang** Informationelle Selbstbestimmung in der Informationsgesellschaft – Auf dem Weg zu einem neuen Konzept des Datenschutzes –, AöR 1998, 514.

**Hoffmann-Riem, Wolfgang; Schmidt-Aßmann, Eberhardt** Öffentliches Recht und Privatrecht als wechselseitige Auffanganordnungen, 1996

**Hoffmann-Riem, Wolfgang; Schulz, Wolfgang; Held, Thorsten** Konvergenz und Regulierung, Optionen für rechtliche Regelungen und Aufsichtsstrukturen im Bereich Information, Kommunikation und Medien, 2000

**Holoubek, Michael** Medienfreiheit in der Europäischen Menschenrechtskonvention in AfP 2003, Seite 193 ff.

**Hubert, Thomas Alexander** Das datenschutzrechtliche "Presseprivileg" im Spannungsfeld zwischen Pressefreiheit und Persönlichkeitsrecht, Baden-Baden 1993

**Ipsen, Hans-Peter** Richtlinien - Ergebnisse, in: Zur Integration Europas, Festschrift für Carl Friedrich Ophüls, Köln; Berlin; Bonn; München 1965, S. 67 ff.

**Isensee, Josef** — Das Grundrecht auf Sicherheit - Zu den Schutzpflichten des freiheitlichen Verfassungsstaates, Berlin 1983

**Isensee, Josef; Kirchhof, Paul (Hrsg.)** — Handbuch des Staatsrechts, Band V: Allgemeine Grundrechtslehren, 2. Auflage, Heidelberg 2000

**Isensee, Josef; Kirchhof, Paul (Hrsg.)** — Handbuch des Staatsrechts, Band VI Freiheitsrechte, 2. Auflage, Heidelberg 2001

**Isensee, Josef; Kirchhof, Paul (Hrsg.)** — Handbuch des Staatsrechts, Band VII Normativität und Schutz der Verfassung - Internationale Beziehungen, Heidelberg 1992

**Jacob, Joachim; Heil, Helmut** — Datenschutz im Spannungsfeld von staatlicher Kontrolle und Selbstregulierung, Freundesgabe für Alfred Büllesbach, S.213 ff, Stuttgart 2002

**Jarass, Hans D.** — Grundfragen der innerstaatlichen Bedeutung des EG-Rechts - Die Vorgaben des Rechts der Europäischen Gemeinschaften für die nationale Rechtsanwendung und nationale Rechtssetzung, Köln 1994

**Jarass, Hans D.** — Rundfunkbegriffe im Zeitalter des Internets - Zum Anwendungsbereich der Rundfunkfreiheit, des Rundfunkstaatsvertrages und des Mediendienstestaatsvertrages in AfP 1998, Seite 133 ff.

**Jarass, Hans D.; Pieroth, Bodo** — Grundgesetz für die Bundesrepublik Deutschland, Kommentar, 6. Auflage, München 2002

**Karl, Wolfram (Hrsg.)** — Internationaler Kommentar zur Europäischen Menschenrechtskonvention, 5. Kommentarlieferung, Salzburg 2002

**Klee, Dirk** — Pressedatenbanken und datenschutzrechtliches Medienprivileg 1. Auflage Baden-Baden 1992

**Kloepfer, Michael** — Geben moderne Technologien und die europäische Integration Anlass, Notwendigkeit und Grenzen des Schutzes personenbezogener Informationen neu zu bestimmen? Gutachten D für den 62. Deutschen Juristentag, München 1998

**Kloepfer, Michael** Informationszugangsfreiheit und Datenschutz: Zwei Säulen des Rechts der Informationsgesellschaft, in DÖV 2003, S. 221 ff.

**Kloepfer, Michael** Pressefreiheit statt Datenschutz? - Datenschutz statt Pressefreiheit? AfP 2000, Seite 511 ff.

**Kloepfer, Michael** Umweltrecht, 2. Aufl. München 1998

**Kloepfer, Michael; Breitkreutz, Katharina** Videoaufnahmen und Videoaufzeichnungen als Rechtsproblem in DVBl. 1998, Seite 1149 ff.

**Kopp, Ferdinand** Das Richtlinienvorhaben zum Datenschutz RDV 1993, Seite 1 ff.

**Kopp, Ferdinand** Der EG-Richtlinievorschlag zum Datenschutz in Europa in DuD 1993, Seite 11 ff.

**Kopp, Ferdinand** Tendenzen der Harmonisierung des Datenschutzes in Europa in DuD 1995, 204 ff.

**Kötz, Hein** Deliktsrecht, 8. Auflage, Neuwied 1998

**Kübler, Friedrich** Legitimationsfragen der Medienregulierung, AfP 2002, Seite 277 ff.

**Kübler, Friedrich** Massenkommunikation und Medienverfassung in: Wege und Verfahren des Verfassungslebens, Festschrift für Peter Lerche zum 65. Geburtstag, Hrsg. Peter Badura und Rupert Scholz, München 1993, S. 649 ff.

**Kunig, Philipp** Der Grundsatz der informationellen Selbstbestimmung, Jura 1993, Seite 595 ff.

**Lange, Klaus** Über besondere verfassungsrechtliche Anforderungen an das Rundfunkprogramm, in Presserecht und Pressefreiheit, Festschrift für Martin Löffler, München 1980

**Lazarakos, Grigorios G.** Das datenschutzrechtliche Medienprivileg - Presseprivileg bei Multimediaanwendungen in Deutschland, Griechenland und Großbritannien unter Einfluss des Europarechts, Berlin 2003

| | |
|---|---|
| **Lazenz, Karl; Canaris, Claus-Wilhelm** | Methodenlehre in der Rechtswissenschaft, 3. Auflage, 1995 |
| **Lerche, Peter** | Die Verwertung der rechtswidrig erlangten Informationen durch Presse und Rundfunk in AfP 1976, S. 55 ff. |
| **Lerche, Peter** | EG-Datenschutzrichtlinie und Pressefreiheit - Fragen der Umsetzung des Art. 9 der Richtlinie. Rechtsgutachten im Auftrag des Deutschen Presserates, September 1996 (nicht veröffentlicht) |
| **Löffler, Martin** | Presserecht, Kommentar zu den Landespressegesetzen der Bundesrepublik Deutschland, 4. Auflage, München 1997 |
| **Löffler, Martin; Ricker Reinhart** | Handbuch des Presserechts, 4. Auflage, München, 2000 |
| **Lüdermann, Jörn** | Die verfassungskonforme Auslegung von Gesetzen in JuS 2004, Seite 27 ff |
| **Mallmann, Christoph** | Datenschutz in Verwaltungs-Informationssystemen; Zur Verhältnismäßigkeit des Austausches von Individualinformationen in der Normvollziehenden Verwaltung, München, Wien, 1976 |
| **Mallmann, Otto** | Zweiteiliger Datenschutz? Auswirkungen des Volkszählungsurteils auf die Privatwirtschaft, CR 1988, Seite 93. |
| **Mangoldt, Herrmann von; Klein, Friedrich, Strack Christian** | Kommentar zum Grundgesetz, Band 2: Artikel 20 bis 82, 5. Aufl., München 2005 |
| **Martins, Leonardo** | Die Grundrechtskollision - Grundrechtskonkretisierung am Beispiel des § 41 Abs. 1 BDSG, Berlin 2001 |
| **Maunz, Theodor; Dürig Günter** | Grundgesetz Kommentar, Band 1, Loseblattsammlung, 41. Ergänzungslieferung, München 2002 |
| **Meister, Herbert** | Das Schutzgut des Datenrechts in DuD 1983, Seite 163 ff. |

| | |
|---|---|
| **Meyer, Jürgen** | Kommentar zur Charta der Grundrechte der Europäischen Union, Baden-Baden 2003 |
| **Meyer-Ladewig, Jens** | EMRK, Konvention zum Schutz der Menschenrechte und Grundfreiheiten, Baden-Baden 2003 |
| **Michael, Lothar** | Die drei Argumentationsstrukturen des Grundsatzes der Verhältnismäßigkeit - Zur Dogmatik des Über- und Untermaßverbotes und der Gleichheitssätze, JuS 2001, Seite 148 ff. |
| **Michel, Eva-Maria** | Datenschutz und Medienprivileg in "Ethik als Schranke der Programmfreiheit im Medienrecht", Festschrift für Günther Herrmann zum 70. Geburtstag, herausgegeben von Manfred Rehbinder, Baden-Baden 2002 |
| **Möst, Markus** | Probleme der verfassungsprozessualen Geltendmachung gesetzgeberischer Schutzpflichten - Die Verfassungsbeschwerde gegen legislatives Unterlassen in DÖV 1998, Seite 1029 ff. |
| **Müller-Using, Detlev; Lücke, Richard** | Neue Teledienste und alter Rundfunkbegriff in Archiv PT 1995, Seite 32 ff. |
| **Münch, Henning** | Der Schutz der Privatsphäre in der Spruchpraxis des Deutschen Presserates, AfP 2002, Seite 18 ff. |
| **Münch, Ingo von; Kunig, Philipp** | Grundgesetzkommentar, Band 1, 5. Auflage, Berlin 1999 |
| **Münch, Ingo von; Kunig, Philipp** | Grundgesetzkommentar, Band 3, 5. Auflage, Berlin 2003 |
| **Neunhoeffer, Friederike** | Das Presseprivileg im Datenschutzrecht, Tübingen 2005 |
| **Oebbecke, Janbernd** | Die staatliche Mitwirkung an gesetzesabwendenden Vereinbarungen, DVBl. 1986, Seite 793 ff. |
| **Oldekop, Dieter** | Die Richtlinien der EWG, Göttingen 1968 |
| **Paschke, Marian** | Medienrecht, 2. Auflage, Berlin Heidelberg 2001 |

**Petersen, Stefanie** Die Grenzen des Verrechtlichungsgebotes im Datenschutz, Münster 2000

**Pieroth, Bodo; Schlink, Bernhard** Grundrechte Staatsrecht II, 19. Auflage, Berlin/Münster 2003

**Pitschas, Rainer** Informationelle Selbstbestimmung zwischen digitaler Ökonomie und Internet, DuD 1998, S. 139.

**Podlech, Adalbert** Verfassungsrechtliche Probleme öffentlicher Informationssysteme in DVR 1 1972/73. Seite 149 ff.

**Preu, Peter** Freiheitsgefährdung durch die Lehre von den grundrechtlichen Schutzpflichten - Überlegungen aus Anlass des Gentechnikanlagen-Beschlusses des Hessischen Verwaltungsgerichtshofes, JZ 1991, Seite 265 ff.

**Prinz, Matthias** Der Schutz der Persönlichkeitsrechte vor Verletzung durch die Medien in NJW 1995, Seite 817 ff.

**Ricker, Reinhart; Schiwy, Peter** Rundfunkverfassungsrecht, München 1997

**Ritter, Ernst-Hasso** Der kooperative Staat, AöR 1979 Seite 411

**Rossen-Stadtfeld, Helge** Die Konzeption Regulierter Selbstregulation und ihre Ausprägung im Jugendmedienschutz, AfP 2004, Seite 1 ff.

**Roßnagel, Alexander** Das Recht auf (tele-) kommunikative Selbstbestimmung, in KJ 1990, Seite 267 ff.

**Roßnagel, Alexander** Datenschutz in globalen Netzen - Das TDDSG - ein wichtiger erster Schritt, DuD 1999, Seite 253 ff.

**Roßnagel, Alexander** Der künftige Anwendungsbereich der Fernsehrichtlinie Welche Medien können erfasst werden? in: Institut für Europäisches Medienrecht (EMR), Die Zukunft der Fernsehrichtlinie, Baden-Baden 2004, *zit.: Roßnagel, Fernsehrichtlinie*

**Roßnagel, Alexander** Globale Datennetze: Ohnmacht des Staates - Selbstschutz des Bürgers, ZRP 1997, 26 ff.

| | |
|---|---|
| **Roßnagel, Alexander** | Marktwirtschaftlicher Datenschutz - Eine Regulierungsperspektive, in: Umbruch von Regelungssystemen der Informationsgesellschaft, Freundesgabe für Alfred Büllesbach, S. 131 ff, Stuttgart 2002 |
| **Roßnagel, Alexander (Hrsg.)** | Handbuch Datenschutzrecht Die neuen Grundlagen für Wirtschaft und Verwaltung, München 2003 |
| **Roßnagel, Alexander (Hrsg.)** | Recht der Multimedia- Dienste, Kommentar zum Informations- und Kommunikationsdienstegesetz und zum Mediendienstestaatsvertrag, Loseblattsammlung, München Stand Mai 2004 |
| **Roßnagel, Alexander; Pfitzmann, Andreas; Garstka, Hansjürgen** | Modernisierung des Datenschutzrechts - Gutachten im Auftrag des Bundesministeriums des Inneren, Berlin 2001 |
| **Roßnagel, Alexander; Pfitzmann, Andreas; Garstka, Hansjürgen** | Modernisierung des Datenschutzrechts - Gutachten im Auftrag des Bundesministeriums des Inneren, DuD 2001, Seiten 253 - 263 |
| **Roßnagel, Alexander; Scholz Philipp** | Datenschutz in Japan - Rechtslage und Rechtsreform für den Electronic Commerce DuD 2000 Seite 454 ff. |
| **Rüpke, Giselher** | Perspektiven für ein europäisches Datenschutzrecht - Eine Betrachtung aus deutscher Sicht, in EuZW 1993, Seite 149 ff. |
| **Sachs, Michael (Hrsg.)** | Grundgesetz, Kommentar, 3. Auflage, München 2003 |
| **Schlink, Bernhard** | Die Amtshilfe, 1982 |
| **Schmidt, Carl** | Freiheitsrechte und institutionelle Garantien der Reichsverfassung, in Festschrift für die Handelshochschule Berlin, 1931 |
| **Schmidt, Walther** | Die bedrohte Entscheidungsfreiheit, JZ 1974, Seite 241 ff. |
| **Schmidt-Preuß, Matthias** | Verwaltung und Verwaltungsrecht zwischen gesellschaftlicher Selbstregulierung und staatlicher Steuerung, VVDStRL 56 (1997), Seite 160 ff. |

**Scholz, Philip** — Datenschutz beim Interneteinkauf Gefährdungen - Anforderungen - Gestaltungen, 1. Aufl., Freiburg 2003

**Scholz, Rupert; Pitschas, Rainer** — Informationelle Selbstbestimmung und staatliche Informationsverantwortung, 1984

**Schrader, Hans-Herrmann** — 18. Tätigkeitsbericht des Hamburgischen Datenschutzbeauftragten zugleich Tätigkeitsbericht der Aufsichtsbehörde für den nicht öffentlichen Bereich, Hamburg 2001

**Schüle, Adolf; Huber Hans** — Persönlichkeitsschutz und Pressefreiheit, 1961

**Schulz, Wolfgang** — Jenseits der "Meinungsrelevanz" - Verfassungsrechtliche Überlegungen zu Ausgestaltung und Gesetzgebungskompetenzen bei neuen Kommunikationsformen, ZUM 1996, Seite 487 ff.

**Schulz, Wolfgang** — Verfassungsrechtlicher »Datenschutzauftrag« in der Informationsgesellschaft, Die Verwaltung 1999, Seite 137 ff.

**Schulz, Wolfgang; Held, Thorsten** — Regulierte Selbstregulierung als Form modernen Regierens, Endbericht 2002

**Schulz, Wolfgang; Korte, Benjamin** — Die offene Flanke der Medienprivilegien, AfP 2000, Seite 530 ff.

**Schulz, Wolfgang; Korte, Benjamin** — Medienprivilegien in der Informationsgesellschaft in KritV 2001, Seite 113 ff.

**Schwetzler, Angelika** — Persönlichkeitsschutz durch Presseselbstkontrolle - Unter besonderen Berücksichtigung des Ehrenschutzes, München 2004

**Simitis, Spiros** — Das Volkszählungsurteil oder der lange Weg zur Informationsaskese (BVerfGE 65,1) in KritV 83 (2000), Seite 359 ff.

**Simitis, Spiros** — Auf dem Weg zu einem neuen Datenschutzkonzept - Die zweite Novellierungsstufe des BDSG, DuD 2000, Seite 714 ff.

**Simitis, Spiros** Datenschutz und "Medienprivileg", AfP 1990 Seite 14 ff.

**Simitis, Spiros** Die EU-Datenschutzrichtlinie - Stillstand oder Anreiz? NJW 1997, Seite 281 ff.

**Simitis, Spiros** Die informationelle Selbstbestimmung - Grundbedingung einer verfassungskonformen Informationsordnung; in NJW 1984, Seite 398 ff.

**Simitis, Spiros** Kommentar zum Bundesdatenschutzgesetz, 4. Auflage, Loseblattsammlung, 24. Lieferung Baden-Baden 1995

**Simitis, Spiros** Kommentar zum Bundesdatenschutzgesetz, 5. Auflage. Baden-Baden 2003

**Simitis, Spiros** Programmierter Gedächtnisverlust oder reflektiertes Bewahren, in: Fürst u.a. (Hrsg.), FS für Zeidler, Bd. 2, 1987, S. 1475.

**Smend, Rudolf** Das Recht der freien Meinungsäußerung, VVDStRL 4 (1928) Seite 44 ff.

**Stern, Klaus** Das Staatsrecht der Bundesrepublik Deutschland, Band II, Köln 1984

**Streinz, Rudolf** Europarecht, 6. Auflage, Heidelberg 2003

**Stürner, Rolf** Pressefreiheit und Persönlichkeitsschutz im Selbstverständnis der Printmedien, in Bitburger Gespräche Jahrbuch 1999/1, Medienfreiheit -Medienwirkung - Persönlichkeitsschutz, S 105 ff..

**Thomale, Friedrich-Heinrich** Die mitteldeutsche Kritik an der Verwirklichung des Gleichberechtigungsgrundsatzes (Art. 3 Abs. 2 GG) in der Bundesrepublik Deutschland, Kiel 1972

**Thomale, Hans-Christoph** Haftung und Prävention nach dem Signaturgesetz Berlin, Baden-Baden 2003

**Trute, Hans-Heinrich** Öffentlich-rechtliche Rahmenbedingungen einer Informationsordnung, VVDStRL 57 (1998), S. 216.

**Umbach, Dieter; Clemens, Thomas (Hrsg.)** Grundgesetz Mitarbeiterkommentar und Handbuch, Band 1, Heidelberg 2002

**Umbach, Dieter; Clemens, Thomas (Hrsg.)** Grundgesetz Mitarbeiterkommentar und Handbuch, Band 2, Heidelberg 2002

**Ukrow, Jörg** Die Selbstkontrolle im Medienbereich in Europa, EMR-Schriftenreihe Bd. 21, 2000

**Villiger, Mark E.** Handbuch der Europäischen Menschenrechtskonvention (EMRK), 2. Auflage, Zürich 1999

**Wahl, Rainer; Masing, Johannes** Schutz durch Eingriff in JZ 1990, S. 553 ff.

**Walz, Stefan** EG-Datenschutzrichtlinie und Selbstregulierung - Umsetzungsdefizite beim Medienprivileg des BDSG, in: Umbruch von Regelungssystemen der Informationsgesellschaft, Freundesgabe für Alfred Büllesbach, S. 301 ff, Stuttgart 2002

**Wassermann, Rudolf (Hrsg.)** Kommentar zum Grundgesetz für die Bundesrepublik Deutschland, Reihe Alternativkommentare, Band 1 2. Aufl., Neuwied 1989

**Weber, Martina** EG- Datenschutzrichtlinie Konsequenzen für die deutsche Datenschutzgesetzgebung in CR 1995 Seite 297 ff.

**Wegel, Wolfgang** Pressearchive und Datenschutz in CR 1996, S. 683 ff.

**Wente, Jürgen K.** Das Recht der journalistischen Recherche, Baden-Baden 1987

**Zöller, Richard** Zivilprozessordnung, 21. Auflage, Köln 1999

FSC
www.fsc.org
MIX
Papier | Fördert gute Waldnutzung
FSC® C083411

Kolibri 360 GmbH
Ferdinand-Jühlke-Straße 7
99095 Erfurt, Deutschland
produktsicherheit@kolibri360.de